Técnicas de

# Cozinha

Profissional

SEBESS, Mariana. **Técnicas de cozinha profissional**. 3ª. ed. rev. e ampl. 1.reimpr. Tradução de: Helena Londres. Rio de Janeiro : Senac Nacional, 2011. 360 p. Il. Título original: Técnicas de cocina profesional. Publicado em parceria com as Editora Senac Rio e Editora Senac São Paulo.

ISBN 978-85-7458-282-5

Cozinha profissional; Preparação de alimento; Culinária internacional; Receita culinária; Utensílio de cozinha.

Ficha elaborada de acordo com as normas do SICS - Sistema de Informação e Conhecimento do Senac.

Mariana Sebess

# Técnicas de Cozinha Profissional

3ª edição revista e ampliada

1ª reimpressão / 2011

senac
EDITORAS

SENAC – SERVIÇO NACIONAL DE APRENDIZAGEM COMERCIAL

*Presidente do Conselho Nacional*
Antonio Oliveira Santos

*Diretor-Geral do Departamento Nacional*
Sidney Cunha

*Diretora da Divisão de Administração e Recursos Humanos*
Vera Espírito

SENAC NACIONAL
Av. Ayrton Senna, 5.555
Barra da Tijuca – CEP 22775-004
Rio de Janeiro – RJ
Tel.: (21) 2136-5545
cpde@senac.br
www.senac.br

*Conselho Editorial*
Luiz Carlos Santa Rosa
Vera Espírito
Eladio Asensi Prado
Valter Rodrigues
Léa Viveiros de Castro
Jacinto Corrêa
Marília Pessoa

*Editor*
Marília Pessoa
(mpessoa@senac.br)

*Atendimento comercial*
Ricardo Argento
Sidna Angela P. Silva
(cpde@senac.br)

ADMINISTRAÇÃO REGIONAL DO SENAC NO ESTADO DO RIO DE JANEIRO

*Presidente do Conselho Regional*
Orlando Diniz

*Diretor do Departamento Regional*
Julio Pedro

EDITORA SENAC RIO
Rua Marquês de Abrantes, 99/ 2° andar
Flamengo – CEP 22230-060
Rio de Janeiro – RJ
Tel: (21) 3138-1385
comercial.editora@rj.senac.br
www.rj.senac.br/editora

*Conselho Editorial*
Julio Pedro
Marcos Vignal
Luiz Henrique Silva
Wilma Freitas
Eduardo Diniz
Valéria Lima Rocha
Elvira Cardoso

*Publisher*
Luiz Henrique Silva

*Editor*
Elvira Cardoso
(editora@rj.senac.br)

*Atendimento comercial*
Flavia Cabral
(comercial.editora@rj.senac.br)

ADMINISTRAÇÃO REGIONAL DO SENAC NO ESTADO DE SÃO PAULO

*Presidente do Conselho Regional*
Abram Szajman

*Diretor do Departamento Regional*
Luiz Francisco de A. Salgado

*Superintendente Universitário e de Desenvolvimento*
Luiz Carlos Dourado

EDITORA SENAC SÃO PAULO
Rua Rui Barbosa, 377/1º andar
Bela Vista – CEP 01326-010
São Paulo – SP
Tel.: (11) 2187-4450
editora@sp.senac.br
www.editorasenacsp.com.br

*Conselho Editorial*
Luiz Francisco de A. Salgado
Luiz Carlos Dourado
Darcio Sayad Maia
Lucila Mara Sbrana Sciotti
Marcus Vinicius Barili Alves

*Editor*
Marcus Vinicius Barili Alves
(vinicius@sp.senac.br)

*Atendimento comercial*
Rubens Gonçalves Folha
(rfolha@sp.senac.br)

---

*Coordenação de produção editorial*
Sonia Kritz

*Supervisão editorial*
Silvia Vieira

*Tradução*
Helena Londres

*Revisão técnica*
Renato Freire

*Acompanhamento pedagógico*
Andréa Estrella

*Projeto gráfico, diagramação e capa*
Roberta Rangé

*Revisão*
Tereza da Rocha e Selma Monteiro Corrêa

*Produção gráfica*
Adriane Abbade

Titulo original: *Técnicas de cocina profesional*

# Nota dos Editores

Em setembro de 2007 as Editoras Senac lançaram no Brasil *Técnicas de cozinha profissional* com o objetivo de apoiar a formação de cozinheiros e ajudantes de cozinha, oferecendo rigorosa padronização de receitas, medidas e técnicas desenvolvidas pelo Instituto Internacional de Artes Culinárias Mausi Sebess, escola argentina de cozinha com mais de 16 anos de prática docente em cursos voltados para profissionais de gastronomia nos diferentes níveis de especialização das artes culinárias.

O sucesso editorial se confirmou logo no início de 2008, quando esgotou-se a tiragem e foi então publicada a segunda edição. Desde o lançamento o livro tem sido utilizado em salas de aula de todo o país e recebido críticas positivas de professores, cozinheiros e chefs renomados.

Agora, estamos publicando a terceira edição revisada e ampliada. A autora Mariana Sebess incluiu um capítulo dedicado às técnicas de preparo de conservas, marinadas, *relishes*, *chutneys* e condimentos especiais, assunto de grande interesse culinário. Como todos os demais, o novo capítulo traz fotos que demonstram o processo de preparo, com recomendações de segurança alimentar e métodos de conservação, e a chancela do chef Renato Freire – da tradicional Confeitaria Colombo, no Rio de Janeiro – responsável pela adaptação e revisão da edição brasileira.

As Editoras Senac sentem-se orgulhosas com a continuidade da feliz parceria com o Instituto Internacional de Artes Culinárias Mausi Sebess e reafirmam seu compromisso de oferecer livros de alta qualidade editorial, contribuindo para a formação de profissionais brasileiros na área de cozinha e gastronomia.

## Utilização de Facas 1

## Corte de Verduras e Frutas 2

### Verduras



### Frutas



# Sumário

## Carnes 3

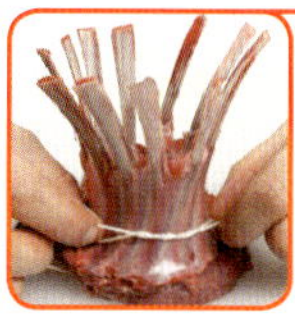



## Aves 4

## Peixes e Mariscos 5

### Peixes



### Mariscos



## Massas 6

## Pastas 7

## Grãos e Cereais 8

## Batata 9

## Molhos 10

## Sopas 11

## Ovos 12

## Cozimentos 13

## Diversos 14

## Conservas 15

# Prefácio à edição brasileira

A gastronomia e as técnicas de cozinha vêm conquistando lugar de destaque na programação de TV e ganham força no mercado editorial de todo o mundo. Inúmeros livros de cozinha ensinam diferentes modos de preparar as mesmas receitas. Alguns chefs viram celebridades na mídia. E não só eles, como os próprios alimentos ganham livros exclusivos e edições primorosas.

Tudo isso é muito estimulante para os profissionais e para os amantes da culinária. Mas, apesar de tanta literatura, faltam livros em língua portuguesa que sirvam como referência e base de estudo, principalmente para alunos e profissionais da cozinha. As escolas de formação, claro, dispõem de diversos materiais pedagógicos de boa qualidade, mas o ensino da culinária ainda carece de um padrão pedagógico uniforme em suas publicações.

Talvez a rigorosa padronização de receitas, medidas e técnicas seja o grande diferencial da obra Técnicas de cozinha profissional, que o Instituto Internacional de Artes Culinárias Mausi Sebess, de Buenos Aires, instituição líder na Argentina em formação em artes culinárias, e as Editoras Senac oferecem ao leitor brasileiro.

Foi pensando em promover uma parceria que pudesse reforçar a formação de profissionais de cozinha, que – na qualidade de consultor para a área de gastronomia – propus às Editoras Senac a publicação dessa obra, plenamente adequada ao trabalho que o Senac vem desenvolvendo há mais de 60 anos, seja na promoção de cursos, seja na produção de material didático de qualidade para seu público.

A edição brasileira conta com novos conteúdos adaptados ao nosso mercado e à nossa tradição culinária, e com a revisão técnica do chef Renato Freire.

Ilustrado com fotos que apresentam o passo a passo de várias técnicas culinárias, o livro torna acessíveis os modos de preparo tanto de receitas simples como de pratos sofisticados, demonstrando de forma clara e objetiva as principais técnicas de cozinha.

Como chef de cozinha e diretor executivo da Associação Brasileira da Alta Gastronomia (Abaga), tenho orgulho em recomendar o estudo dessa obra para o aprimoramento da profissão dos cozinheiros no Brasil.

Jorge E. Monti de Valsassina
Chef de cozinha e diretor executivo da ABAGA

# Introdução

O lançamento desta terceira edição de *Técnicas de Cozinha Profissional*, obra que integra a coleção Master Chef do Instituto Internacional de Artes Culinárias Mausi Sebess, confirma, como foi dito no prefácio da primeira edição, lançada em 2003, que este livro preenche uma importante lacuna na Cozinha Profissional da América Latina. Isso se dá não apenas porque ele reúne de forma única e abrangente as técnicas da cozinha internacional, mas porque, ao fazê-lo, inclui importantes técnicas das culinárias das Américas.

*Técnicas de Cozinha Profissional* apresenta passo a passo os procedimentos necessários para o preparo de verduras, aves, carnes, peixes, frutos do mar, pastas, molhos, sopas, ovos e massas. A compreensão desses procedimentos permite a todo apreciador da arte culinária, profissional ou amador, não só a correta interpretação e adaptação de qualquer receita, mas também a criação de novas receitas, cujo limite para a genialidade será apenas a própria imaginação.

O sucesso da primeira edição apontou para a necessidade de se preparar uma atualização com novos capítulos e acréscimos aos capítulos originais. A segunda edição – publicada em 2006 – trouxe um capítulo novo sobre técnicas para preparo de Cereais e Grãos (cuscuz, cevada, quinoa, trigo) e outro sobre Batatas (purê de batata duquesa, tortilha, batata "rolha", batata gratinada, batata dauphine).

O capítulo de Peixes e Mariscos foi ampliado com técnicas para limpeza e cozimento de lulas e polvos; o de Molhos, com as técnicas de molho agridoce, molho *barbecue*, o molho picante e o ligado com farinha de mandioca; o de Massas, com as técnicas de *galette* de milho e as massas fritas húngaras; o de Cozimentos, com o guisado de leguminosas e as técnicas do defumado e confitado de tomates; o de Pastas, com as técnicas do *rondelli* e das almôndegas centro-europeias de farinhas; e, por último, o capítulo de Técnicas Diversas, com as técnicas dos azeites em infusão, a redução do *aceto balsámico*, a farofa e as tulipas de queijo.

Nesta terceira edição, houve ainda a inserção de um capítulo dedicado às Conservas. Utilizando métodos variados – como os térmicos (esterilização, pasteurização, refrigeração e congelamento), os de redução de água (salgação, adição de açúcar para as conservas em calda, desidratação e concentração por evaporação para a produção de sucos), os de aumento de acidez (com adição de vinagres), os de redução de oxigênio (embalagem a vácuo) e os que utilizam substâncias inibidoras (conservantes, como o álcool, para a realização de licores e frutas conservadas em álcool) –, servem para preservar alimentos por um período mais prolongado. A conservação possibilita o consumo de produtos fora da época em que normalmente estão disponíveis.

Ainda no que se refere às conservas foram incluídas a esterilização de frascos e as abordagens de técnicas de curtimento, um método de conservação que pode ser usado para carnes, peixes, frutas, verduras e ovos, no qual os ingredientes escolhidos são imersos em uma solução à base de vinagre e sal. Entre as conservas apresentadas neste livro estão os picles de cebolinha e de couve-flor, os limões conservados em sal e as azeitonas em salmoura ou marinadas.

Outra novidade desta terceira edição é o espaço dedicado aos Condimentos, conservas utilizadas geralmente para realçar o sabor de algumas composições. Os condimentos podem ser servidos em pequenas ou grandes quantidades, dependendo da mistura de ingredientes empregada na sua preparação.

O *relish* agridoce mereceu um tratamento especial. *Relishes* são molhos que utilizam frutas ou verduras, ou ambas, picadas e levemente cozidas, para que não desmanchem. Eles são geralmente agridoces e servidos em generosas quantidades acompanhando salsichas, carnes assadas ou sanduíches, como, por exemplo, o *relish* para cachorro-quente.

A inclusão do *mango chutney* com gengibre é mais uma novidade. O *chutney* é originário do norte da Índia, onde é chamado de chatni. Para prepará-lo, é feita uma mistura de frutas frescas, pimentas verdes, ervas, especiarias, vinagre ou suco de tamarindo (utilizados como elementos ácidos de conservação) e açúcar, tudo isso socado com pilão ou almofariz até formar uma pasta. No século XVII, a receita básica foi levada pelos ingleses da Índia para a Inglaterra, onde foi modificada para ser usada como método de conservação dos excedentes das colheitas. As frutas e verduras eram então cozidas com açúcar e vinagre e condimentadas com várias especiarias antes de serem embaladas. Hoje em dia, o *chutney* é conhecido e consumido mundialmente. Encontram-se ainda no capítulo de conservas os célebres *ketchup* de tomate e o *chimichurri*, muito famosos e utilizados no mundo todo.

Ao capítulo de Massas foram acrescentadas a massa folhada invertida, massas fermentadas, massas líquidas, semilíquidas e para fritar, além das massas quebradiças e dos métodos de preparação de *sablage* e de *crémage*.

Os acréscimos a esta terceira edição são frutos da experiência acumulada nos 16 anos de atuação do Instituto Mausi Sebess, oferecendo cursos de altíssimo nivel, e dos inumeráveis ensinamentos colhidos de grandes nomes da culinária que trabalharam em nosso Instituto. Resultam também dos conhecimentos adquiridos em competições profissionais internacionais e em múltiplas viagens realizadas com o exclusivo propósito de apreender novas técnicas e aperfeiçoar as já dominadas. Tudo isso nos anima a pensar que, possivelmente, em poucos anos, tenhamos uma quarta edição do *Técnicas de Cozinha Profissional*.

Não poderia concluir esta introdução sem agradecer o auxílio do meu irmão Paulo, professor do Instituto, na apresentação das técnicas; o valoroso apoio do senhor Jorge E. Monti de Valsassina, Diretor Continental das Américas da Associação Mundial das Associações de Cozinheiros (W.A.C.S.), na divulgação deste manual; assim como os valiosos comentários e apoio do senhor Gustavo Mendéz Graciano, Diretor Educacional do Fórum Panamericano das Associações Profissionais Culinárias.

Mariana Sebess

Buenos Aires, agosto de 2009

# Segurança e higiene no local de trabalho

**Antes de começar qualquer trabalho na cozinha, e durante o mesmo, é importante que o cozinheiro cumpra determinadas exigências de higiene e segurança de alimentos para poder oferecer ao cliente que frequenta seu estabelecimento um serviço de alta qualidade sanitária.**

## No que consiste o alimento potencialmente perigoso?

Essa expressão se refere àqueles alimentos ricos em proteína que oferecem condições favoráveis ao crescimento de microrganismos. Alguns exemplos são os alimentos que contenham leite ou produtos lácteos, ovos, carne, peixe, aves e mariscos, tanto moluscos como crustáceos. Também se incluem alimentos que provavelmente não apresentam problemas se não forem cozidos, mas que podem ser perigosos uma vez que passem pelo processo de cocção, como arroz e batatas cozidos. No entanto, não se consideram potencialmente perigosos os alimentos secos, com um fator de atividade de água de 0,85 ou menos, ou aqueles alimentos ácidos com uma concentração de hidrogênio iônico de 4,6 ou menos [pH 4,6].

A atividade de água e o pH são fatores que podem influenciar na contaminação dos alimentos.

A atividade de água está relacionada à umidade existente no alimento. Quanto mais seco, menos probabilidade de contaminação; quanto mais úmido, maior o desenvolvimento de bactérias.

O pH está relacionado à quantidade de íons de hidrogênio presentes e é medido em uma escala que vai até 7. É considerado ácido quando abaixo de 4,5 e alcalino quando acima de 4,5. Alimentos pouco ácidos (pH acima de 4,5) são mais propensos ao desenvolvimento da maioria das bactérias.

## Como armazenar os alimentos potencialmente perigosos?

Todos os alimentos devem ser mantidos livres de adulterações, putrefação, sujeiras ou outras contaminações para que estejam aptos para o consumo humano. Os alimentos potencialmente perigosos são de interesse primordial porque apresentam as condições necessárias para o crescimento de microrganismos. Esses alimentos devem ser mantidos ou quentes ou frios, para evitar o desenvolvimento de microrganismos. Quente significa 60°C ou mais, e frio significa 5°C ou menos. A temperatura que oscila entre 5°C e 60°C se denomina zona de temperatura de perigo. Nesse intervalo os microrganismos sentem-se confortáveis e crescem com rapidez. A 5°C ou menos, a temperatura é suficientemente fria para reduzir o crescimento de microrganismos, enquanto que acima dos 60°C a maior parte dos microrganismos que causam doenças começa a morrer.

## Como garantir que os alimentos permaneçam fora da zona de temperatura de perigo?

A única maneira segura de garantir que os alimentos perigosos se mantenham fora da zona de temperatura de perigo é manter o controle através do uso de termômetro. Há vários tipos diferentes de termômetros. O tipo mais popular apresenta uma haste metálica dentro da qual existem dois fios cujas extremidades, ao serem estimuladas pela mudança de temperatura, funcionam como um sensor. É relativamente barato, fácil de usar, preciso e fácil de recalibrar. Além desse, há os que marcam temperaturas de -18°C até 104°C, que são os ideais para se medir as diversas temperaturas exigidas em um estabelecimento que prepara alimentos.

Outro termômetro em uso é o *thermocouple* (termopar), que é de alta precisão, mas pode ser bastante caro. Para se usar esse termômetro é preciso que a sonda seja inserida na parte mais espessa ou no centro geométrico do alimento cuja temperatura se está medindo. O termômetro de varinha deve permanecer no alimento durante 15 segundos para que se faça o registro e deve ser recalibrado regularmente para garantir sua exatidão.

Para calibrar o termômetro no registro frio é preciso que sua porção sensível, da fenda para baixo, seja mergulhada em uma solução metade gelo e metade água, e, quando o indicador para de se mexer, gira-se a porca de ajuste até que o termômetro indique 0°C. O registro quente pode ser calibrado usando-se água fervendo e ajustando-se o termômetro como antes, mas desta vez o indicador deverá indicar 100°C.

## Armazenamento de alimentos

Depois de recebidos os alimentos, há uma nova oportunidade de se garantir sua boa manutenção durante o processo de armazenamento.

### Armazenamento refrigerado

É necessário que haja um número adequado de unidades refrigeradas (câmaras frigoríficas) eficientes para armazenar alimentos frios potencialmente perigosos. Quando os alimentos são mantidos frios, mantêm-se os microrganismos numa taxa mínima, mas seu crescimento é retardado.

Os alimentos previamente esfriados e pré-embalados devem ser armazenados de acordo com as temperaturas recomendadas pelo fabricante. Isso é de importância especial quando se trata de alimentos embalados a vácuo, embalagens de atmosfera modificada. A legislação exige que o peixe defumado embalado a vácuo seja armazenado a uma temperatura de 30°C ou menos.

A carne, as aves e outros alimentos frescos potencialmente perigosos devem ser armazenados a 5°C ou menos, enquanto que os alimentos congelados devem ser guardados a -18°C ou menos. Para manter os alimentos nessas temperaturas, o equipamento de refrigeração deve permanecer a temperaturas abaixo de 5°C e o de congelamento abaixo de -18°C. É necessário posicionar os termômetros na parte mais quente da unidade de refrigeração para se verificar a temperatura de cada unidade.

A regra de armazenamento é: o que entra primeiro deve sair primeiro. É a maneira de assegurar que os produtos mais antigos sejam usados antes dos mais recentes. Ao se utilizar esse método, o primeiro passo é datar todos os produtos à medida que eles sejam recebidos. O passo seguinte é armazenar os produtos mais recentes atrás dos mais antigos.
Estas regras são importantes para que os alimentos se mantenham em bom estado durante seu armazenamento sob refrigeração:

1. Armazene os alimentos cozidos em cima dos alimentos crus para evitar a contaminação cruzada.

2. Armazene os alimentos longe das linhas de condensação que gotejem, a pelo menos 13 cm do piso e com espaço suficiente entre os artigos para que o ar possa circular.

3. Antes de guardar os alimentos cozidos, eles devem ser protegidos por uma tampa, a menos que estejam esfriando, situação em que só podem ser guardados após chegarem a 5°C.

4. Evite pôr panelas grandes com alimentos quentes num refrigerador. Os alimentos quentes elevam a temperatura do refrigerador e deixam os demais alimentos fora de suas temperaturas ideais.

### Armazenamento seco

Usa-se o armazenamento seco para os alimentos enlatados, grãos, produtos de papel e outros artigos que não exijam refrigeração. O armazenamento deve ser feito em áreas designadas para cada uso.

Todos os artigos devem ser armazenados longe de ralos ou canaletas de drenagem e pelo menos a 6 polegadas (13 cm) acima do solo, para permitir uma limpeza fácil e evitar a formação de ninhos de ratos ou de insetos.

Aqui também se recomenda pôr em prática a regra "o que entra primeiro deve sair primeiro". Os artigos armazenados devem ser datados no momento de seu recebimento e empilhados de modo que os artigos mais antigos sejam usados antes dos novos. Ao se retirar um artigo alimentício de sua embalagem original, deve-se colocá-lo em um recipiente à prova de roedores, com tampas bem encaixadas, e marcá-lo com o nome comum do alimento, quando o produto não puder ser reconhecido com facilidade. Os artigos alimentícios a serem devolvidos ao abastecedor para reembolso ou substituição devem ser identificados com essa informação e separados dos demais.

### Armazenamento com gelo

Quando os alimentos forem armazenados com gelo, a água do gelo que derreteu deve ser escorrida constantemente para que o alimento se mantenha no gelo e não fique mergulhado na água gelada. Além disso, não se deve armazenar alimentos em máquinas de gelo ou em gelo que será destinado ao consumo humano.

### Recomendações básicas:

- Armazene os alimentos pelo menos a 13 cm do solo, longe de paredes ou encanamentos que gotejem.
- Guarde todo alimento, a granel ou embalado, coberto e livre de contaminação.
- Inspecione os alimentos diariamente e descarte qualquer alimento danificado ou contaminado.
- Guarde todo produto de limpeza, ou desinfetantes para matar insetos ou roedores, em pó ou líquidos, longe dos alimentos e marcados com clareza, em sua embalagem original.
- Guarde os alimentos no refrigerador a uma temperatura de 5°C ou menos.
- Inspecione a temperatura em intervalos regulares com um termômetro colocado na parte mais quente do refrigerador.
- Guarde os alimentos no refrigerador de modo que o ar interior circule livremente.
- Refrigere sempre as carnes, os alimentos com creme de leite e as sobremesas à base de ovos.
- Tampe todos os alimentos refrigerados e use as sobras o quanto antes.
- Quando os pratos e utensílios estiverem reluzindo de tão limpos, guarde-os bem para mantê-los desse modo. Guarde as xícaras e os copos sempre de boca para baixo.
- Os bolos, *beignets* e tortas de frutas podem ser mantidos à vista, em uma estante de demonstração, cobertos.
- Os únicos produtos que podem ficar destampados na vitrine são os que estiverem embrulhados e não contenham nada que possa se estragar à temperatura ambiente. Não coloque pratos sujos, panelas, papelão ou caixas sobre as mesas dos alimentos.

## Limpeza e higienização do equipamento e dos utensílios de cozinha

O equipamento, os utensílios e as superfícies de trabalho que estejam em contato com os alimentos devem estar completamente limpos e higienizados antes e depois da preparação dos alimentos.

### Método de limpeza e higienização

Antes de lavar, retire manualmente todas as partículas de comida que tenham restado. Lave com um sabão ou detergente apropriado e com água quente abundante, manualmente ou na máquina. Depois de enxaguar e retirar toda a sujeira e a gordura visíveis, higienize por meio de um dos seguintes métodos:

1. Higienização quente: Ponha água limpa quente, a 77°C ou mais, em todas as superfícies do equipamento ou dos utensílios no mínimo durante 30 segundos.

2. Higienização química: Aplique um preparado comercial (alguma base de hipoclorito de sódio) de acordo com as instruções no rótulo. Na falta do produto comercial adequado, pode-se preparar uma solução satisfatória misturando-se 15 ml de água sanitária (5,25% de hipoclorito de sódio) em um galão de água morna (3,8 litros). Atenção: não use água quente. Cubra as superfícies do equipamento e utensílios com essa solução durante pelo menos 1 minuto. Não enxágue nem limpe depois dessa operação. Se precisar secar, seque com ar. Não use uma solução que tenha sido preparada com mais de duas horas de antecedência. Se precisar de uma quantidade adicional dessa solução, prepare-a outra vez.

(*) Retirado das normas do programa de licenciamento de manipuladores de alimentos do Foro Pan-americano das Associações Profissionais Culinárias e do Programa para a Formação dos Administradores Responsáveis por Alimentos, Suffolk County, Department of Health Services, USA.

## Cuidados pessoais

Tão importantes quanto a escolha dos ingredientes, o armazenamento dos produtos e a conservação do local de trabalho, são os cuidados que um profissional de cozinha deve tomar consigo mesmo.

O banho diário deve ser o primeiro passo nesses cuidados.

As mãos devem merecer atenção especial. Durante o trabalho, devem ser lavadas com frequência. Sempre que o profissional se ausentar da cozinha deve lavar as mãos ao retomar o trabalho. Para que a limpeza não fique prejudicada, nunca se deve secar as mãos no pano de copa. As toalhas descartáveis de papel são as indicadas.

Em caso de cortes ou acidentes, é preciso desinfetar o local rapidamente e usar luvas durante todo o processo de cicatrização.

As unhas acumulam resíduos e sujeira. Por isso é fundamental mantê-las sempre cortadas, limpas e escovadas. É importante também evitar o uso de anéis, pulseiras e adereços, que também acumulam resíduos capazes de contaminar os alimentos.

Os cabelos são outro fator de preocupação. Além dos cuidados com a higienização, devem estar permanentemente recolhidos dentro de uma touca.

Além dessas recomendações, é preciso atenção para não tossir ou espirrar perto dos alimentos. Pessoas resfriadas devem usar máscaras. Entretanto, em climas quentes como o nosso o uso de máscara apresenta alguns problemas. O suor e o corrimento nasal, provocam desconforto e elevam o risco de contaminação dos alimentos pela retenção de micróbios na face. Assim, o ideal é que trabalhadores resfriados sejam afastados de suas atividades na cozinha.

O uniforme é o cartão de apresentação do profissional. Por isso o avental e a jaqueta devem ser trocados sempre que se sujarem. O uniforme é uma roupa profissional e não deve ser usada fora do local de trabalho.

**Itens do uniforme:**
**Jaqueta:** de mangas compridas e usadas sempre fechadas.
**Lenço de pescoço:** sua função é absorver a transpiração. Para isso deve ser usado sempre junto ao pescoço e bem amarrado.
**Avental:** além de proteger o uniforme da sujeira, protege também o profissional em caso de acidentes causados por fervura ou calor excessivo. Por isso deve ir até a altura dos joelhos.
**Touca:** de material descartável e tamanho suficiente para cobrir todo o cabelo.
**Calças:** compridas, mas sem arrastar no chão.
**Sapatos:** fechados, resistentes a golpes e de solado antiderrapante. Devem cobrir todo o pé.

# 1 Utilização de Facas

Afiação | Uso da chaira | Técnicas de corte

# Afiação

A pedra é a melhor ferramenta para afiar facas. A chaira, por sua vez, não deve ser utilizada para afiar, mas apenas para aperfeiçoar a lâmina da faca ou alisar suas irregularidades.

1- Segurar a faca com firmeza com uma das mãos. Começar com a ponta da faca sobre a pedra, em um ângulo de 20°. Utilizar a outra mão como guia, mantendo uma pressão contínua sobre a lâmina.

2 - Deslizar a faca sobre a pedra, fazendo uma pressão leve.

3 - Manter o movimento até chegar ao final da lâmina.

4 - Virar a faca e começar outra vez, afiando a partir da ponta da faca até a base.

5 - É importante afiar em uma única direção para se obter um fio uniforme e regular. Finalizar com a chaira.

# Uso da chaira

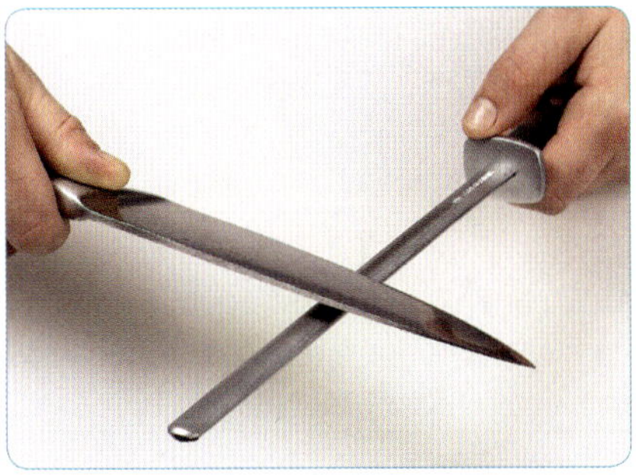

1 - Segurar a chaira e a faca longe do corpo. Apoiar a faca verticalmente na chaira, em um ângulo de 20°, começando pela base.

2 - Passar a faca pela chaira até embaixo, formando um arco.

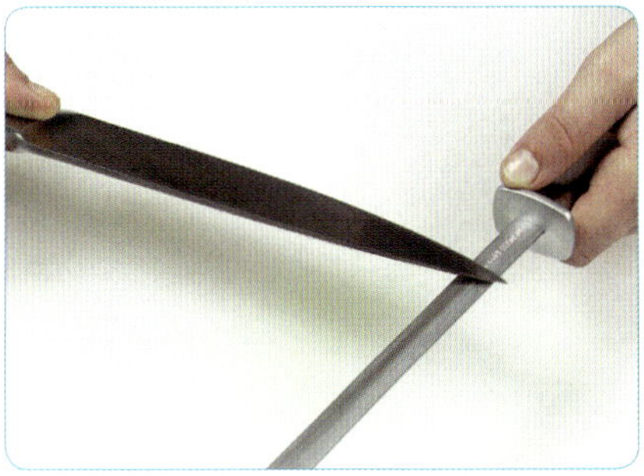

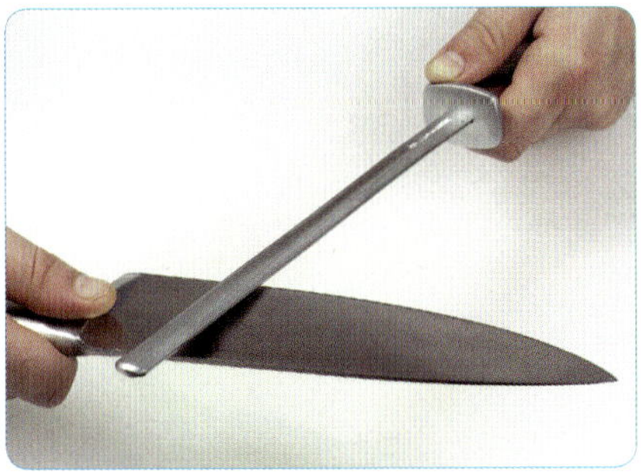

3 - Completar o movimento até chegar à ponta da faca. Evitar bater a faca contra a manga de proteção da chaira.

4 - Repetir a operação com o outro lado da lâmina, passando por trás da chaira. Alternar cada passada da faca. (Primeiro passar um lado da lâmina, em seguida o outro.)

# Técnicas de corte

As diversas partes da lâmina da faca servem para propósitos e espessuras de corte diferentes.

## Utilização das diversas partes da lâmina da faca

1- A parte mais fina e estreita da lâmina da faca é a ponta. É usada para trabalhos delicados e itens pequenos.

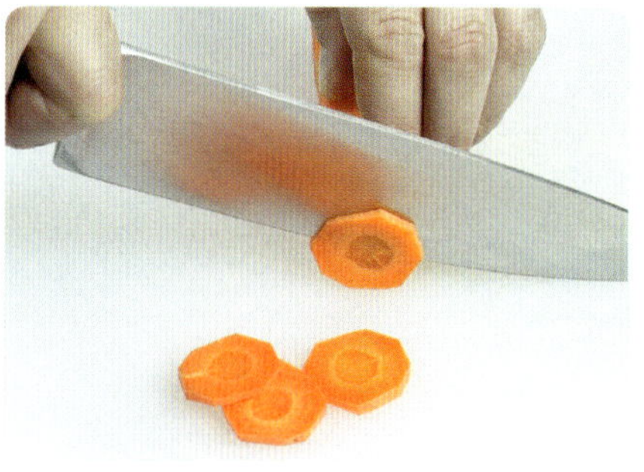

2 - O centro da lâmina da faca é utilizado para a maior parte dos trabalhos.

3 - A base da lâmina da faca é utilizada para trabalhos mais pesados, que exijam mais força.

## Técnicas de corte

1 - Apoiar a ponta da faca sobre a tábua, formando um ângulo reto, e começar a cortar.

2 - Deve-se ir movimentando a faca para a frente e para baixo, para cortar o que se queira.

3 - Terminar o corte com a faca apoiando a base da lâmina na tábua. Para o segundo corte, levantar a base da faca, deixando sempre a ponta apoiada.

# 2 Corte de Verduras e Frutas

Cortes | Técnicas de base | Limpeza

# Materiais

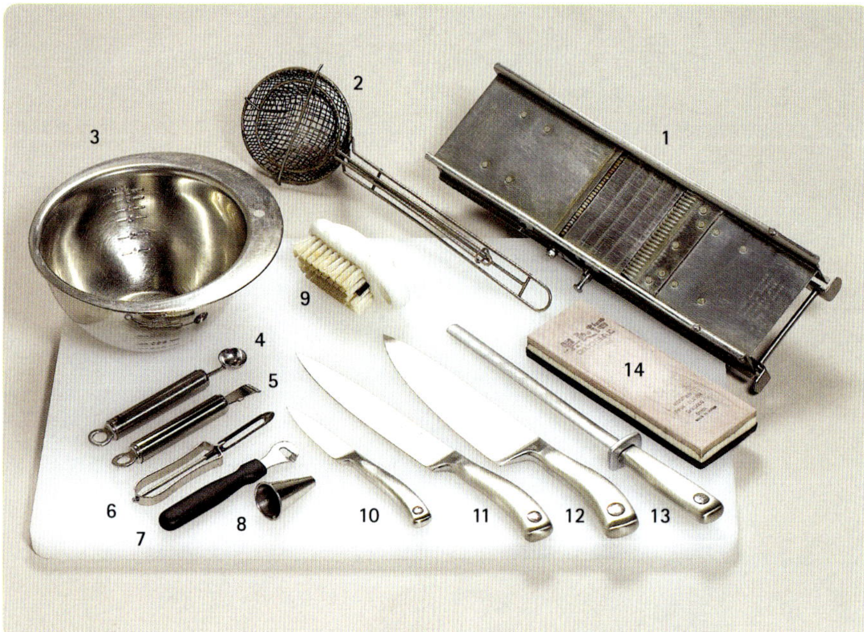


1. Mandolim
2. Cesta de fritura
3. Tigela de aço inoxidável
4. Boleador
5. *Zester*
6. Descascador
7. Canelador de legumes
8. Bico metálico liso
9. Escova
10. Faca de cozinha
11. Faca de picar
12. Faca de *chef*
13. Chaira
14. Pedra de amolar

# Batatas

## Cortes / Torneado

1 - Cortar as extremidades das batatas de modo que fiquem todas do mesmo comprimento.

2 - Dar às batatas o tamanho adequado, em função do formato que se deseja. Se for necessário, cortar a batata em 2 ou em 4, no sentido do comprimento.

3 - Tornear a batata utilizando uma faca de tornear. Dar a ela forma alongada e regular, movendo a faca circularmente para baixo.

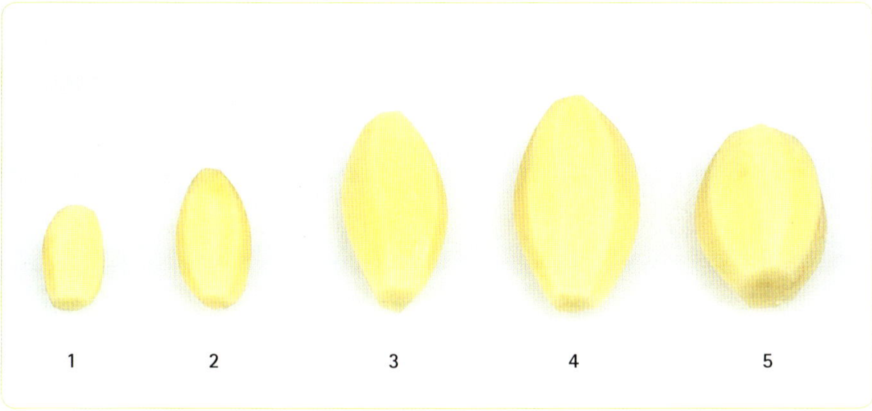


1. *Olivette*: 2,5 a 3 cm de comprimento.

2. *Cocotte*: 4 a 5 cm de comprimento, são finas. Aferventadas, começando com água fria e depois fritas rapidamente com pouca gordura, em fogo forte.

3. Inglesa: 5,5 a 6 cm de comprimento. Cozidas em água com sal, começando com água fria, ou no vapor.

4. *Château*: 7 cm de comprimento. Aferventadas, começando com água fria e depois fritas rapidamente com pouca gordura, em fogo forte.

5. *Fondant*: 6 cm de comprimento, 80 a 90 g. Um lado liso. Apoiar o lado liso sobre travessa untada com manteiga. Cobrir com caldo claro e levar ao forno.

Torneado | Visto de cima

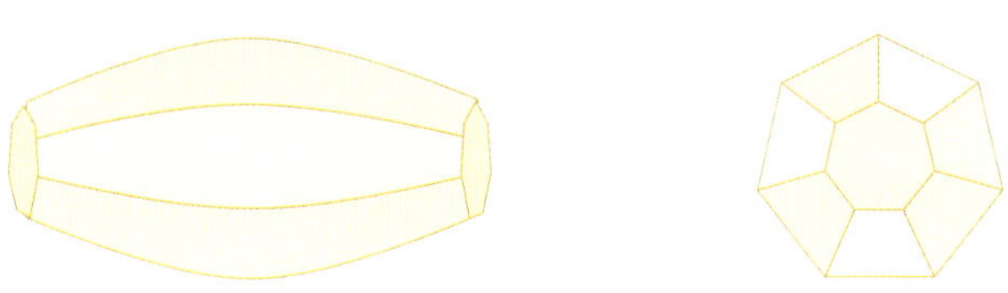

## *Chips* / Portuguesa / Prussiana

Dar forma cilíndrica à batata e cortar as duas extremidades. Passar a batata pelo mandolim, usando a lâmina lisa para batatas *chips* e portuguesa. No caso da batata prussiana, passar a batata pela lâmina ondulada, girando-a de volta a cada vez.

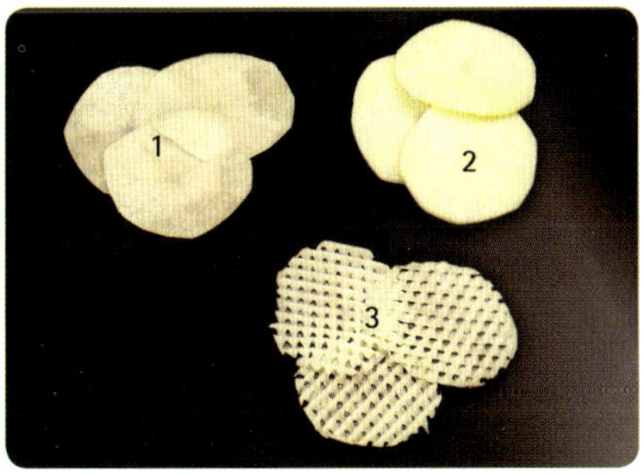


1. Batatas *chips*: 1,5 a 2 mm de espessura.
2. Batata portuguesa: 2,5 a 3 mm de espessura.
3. Batata prussiana.

### Batata

Batata (*solanum tuberosum*) foi o nome utilizado pelos índios da América do Sul, há mais de 2 mil anos. Há evidências de que ela já era cultivada desde essa época no Peru.

Hoje em dia, é a base da alimentação na maior parte do mundo. As primeiras batatas eram tubérculos pequenos e malformados, de diversas cores e sabor amargo. Graças a antigas técnicas utilizadas pelos habitantes do que hoje se conhece como Bolívia e Peru é que as batatas se tornaram comestíveis.

Existem diferentes variedades de batatas, com características diferentes, desde as que se encontram em altitudes que chegam a 3.960 m até as que são resistentes ao frio, que crescem inclusive na neve, ou as que toleram um clima seco e quente, no qual nenhuma outra poderia resistir.

As batatas se dividem em dois grupos: as precoces (também conhecidas como "novas", de tamanho pequeno) e as tardias, de acordo com a época de maturação e de plantio.

Critérios de escolha:
Certificar-se de que tenham uma consistência firme, não estejam germinadas, estejam limpas, livres de qualquer coloração esverdeada, manchas na casca e traços escuros ao serem cortadas.

Método de conservação:
Guardar em lugar escuro e fresco, a uma temperatura entre 10°C e 12°C, no máximo. Caso contrário a batata apodrece com grande velocidade.

## Cesta de batatas

1 - Dispor as batatas prussianas (sem lavar) sobrepostas dentro de uma cesta metálica.

2 - Fechar a cesta pressionando bem.

3 - Fritar em óleo entre 160°C e 165°C, até que adquiram uma cor dourada.

**Dica**

*Em geral, as cestas de batatas são servidas com alguma guarnição em seu interior.*

## Corte em bastões

1 - Cortar a batata formando um paralelepípedo retangular. Em seguida, cortar lâminas regulares.

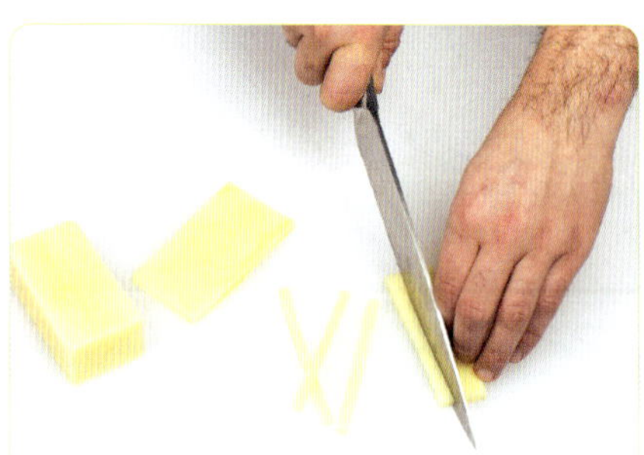

2 - Cortar cada lâmina em bastões. Mantê-los em um recipiente com água até o momento da utilização.

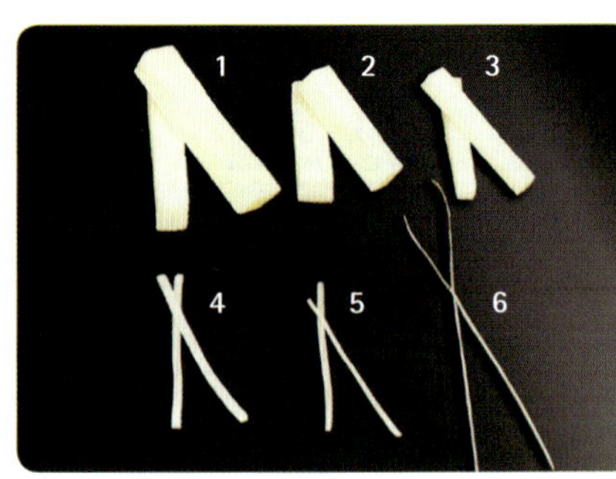


1. Batata *pont neuf*.
2. Batata bastão (*bâtonnet*).
3. Batata palito
4. Batata palha.
5 e 6. Batata cabelo de anjo (*cheveux*).

## .: Técnicas de base :.

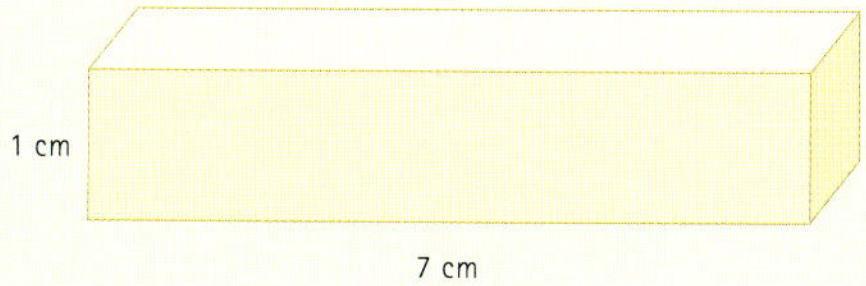


1 *Pont neuf*: Cortar a batata em forma de paralelepípedo. Em seguida cortar, no sentido do comprimento, em lâminas de 1 cm de espessura e finalmente em bastões regulares de 1 cm de seção transversal e 7 cm de comprimento.

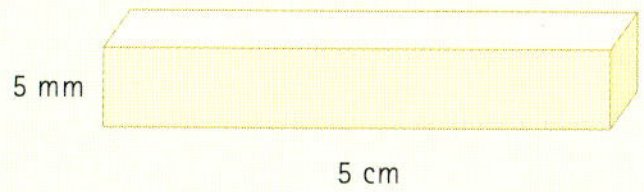


2 Bastão (*bâtonnet*): Cortar bastões regulares de 5 mm de seção transversal e 5 cm de comprimento.

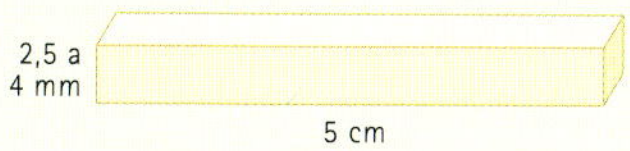


3 Palito: Cortar bastões regulares de 2,5 a 4 mm de seção transversal e 5 cm de comprimento.

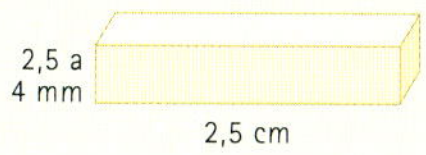


4 *Mignonnette:* Cortar bastões regulares de 2,5 a 4 mm de seção transversal e de 2,5 a 3 cm de comprimento.

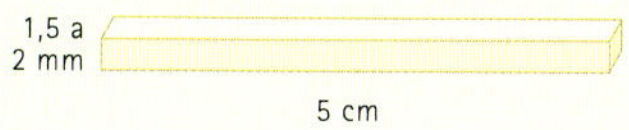


5 Palha: Cortar bastões regulares de 1,5 a 2 mm de seção transversal e de 5 cm de comprimento com a ajuda da lâmina ondulada do mandolim.

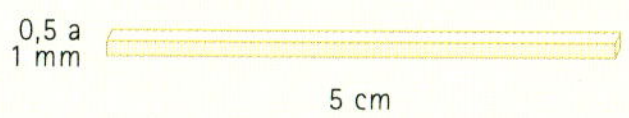


6 Batata cabelo de anjo (*cheveux*): Cortar lâminas finas com o mandolim. Empilhá-las e cortar, com uma faca de picar, em bastões regulares de 5 cm de comprimento e de 0,5 a 1 mm de seção transversal.

1 2 3 4

*Começar com um banho de fritura entre 150°C e 153°C (marcar). Terminar o cozimento na hora de servir, num banho de fritura entre 175°C e 180°C.*

5 6

*Fritar em pequenas quantidades, num banho de fritura entre 160°C e 170°C.*

## *Noisette | Parisienne*

Dar forma às batatas com a ajuda de um boleador. Em geral são aferventadas e depois passadas por uma fritura rápida em pouca gordura, em fogo alto, com exceção das de tamanho maior, que são cozidas à inglesa.

## *Champignon*

1 - Inserir um bico metálico liso (de 6 a 9 mm de diâmetro) até o centro da esfera da batata.

2 - Cortar a batata com uma faca de cozinha em torno do bico metálico. Aferventar e depois passar por uma fritura rápida em pouca gordura, em fogo alto, antes de servir.

# Cenoura

## Cortes

**Cenoura**

Originalmente, a cenoura (*daucus carota*) tinha cor amarela ou violeta. Existiram também cenouras de cor branca, de acordo com algumas descrições feitas na Alemanha. A cor alaranjada só aparece no século XVI e deve-se à presença do betacaroteno, que nosso organismo converte em vitamina A.

Critérios de escolha:
Certificar-se de que tenham um tamanho regular, coloração homogênea, casca brilhante e que sejam retas e firmes, não apresentando manchas ou fendas.

Método de conservação:
Guardar em lugar escuro e refrigerado entre 10°C e 12°C.

### *Paysanne*

Cortar os bastões (*pont neuf*) em lâminas finas, para obter a *paysanne*. As lâminas são utilizadas em sopas, em guarnições aromáticas e na *matignon*.

### Cubos

Ao cortar os diferentes tipos de bastões, obtêm-se os seguintes cubos: *mirepoix*, macedônia e *brunoise*.

### Quadro comparativo

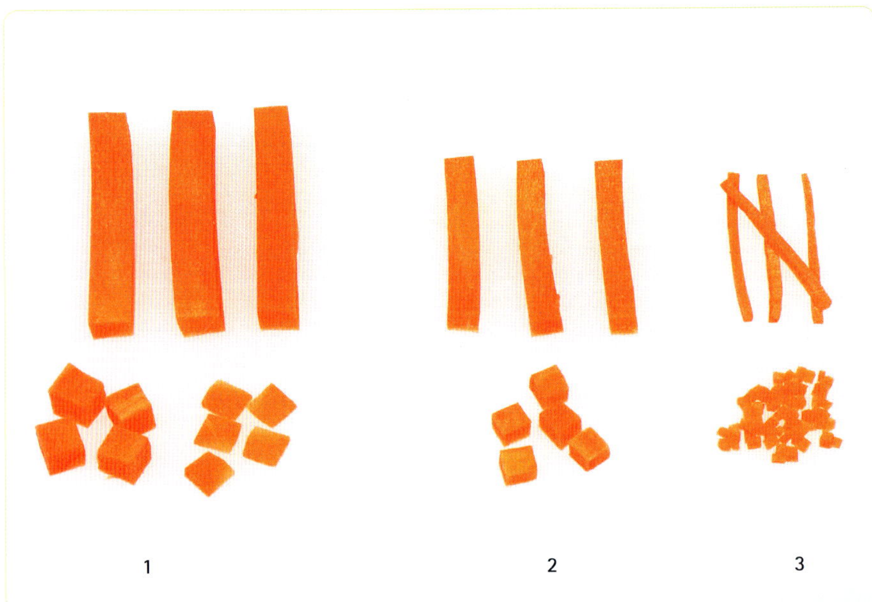


1. *Pont neuf*: obtêm-se os cubos de *mirepoix* e as lâminas de *paysanne*.

2. Bastão: obtêm-se os cubos de macedônia.

3. Palito: obtêm-se os cubos de *brunoise*.

## .: Técnicas de base :.

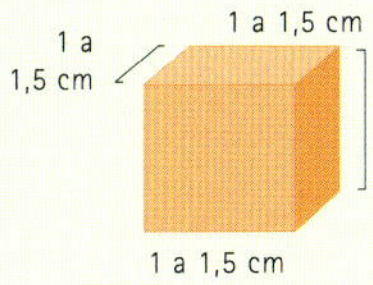


*Mirepoix*: Cubos de 1 a 1,5 cm de seção transversal. A dimensão poderá variar de acordo com o tempo de cozimento.

Macedônia: Cubos regulares de 4 a 5 mm de seção transversal. A dimensão poderá variar de acordo com o uso a ser feito.

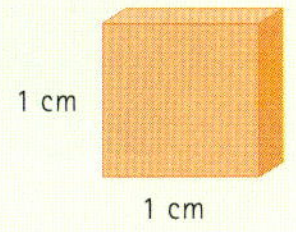


*Paysanne*: Lâminas finas de 1 cm de lado.

*Brunoise*: Cubos de 2 a 2,5 mm de seção transversal.

## Rodelas

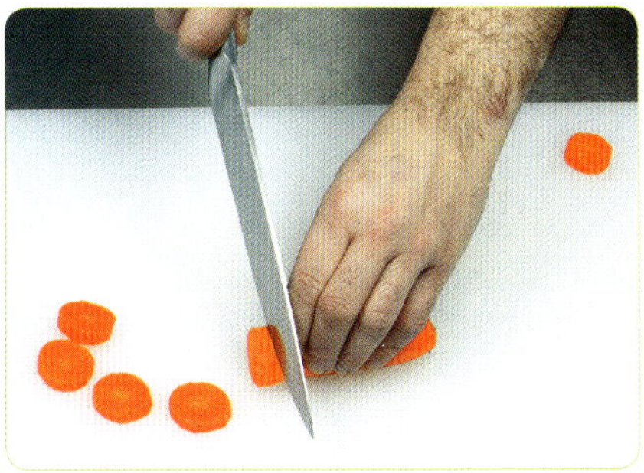

Cortar as rodelas de cenoura com uma faca de cozinha ou um mandolim.

## *Vichy*

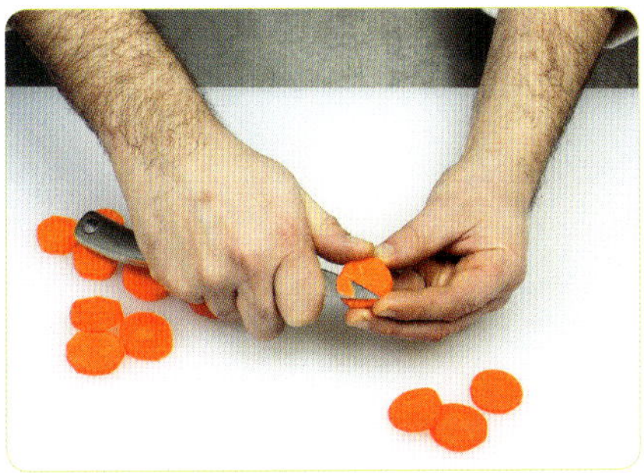

Para obter as cenouras *vichy*, arredondar as bordas das rodelas.

## *Sifflet*

Fazer cortes em diagonal com uma faca de cozinha.

## Canelado

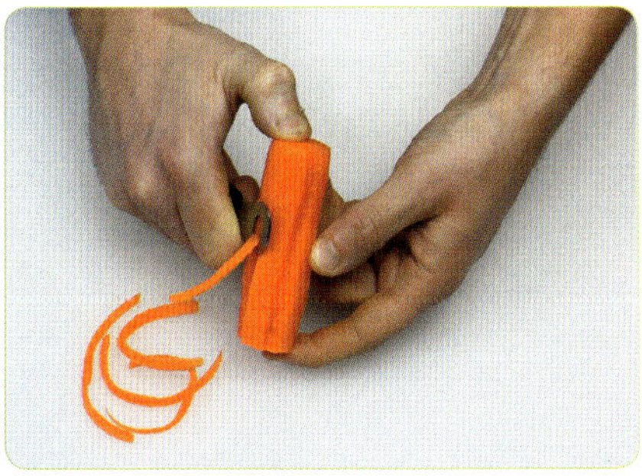

Utilizar um canelador para formar sulcos a distâncias determinadas ao longo da cenoura. Geralmente se faz o canelado nas hortaliças como decoração.

## Flores

Cortar uma cenoura canelada em rodelas, com a ajuda de uma faca de *chef*. Desse modo obtêm-se flores que serão utilizadas na decoração de pratos ou bandejas, ou simplesmente como guarnição.

## Quadro comparativo

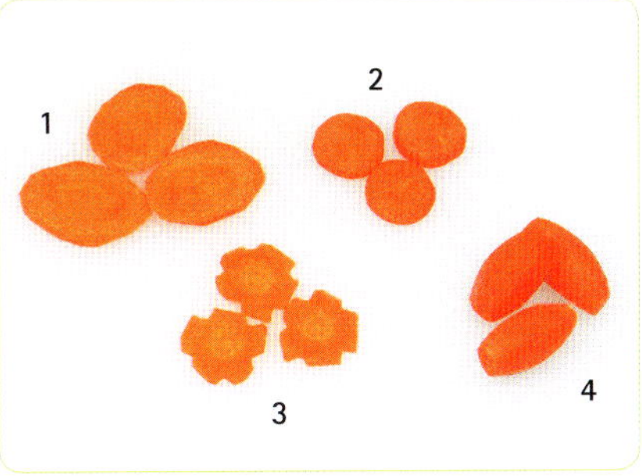


1. *Sifflet*.
2. Rodelas.
3. Flores.
4. Torneado.

# Champignon

### *Champignon*

Em todo o mundo, são frequentemente consumidas em torno de 2 mil variedades de fungos. São tipos não tóxicos e podem ser ingeridos sem qualquer problema ou dano à saúde. Comumente conhecidos como cogumelos (*champignons*), a maior parte dos fungos, apesar de comestível, carece de sabor marcante. Alguns deles podem provocar dores de estômago, especialmente quando são degustados crus.

Critérios de escolha:
Escolher sempre cogumelos frescos e de aspecto firme, que apresentem coloração uniforme.

Método de conservação:
Os *champignons* devem ser armazenados em ambiente escuro, ou o máximo possível preservado de luz, e refrigerados entre 8°C e 10°C.

## Limpeza

1 - Pôr os *champignons* numa tigela com água e um pouco de vinagre. Esfregar levemente para retirar qualquer impureza presente.

2 - Passar os *champignons* para outra tigela com água limpa. Repetir a operação até não restar qualquer impureza nos *champignons*. É importante que esse processo seja feito rapidamente, para que os *champignons* não absorvam muito líquido. Secar bem com um pano limpo ou papel absorvente e utilizar.

## Cortes / Torneado

1 - Utilizar uma faca de cozinha bem afiada. Apoiar a base da faca no centro do *champignon*.

2 - Girar a faca até a base do *champignon*, formando um desenho canelado. Repetir a operação sobre toda a superfície do *champignon*.

3 - Coma ponta da faca de cozinha, formar uma estrela no centro do *champignon*. Colocar numa tigela com água e suco de limão para que conserve melhor, ou cozinhar em um caldo branco.

# Escalopado

1 - Cortar o talo do *champignon* com uma faca de cozinha.

2 - Dividir o *champignon* em dois, cortando-o diagonalmente ao meio com a faca.

3 - Cortar cada metade de *champignon* na diagonal.

# Fatiado

Cortar o *champignon* em lâminas finas, incluindo o talo.

# Juliana

Cortar o *champignon* em rodelas, sem o talo. Apoiar as rodelas umas sobre as outras e cortar em bastões finos.

# Cebola

### Cebola

A cebola (*allium cepa*) é uma planta da família das liliáceas, cujos bulbos são comestíveis. É consumida e cultivada desde a Pré-história.

Há evidências de que a primeira dinastia dos antigos egípcios (3.200 a.C.) incluía a cebola em sua alimentação, comendo-a em grandes quantidade, e geralmente crua. O cheiro típico da cebola é devido a um complexo de compostos sulfurosos. Quando se corta uma cebola, uma enzima começa a agir sobre essas substâncias (pela ação do ar que entra e pelas células que são achatadas). Outro efeito é a liberação de uma substância volátil, que irrita os olhos. O método mais simples para descascar e cortar cebolas é esfriá-las na geladeira antes de utilizá-las. O frio reduz a volatilidade da substância.

Método de escolha:
Utilizar cebolas brilhantes, secas, firmes e de tamanho regular. Evitar as que estejam manchadas, com odores sulfurosos fortes ou germinadas.

Método de conservação:
Guardar as cebolas em local escuro, seco e bem ventilado.

## Cortes / Cubos

1 - Cortar a cebola ao meio no sentido vertical, com a ajuda de uma faca de cozinha.

2 - Fazer cortes verticais nas metades, mantendo a extremidade da raiz de fora, sem cortá-la. (Ela manterá unidas as diversas camadas da cebola).

3 - Fazer cortes horizontais, sem chegar à extremidade da raiz, girando a cebola em 1/4 de volta.

4 - Manter a cebola na mesma posição e fazer cortes verticais regulares.

## Anéis

Escolher cebolas bem redondas e cortar lâminas finas de 2 a 3 mm de espessura. Separar os anéis.

# Alho

## Limpeza

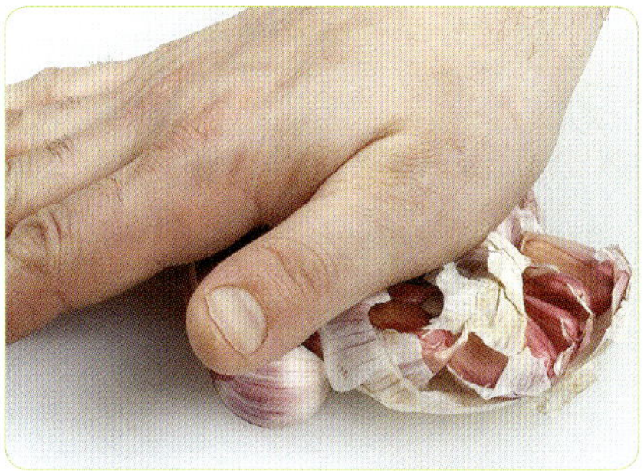

1 - Retirar as folhas secas do exterior do alho. Cortar a raiz e achatar a cabeça do alho com a palma da mão, para separar os dentes da cabeça.

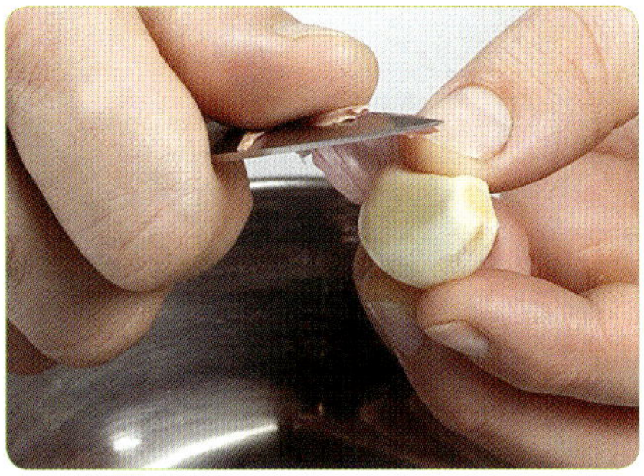

2 - Cortar as duas extremidades do dente de alho com uma faca de cozinha e retirar a pele que o recobre.

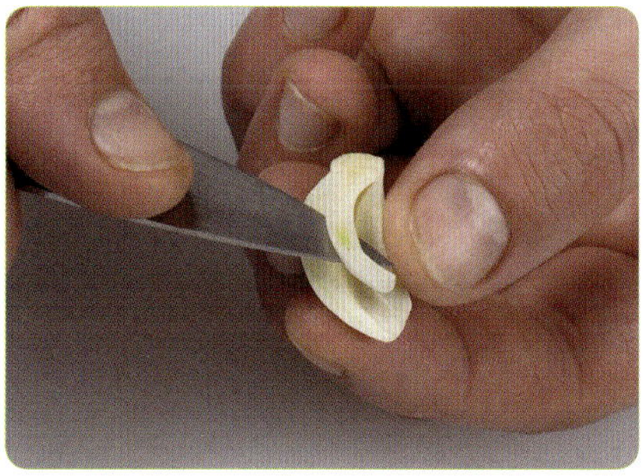

3 - Cortar o dente de alho ao meio e retirar o broto que se encontra no centro com a ponta da faca.

### Alho

O alho (*allium sativum*) é o membro da família das liliáceas que tem o sabor mais predominante. Uma cabeça de alho pode conter de 6 a 24 dentes. Os dentes de alho inteiros não exalam muito cheiro, mas quando são achatados liberam um aroma forte e intenso.

**Critérios de escolha:**
Utilizar cabeças grandes com os dentes firmes, secos e brilhantes. Evitar cabeças moles, dessecadas, germinadas ou com manchas de mofo.

**Método de conservação:**
Guardar em um ambiente seco, bem ventilado, escuro e a uma temperatura entre 15ºC e 18ºC.

## Picado

1 - Achatar o alho, pressionando a base da faca com a palma da mão na direção da tábua.

2 - Picar bem o alho, utilizando uma faca de cozinha.

# Tomate

### Tomate

O tomate (*lycopersicon esculentum*) é a fruta de uma planta proveniente do continente americano. É utilizado atualmente na preparação de muitos pratos em todas as partes do mundo. A palavra asteca "tomatl" significa fruta polpuda. Para os astecas, o que hoje em dia conhecemos como tomate, era o "xitomatl". Os espanhóis, sem entender a importância do prefixo, utilizaram o nome "tomatl" e a partir daí criaram a palavra tomate.

Critérios de escolha:
Escolher tomates firmes, de coloração uniforme, de preferência os produzidos no final do verão ou no princípio do outono, por serem mais suculentos e de melhor sabor.

Método de conservação:
Guardar em um ambiente escuro, a uma temperatura entre 6ºC e 18ºC.

### Dica

*Os tomates mais maduros, imersos em água fervendo, costumam soltar a pele em até 6 segundos. Os menos maduros levam em torno de 10 segundos. No caso de tomates quase ou inteiramente verdes, esse tempo pode ser ainda maior.*

## Pelado

1 - Retirar o pedúnculo do tomate, girando em torno dele a ponta de uma faca de cozinha.

2 - Fazer um corte em cruz na base do tomate.

3 - Mergulhar o tomate em água fervendo por um período entre 6 e 10 segundos. Se o tomate estiver verde, o tempo pode ser maior.

4 - Retirar o tomate com uma escumadeira assim que a pele começar a levantar. O tempo que isso pode levar depende sempre do nível de maturação do tomate. Em seguida, interromper o cozimento, mergulhando o tomate numa tigela com água e gelo.

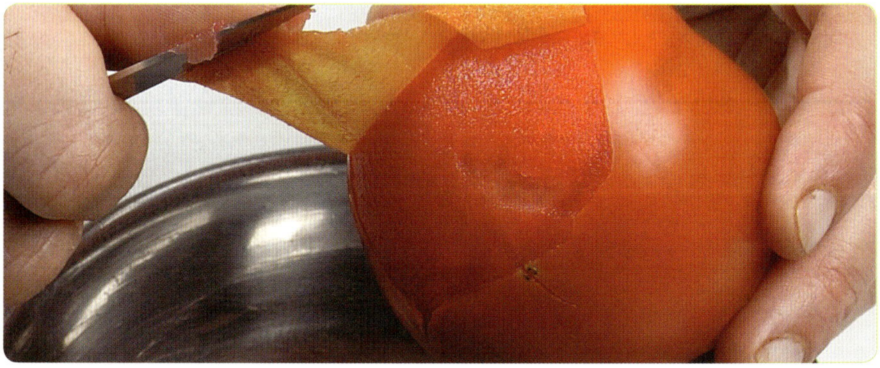

5 - Pelar o tomate com a ajuda de uma faca de cozinha.

## *Concassé*

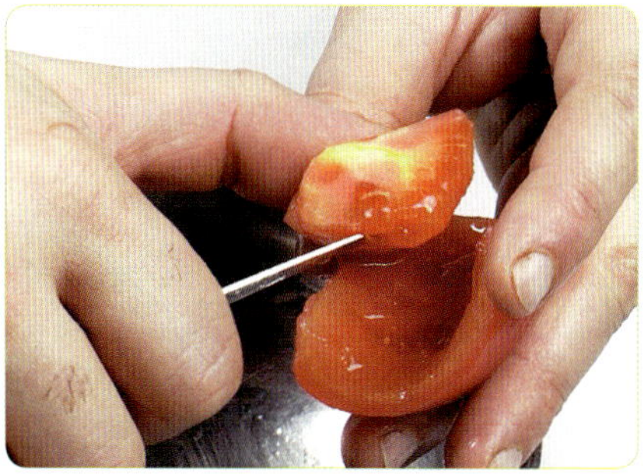

1 - Cortar o tomate ao meio, ou em quartos, dependendo do tamanho. Retirar as sementes com uma faca de cozinha.

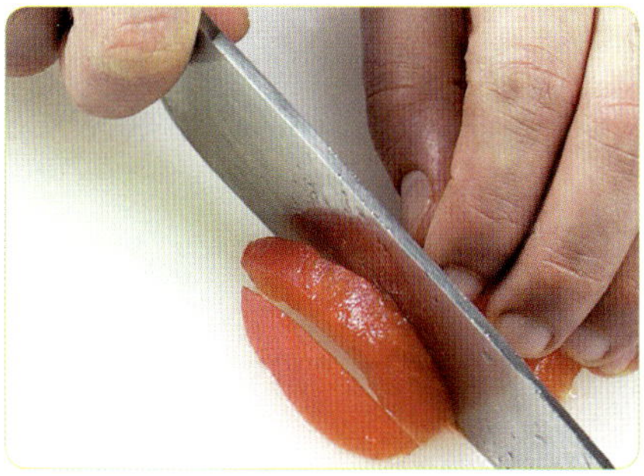

2 - Em seguida, com uma faca de cozinha, cortar em tiras regulares de 5 a 8 mm de largura.

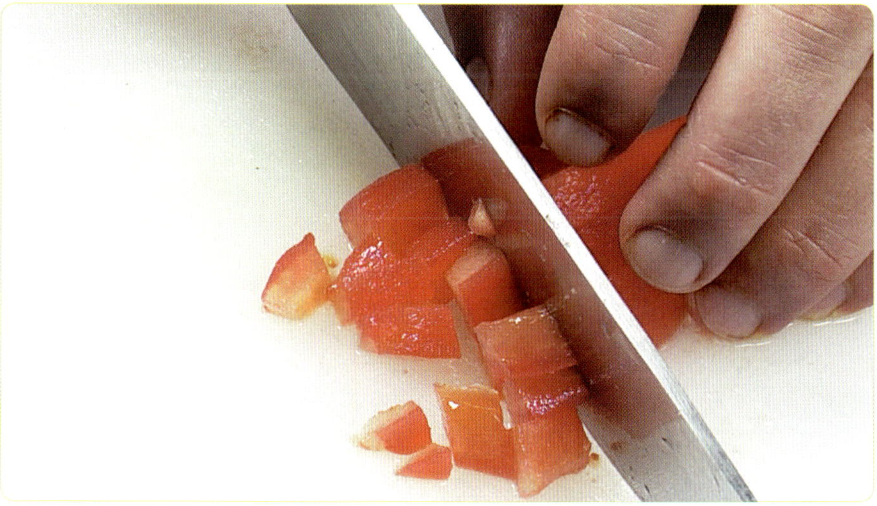

3 - Girar as tiras de tomate em 1/4 de volta e cortar em cubos regulares para obter o *concassé*.

# Alho-poró

### Alho-poró

O alho-poró (*allium porrum*) é um membro da família das liliáceas. Distingue-se pelo sabor suave e ligeiramente doce. O talo branco e reto de um alho-poró cultivado é obtido cobrindo-o continuamente com terra à medida que ele cresce. Desse modo as folhas ficam comprimidas, formando um cilindro que se mantém branco por falta de luz. Com esse método, pode-se cultivar talos grandes, chegando a 30 cm de altura e 7 cm de diâmetro.

Critérios de escolha:
Utilizar de preferência os alhos-porós pequenos e finos, que são mais macios. Devem ter no mínimo 1/3 de talo branco para 2/3 de folhas verdes.

Método de conservação:
Guardar em um ambiente refrigerado com temperatura entre 6°C e 8°C.

## Limpeza

1 - Com uma faca de cozinha, retirar a parte verde dos alhos-porós. As folhas poderão ser utilizadas na preparação de sopas ou junto com outras verduras para clarificar consomês.

2 - Retirar as raízes do alho-poró.

3 - Cortar as folhas verdes do alho-poró em 4, mantendo inteira a parte branca.

4 - Lavar em água corrente para retirar a terra e as impurezas que se encontrem no interior das folhas.

5 - Uma vez lavados, estão prontos para ser usados.

# Aspargo

## Limpeza

1 - Descascar os aspargos com a ajuda de um descascador ou de uma faca de cozinha. Começar da ponta do aspargo para a base do talo, apoiando-o sobre uma tigela de aço inoxidável.

2 - Dobrar os aspargos, para separar a parte macia da fibrosa.

3 - Cortar o final dos talos para que fiquem do mesmo comprimento.

**Dica**

*Geralmente os aspargos são cozidos à inglesa, no vapor ou a vácuo (com um aferventado prévio). Devem ser amarrados juntos e mergulhados verticalmente em uma panela com água e sal; suas pontas devem permanecer fora da água, por serem mais macias e frágeis.*

### Aspargo

O aspargo (*asparagus officinalis*) é o broto jovem de uma planta com muito poucas folhas, da família das liliáceas, originária da Eurásia. É encontrado principalmente na Polônia e na Rússia. Dependendo do momento em que são colhidos, os aspargos podem ser classificados em três famílias:

- Os aspargos brancos, que são retirados da terra assim que as pontas aparecem na superfície.
- Os aspargos roxos, que são arrancados quando as pontas crescem a alguns centímetros acima da terra.
- Os aspargos verdes, que são colhidos assim que chegam a cerca de 10 cm acima do nível do solo.

**Critérios de escolha:**
Independentemente da cor, os aspargos devem ter um aspecto brilhante e fresco. Ao serem cortados ao meio seu centro deve ter cor branca. As pontas devem estar firmes, bem fechadas e macias.

**Método de conservação:**
Guardar os aspargos em uma câmara refrigerada, a uma temperatura entre 6ºC e 8ºC, cobertos com um pano úmido ou um filme plástico. É importante limitar o tempo de conservação ao mínimo, uma vez que podem começar a florescer e perder suas características de bom estado.

# Alcachofra

**Alcachofra**

A alcachofra (*cynara cardunculus*) é a flor de uma variedade de cardo, pertencente à família das margaridas. A alcachofra verdadeira se desenvolveu originalmente no norte da África.

Ela difere do cardo no tamanho da flor, sendo esta maior e mais carnuda. Enquanto a alcachofra for um botão pequeno e imaturo, a flor inteira é comestível; assim que cresce um pouco, mas ainda mantém seu formato de botão fechado, só são consumidos a base das folhas (pétalas), o coração e parte do talo.

Critérios de escolha:
É preferível escolher alcachofras bem fechadas, de cor verde brilhante a verde violáceo, dependendo da variedade, compactas e pesadas em relação ao volume.

Método de conservação:
Guardar as alcachofras em câmaras refrigeradas, a uma temperatura entre 10°C e 12°C.

## Corte / Torneado

1 - Passar uma faca de cozinha em torno da alcachofra, retirando as folhas da base.

2 - Limpar o talo da alcachofra, eliminando a capa externa da base até a flor.

3 - Cortar as folhas, deixando o coração livre.

4 - Aparar o coração da alcachofra com uma faca de cozinha, certificando-se de que não fiquem traços de cor verde nem restos de folhas.

5 - Retirar o centro do coração da alcachofra com a ajuda de um boleador.

6 - Espremer o suco de um limão numa caçarola com água e acrescentar duas metades de limão.

7 - Colocar uma peneira na água e incorporar a farinha de trigo. Desse modo evita-se que se formem grumos.

8 - Introduzir os corações de alcachofra no caldo branco de cozimento e levar ao fogo para que cozinhem. Assim elas manterão a cor e não oxidarão.

# Beterraba

**Beterraba**

Todas as variedades de beterraba descendem daquela que é conhecida como beterraba marítima (*beta marítima*), uma planta selvagem que cresce junto das costas mediterrâneas e perto do Atlântico, na Europa e norte da África.

A beterraba que é consumida com frequência - principalmente seu bulbo púrpura, preferido na alimentação - tem um alto teor de açúcar e apresenta folhas que podem ser consumidas na forma de saladas ou cozidas em preparações diversas.

Critérios de escolha:
As beterrabas devem ter forma regular e ser lisas, de pele fina e coloração homogênea.

Método de conservação:
Quando cozidas, as beterrabas devem ser mantidas refrigeradas a uma temperatura máxima de 3°C. Se estiverem cruas, é preferível conservá-las em lugar seco e abrigado da luz, a uma temperatura entre 8°C e 10°C.

## Limpeza

1 - Lavar a beterraba em água corrente, esfregando bem a casca com uma escova.

2 - Com uma faca de cozinha, cortar a parte superior da beterraba, retirando os talos restantes.

## Cozimento

1 - Cozinhar as beterrabas à inglesa com um pouco de sal. (Podem também ser cozidas no vapor, no forno ou em micro-ondas.)

2 - Descascar a beterraba, depois de cozida, com uma faca de cozinha.

## Cortes / Bastões

1 - Cortar a beterraba em lâminas, com uma faca de cozinha.

2 - Em seguida cortar em bastões.

## Rodelas

Segurar a beterraba por uma extremidade e cortar rodelas regulares com uma faca de cozinha.

# Aipo

## Limpeza

Retirar as fibras do aipo, cortando a ponta e puxando para baixo.

## Cortes / Rodelas

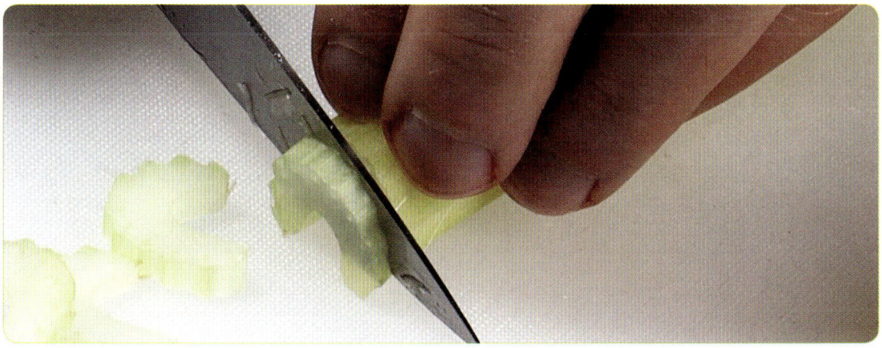

Com a ajuda de uma faca, cortar o aipo em rodelas.

## Bastões

Cortar o aipo em pedaços de 4 a 5 cm de comprimento. Em seguida, com uma faca de cozinha, cortar bastões finos.

### Aipo

O aipo (*apium graveolens*) existe sob três formas. A planta selvagem original tem talos verdes, finos e ocos, com folhas abundantes.

Dela derivam duas variedades: uma é o aipo que mais utilizamos na cozinha (variedade doce), com talos grossos, sólidos, de cor verde-clara a branca. A outra variedade é o aipo rábano (*rapaceum*), cuja base do talo chega a ter o tamanho de um nabo médio, enquanto os talos em si não chegam a ser maiores do que a variedade selvagem.

**Critérios de escolha:**
O aipo deve ter um aspecto fresco e seus talos devem ser firmes e crocantes. As folhas devem ser verdes brilhantes e ligeiramente úmidas.

**Método de conservação:**
Guardar em um ambiente escuro, refrigerado, a uma temperatura entre 6°C e 8°C, que não contenha umidade em excesso, para evitar a oxidação.

# Espinafre

### Espinafre

O espinafre (*spinacia oleracea*) é originário da Pérsia, onde se encontram algumas variedades selvagens, que não são comestíveis, e onde ele é cultivado desde o século IV a.C. Seu nome é derivado do persa antigo: *aspanakh*.

A planta do espinafre foi levada ao leste da China, via Nepal, no século VII d.C., mas só chegou à Europa no século XI d.C., quando os árabes invadiram a Espanha.

Critérios de escolha:
As folhas do espinafre devem ser inteiras, firmes, crocantes, de cor verde e de preferência não muito grossas.

Método de conservação:
Conservar o espinafre em uma câmara refrigerada, a uma temperatura entre 6ºC e 8ºC. É aconselhável não manter o espinafre cozido por mais de 24 horas na geladeira, porque formam-se nitritos nocivos à saúde.

## Limpeza

1 - Lavar as folhas de espinafre em água corrente certificando-se de retirar a terra entre elas.

2 - Dobrar a folha de espinafre ao meio.

3 - Retirar a nervura central, puxando o talo na direção da ponta da folha.

# Couve-flor

## Limpeza

Retirar a terra que possa estar grudada na couve-flor com uma faquinha de cozinha.

### Couve-flor

A couve-flor (*brassica oleracea*, da variedade *botrytis*) é uma variante do repolho comum na qual as flores começaram a se formar mas pararam de crescer como rebentos (a mesma coisa acontece com o brócolis). Os talos grossos que se encontram debaixo dos rebentos funcionam como órgãos armazenadores de nutrientes, que teriam ido para as flores e depois para as frutas, se o desenvolvimento não tivesse sido interrompido.

Critérios de escolha:
Escolher couves-flores firmes, de cor branca, sem manchas, e com as folhas verde-claras.

Método de conservação:
Guardar em câmara refrigerada escura, a uma temperatura entre 6°C e 8°C.

## Corte

1 - Cortar os talos da couve-flor para separar as flores.

2 - Antes de utilizar, lavar as flores cuidadosamente em água corrente.

# Favas / Vagens

**Favas / Vagens**

As favas e as vagens pertencem à família das leguminosas, que se caracteriza por suas plantas com vagens contendo sementes no interior.

As leguminosas são encontradas no mundo inteiro e estão entre as primeiras plantações feitas pelo homem.

Critérios de escolha:
Devem ser de espessura regular, macias e carnudas, sem manchas visíveis.

Método de conservação:
As favas, como as vagens, podem ser conservadas durante 48 horas em uma câmara frigorífica refrigerada, a uma temperatura entre 6ºC e 8ºC.

As leguminosas secas se conservam por até vários meses em lugar seco e escuro, em recipientes hermeticamente fechados.

## Limpeza

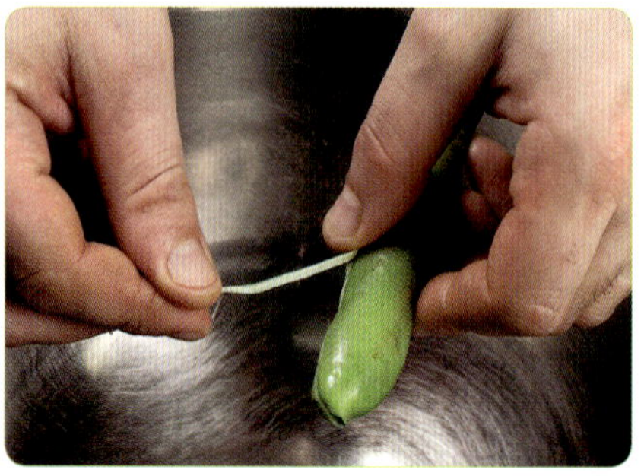

1 - Retirar a fibra que corre ao longo das favas, puxando levemente de um extremo ao outro.

2 - Pressionar com a mão e abrir no meio. Extrair as sementes do interior.

3 - Descascá-las depois de aferventadas por alguns instantes. Retirar a fibra que corre ao longo da fava, cortando uma extremidade e puxando em sentido contrário. Podem ser cortadas em cubos, na diagonal, ou cozidas inteiras.

# Pimentão

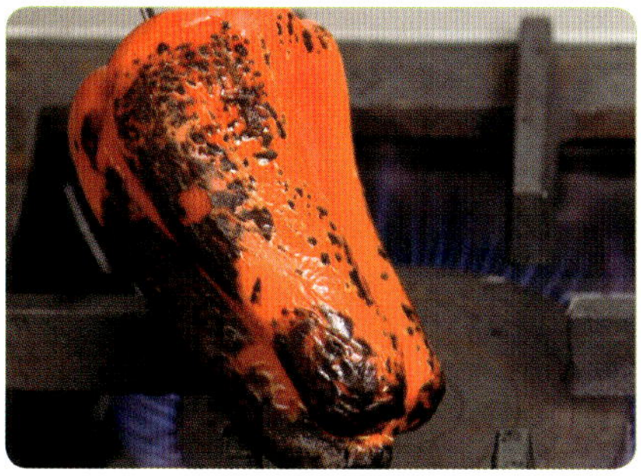

1 - Queimar a pele do pimentão sobre a chama direta do fogão.

2 - Colocar dentro de uma bolsa plástica para que o vapor formado em seu interior levante a pele.

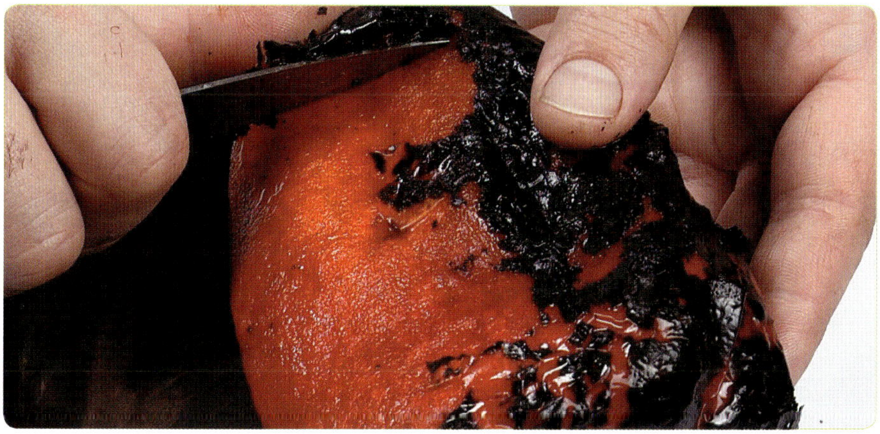

3 - Retirar a pele do pimentão com uma faca de cozinha.

### Pimentão

O pimentão (*capsicum annuum*) pertence a uma variedade de plantas que inclui uma ampla gama de espécies, desde os pimentões doces até os mais picantes. Sua origem é o México, onde foram encontrados restos que datam de 7000 a.C.

O pimentão cru é uma fonte importante de vitamina C.

Critérios de escolha:
De preferência, escolher pimentões bem firmes, de forma regular e pele lisa.

Método de conservação:
Guardar em uma câmara refrigerada, a uma temperatura entre 10°C e 12°C.

### Cebolinha

A cebolinha (*allium schoenoprasum*) é o membro menor e mais delicado da família da cebola. Seu ancestral mais próximo é uma planta selvagem, da Europa central, que ainda existe, principalmente nas regiões rochosas e montanhosas. As folhas da cebolinha são finas e ocas, e ao serem cortadas, tornam a crescer de maneira contínua, da primavera ao outono.

Critérios de escolha:
A cor da planta deve ser um verde uniforme, sem manchas amareladas ou pretas. De preferência, escolher ervas recém-cortadas.

Método de conservação:
Guardar a cebolinha na geladeira, em pé, num recipiente com água. (Trocar a água todos os dias.)

### Manjericão

O manjericão (*ocimum basilicum*) é uma erva aromática muito utilizada na culinária da Índia, do sudeste asiático, do nordeste da África e dos países do Mediterrâneo. Podemos encontrar plantas de manjericão roxas (*O. basilicum var purpurascens*), com aroma de limão (*O. basilicum var citriodorum*) e a mais perfumada, chamada de "nano verde" (anão verde) pelos italianos (*O. basilicum var minimum*), de folhas muito pequenas e aproximadamente 60 cm de altura, entre as mais conhecidas.

Critérios de escolha:
As folhas devem ter cor uniforme, sem manchas amareladas ou pretas. De preferência, para que mantenham o aroma, que sejam recém-cortadas.

Método de conservação:
Guardar em câmara frigorífica a uma temperatura entre 10ºC e 12ºC.

# Ervas

## Cebolinha

Cortar a cebolinha com uma faca de cozinha em rodelas finas, de 2 a 3 mm de espessura.

**Dica**

*Essas ervas podem ser usadas em diversas preparações.*

## *Chiffonnade* de manjericão

1 - Empilhar as folhas de manjericão e enrolá-las.

2 - Cortar em *chiffonnade* (tiras finas) com a ajuda de uma faca de cozinha.

# Salsa / Picada

Manter com a mão as folhas da salsa unidas e picar bem fino com uma faca de *chef*.

**Salsa**

A salsa (*petroselinum crispum*) é a erva mais utilizada na cozinha europeia. Sua planta é nativa do leste do Mediterrâneo, e as duas variedades mais conhecidas são a salsa crespa e a salsa lisa.

**Critérios de escolha:**
Escolher plantas com folhas bem verdes, sem manchas.

**Método de conservação:**
Guardar de pé em câmara frigorífica, em um recipiente com água. (Trocar a água seguidamente para maior duração.)

# *Bouquet garni*

O *bouquet garni* é um pequeno amarrado de ervas aromáticas que se utiliza para dar sabor a diversas preparações. Em geral é composto por talos e folhas de salsa, louro, tomilho e folhas verdes de alho-poró, mas também podem ser acrescentadas outras ervas, dependendo do uso.

1. Folhas verdes de alho-poró.
2. Louro.
3. Tomilho.
4. Salsa.
5. Rama de aipo.

1 - Montar o *bouquet garni* utilizando uma folha de alho-poró como base. Pôr todas as ervas no seu interior e cobrir com outra folha de alho-poró.

2 - Prender bem, amarrando com um fio de algodão.

# Frutas / Cítricos

## Descascadas

1 - Com uma faca de cozinha, cortar as duas extremidades da laranja. Em seguida retirar a pele dos lados, passando a faca em forma de arco.

2 - Separar os gomos das membranas com a faca.

## Cortes

### Rodelas

Com a laranja segura, cortar as rodelas.

### Fios de laranja

Pressionar o *zester* contra a laranja, fazendo movimentos em forma de arco.

### *Historier*

Segurar a lâmina de uma faca pelo meio, entre o polegar e o indicador. Fazer cortes em zigue-zague em torno das laranjas, chegando com a faca até o centro da fruta. Com cuidado, separar as metades.

**Dica**

*O corte historier pode ser utilizado em outras frutas, como o melão, a melancia, o kiwi, o tomate, e inclusive em ovos.*

# Abacaxi

## Descascado

1 - Cortar as duas extremidades do abacaxi com uma faca serrilhada.

2 - Retirar a casca, movimentando a faca serrilhada em forma de arco ao longo do abacaxi.

3 - Com uma faca de cozinha, extrair as partes escuras da casca que tenham permanecido.

## Corte / Rodelas

Cortar o abacaxi em rodelas com uma faca serrilhada.

# Morango

## Cortes / Leque

1 - Fazer cortes verticais ao longo do morango, sem chegar à extremidade superior.

2 - Pressionar com a mão para que se abra o leque. Esta técnica pode ser utilizada em outras frutas, para decorar.

## Cisne

1 - Cortar o morango ao meio. Fazer cortes em forma de V, começando pela parte superior. Repetir a operação até chegar à base.

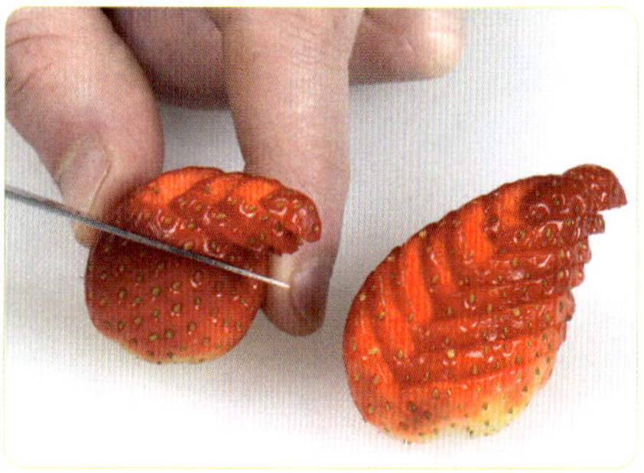

2 - Deslocar levemente o morango cortado para trás, formando degraus.

# 3

# Carnes

Cortes | Carne bovina | Filé-mignon | Porco

Cordeiro | Coelho | Miúdos | Limpeza

# Materiais

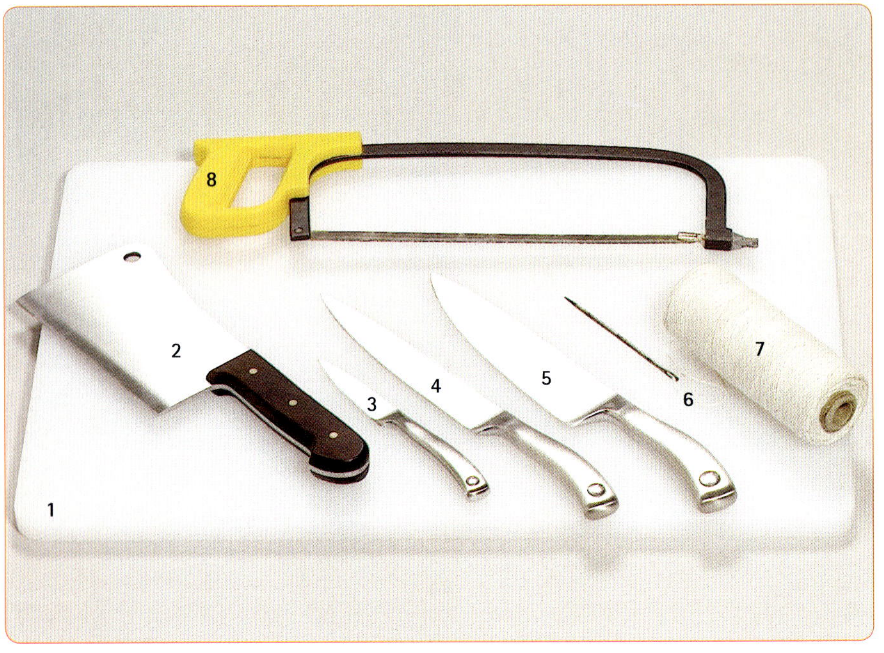


1. Tábua
2. Cutelo
3. Faca de cozinha
4. Faca de picar
5. Faca de *chef*
6. Agulha
7. Fio de algodão
8. Serra

# Carne bovina

Há uma tradição que considera que as carnes bovinas argentinas figuram entre as melhores do mundo, tanto por sua adaptação às exigências atuais e às dos principais países consumidores, como por suas características organolépticas.

## Raças produtoras

Entre as raças criadas que podemos encontrar na Argentina estão:

- *Aberdeen Angus*, Polled Angus, Angus Colorado*
- *Hereford*, Polled Hereford*
- *Charolais*, Polled Charolais*
- *Raza Criolla**
- *Shorthorn*, Polled Shorthorn*
- *Devon, South Devon*
- *Galloway*
- *West Highland*
- *Sussex*
- *Limousine*

* São as raças de maior preferência para o consumo local.

| Classificação do gado | |
|---|---|
| Vitela | 12 a 24 meses |
| Vaca | + 24 meses |
| Vitelo mamão | até 6 meses |
| Bezerro | 6 a 12 meses (castrados jovens) |
| Novilhote | 12 a 18 meses (castrados jovens) |
| Novilho | 18 a 30 meses (castrados jovens) |
| Touro | macho não castrado |
| Boi | touro castrado |

# Cortes argentinos

## Cortes de reses de novilhos, vacas e vitelas para consumo interno

1. Aguja (roast beef)
2. Paleta
3. Bifes angostos
4. Bifes anchos
5. Lomo
6. Entraña
7. Matambre
8. Tapa de asado
9. Asado
10. Vacío
11. Colita de cuadril
12. Hueso con carne
13. Cuadril
14. Bola de lomo
15. Palomita
16. Peceto
17. Falda
18. Nalga

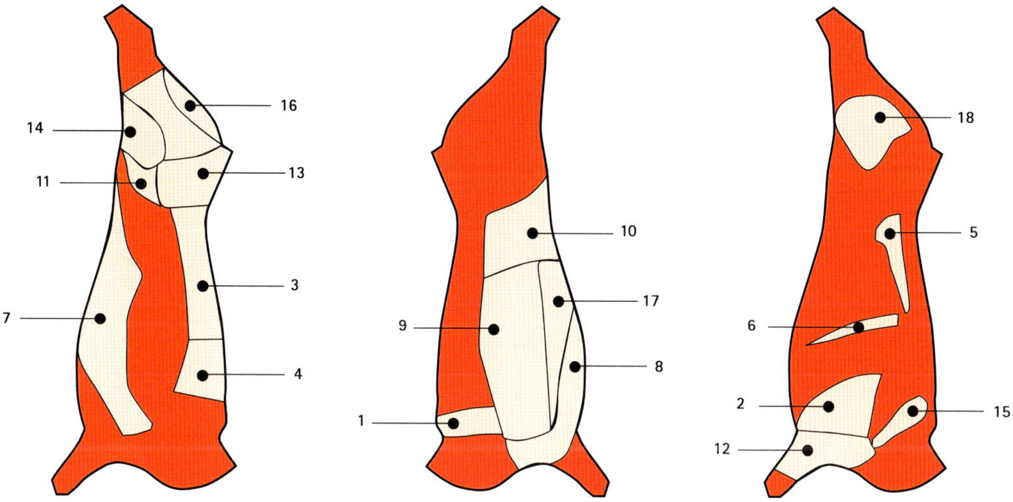


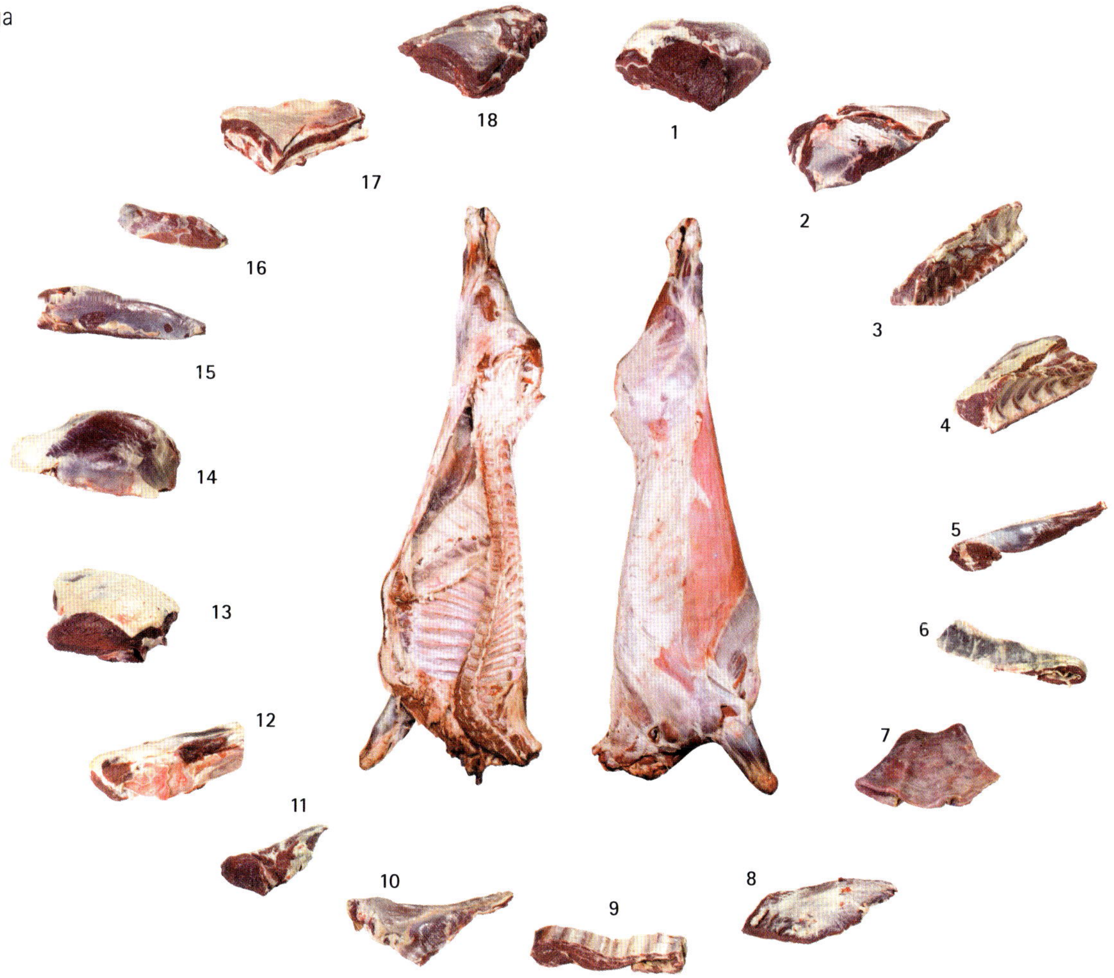

# Cortes brasileiros

1. Rabo
2. Lagarto
3. Coxão-duro ou chã de fora
4. Coxão-mole ou chã de dentro
5. Músculo
6. Patinho
7. Picanha
8. Alcatra
9. Contrafilé
10. Filé-mignon
11. Aba de filé
12. Fraldinha
13. Ponta de agulha
14. Capa de filé
15. Acém
16. Braço
17. Peito
18. Pescoço
19. Filé de costela
20. Maminha de alcatra
21. Cupim

# Divisão das reses

A rês é um animal trabalhado, despojado do couro, da cabeça, das vísceras, das patas e sangrado. Para consumo interno, ela é dividida em duas metades, das quais se fazem cortes diferentes. Os cortes apresentam algumas variantes, dependendo da região do país que se considere, mas em geral as variações são poucas.

A figura a seguir mostra os cortes de carnes apresentados por uma rês:

1ª categoria: Filé-mignon, lagarto redondo, bife, assado, músculo de rabo e alcatra.
2ª categoria: Picanha, alcatra.
3ª categoria: Agulha, pescoço e cabeça.
4ª categoria: Músculo.

Novilho norte-americano em que estão indicados os cortes principais.

# Filé-mignon

## Limpeza e utilização

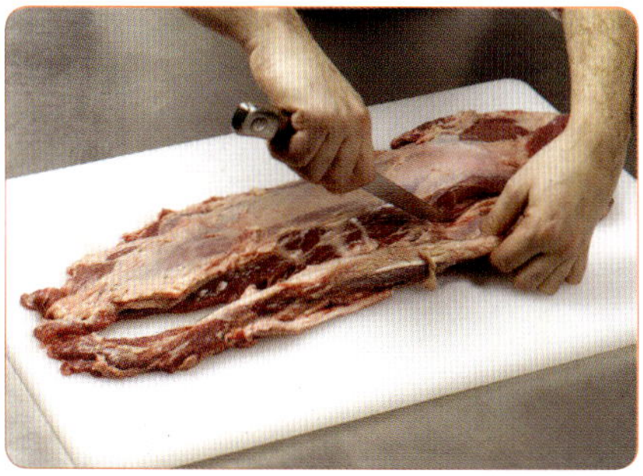

1 - Retirar o cordão, separando o nervo que o une ao lombo, e limpá-lo bem.

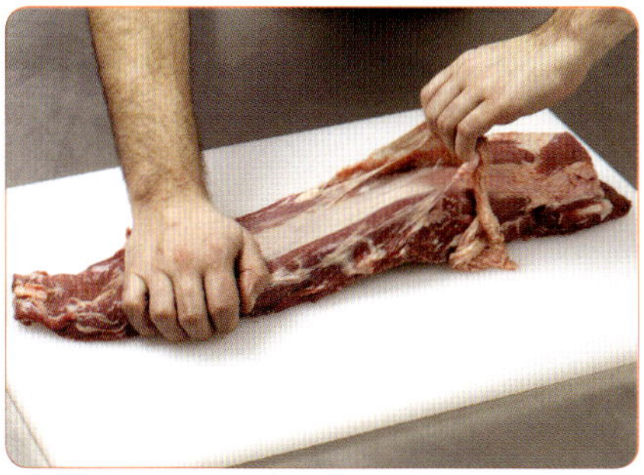

2 - Extrair a membrana que o recobre.

3 - Retirar o nervo, passando uma faca próximo à carne, da cabeça até a ponta.

4 - Dar um talho na parte mais pontuda do filé, sem cortar até o final.

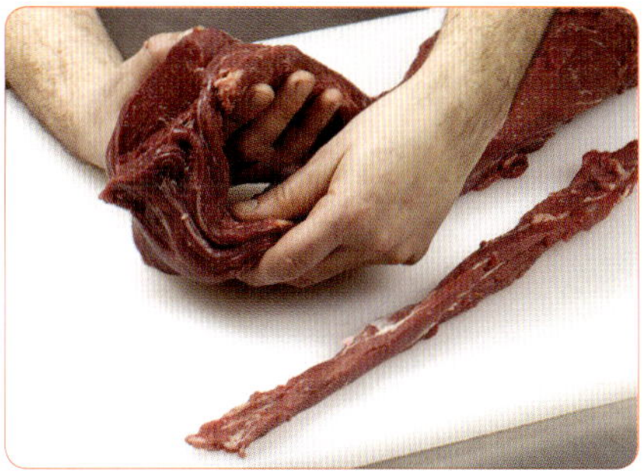

5 - Dobrar a extremidade do filé para baixo (assim o filé-mignon fica com a mesma espessura de uma ponta à outra).

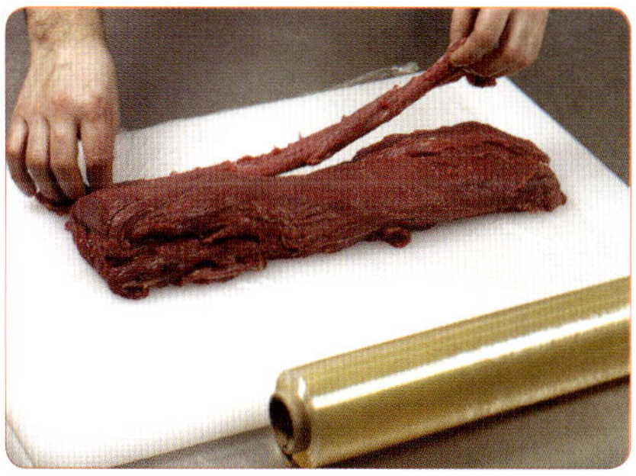

6 - Acomodar o cordão limpo às costas do filé-mignon sobre um filme plástico.

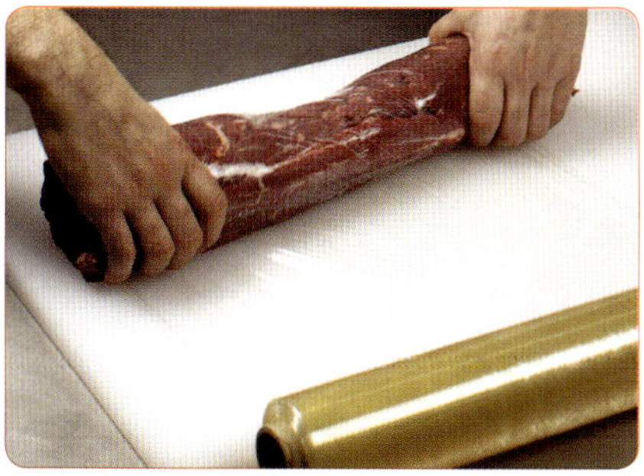

7 - Enrolar com o filme plástico, pressionando de modo a formar um cilindro firme.

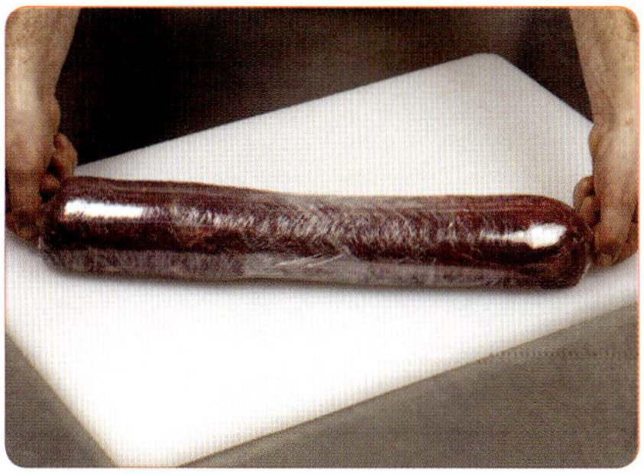

8 - Fechar bem as duas extremidades. Levar ao congelador durante alguns instantes para facilitar o corte posteriormente.

9 - Desse modo obtêm-se medalhões de filé-mignon regulares.

## Cortes

1. **Ponta de filé**: é um pedaço que pesa em torno de 0,200 kg. É utilizado cortado em cubos, em tiras ou achatado para fazer um *paillard*.
2. **Medalhões**: pedaços pequenos, individuais, obtidos do final do filé-mignon. Pesam entre 0,80 kg e 0,100 kg e têm 2,5 cm de espessura.
3. ***Tournedos***: pedaços individuais obtidos do centro do filé-mignon. Pesam entre 0,150 kg e 0,180 kg.
4. **Chateaubriand**: corte obtido da cabeça do filé-mignon. Pesa de 0,300 kg a 0,350 kg. (Geralmente serve duas pessoas.)

# Lagarto redondo

## Amarrar

1 - Envolver a carne com um fio de algodão, fazendo um nó triplo na extremidade.

2 - Passar o fio por um lado, formando uma cruz.

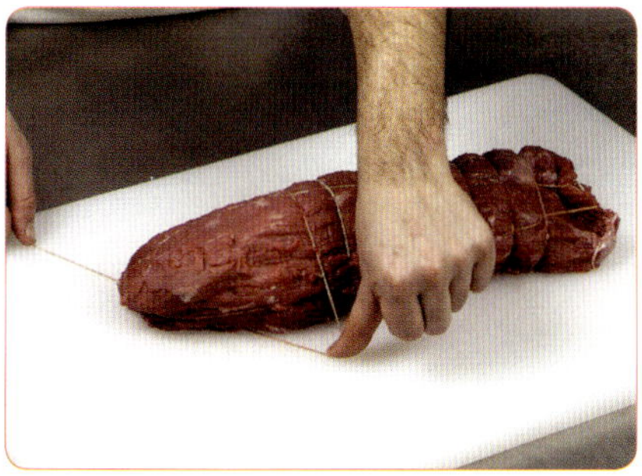

3 - Enrolar, passando o fio por baixo da carne, dando a esta uma forma tubular, em sentido contrário ao inicial.

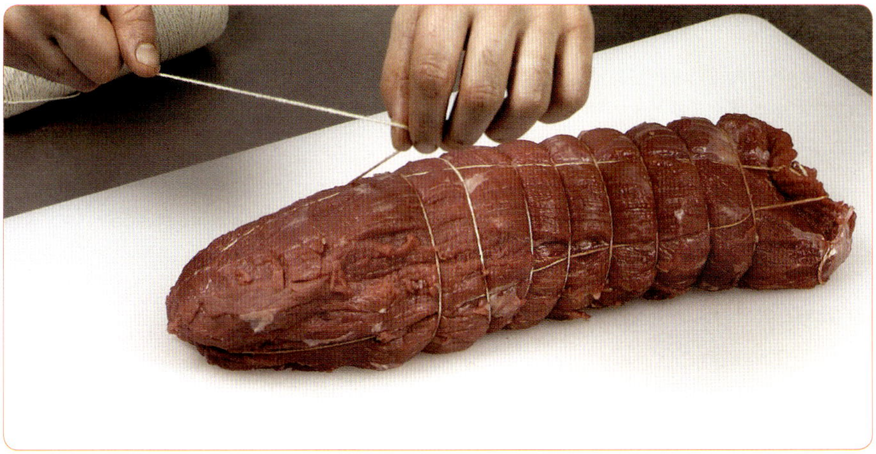

4 - Pressionar bem cada volta.

5 - Passar o fio algumas vezes na diagonal.

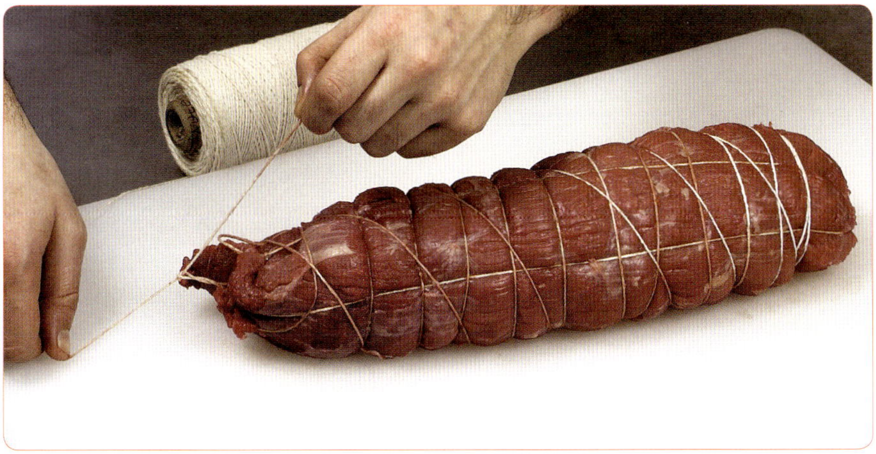

6 - Amarrar com firmeza para terminar o cilindro.

## Cortar escalopes

1 - Cortar lâminas finas de carne desde a extremidade mais larga até a mais estreita.

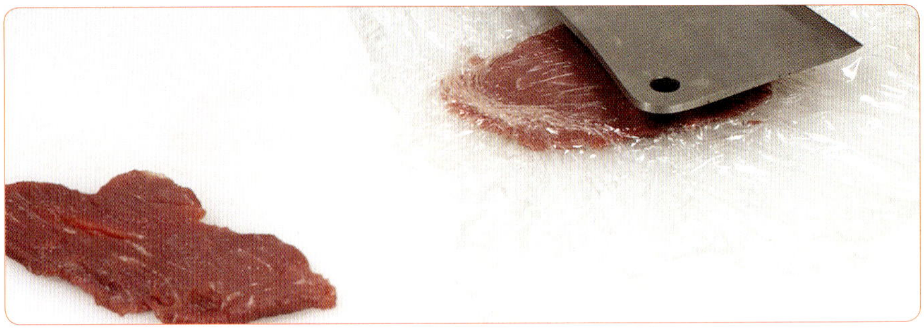

2 - Achatar a carne entre duas folhas de filme plástico. Desse modo obtêm-se escalopes de carne. (Um escalope que é achatado e depois cozido é conhecido pelo termo *paillard*.)

## Lardear

1 - Cortar um pedaço de toucinho em tiras longas e finas.

2 - Colocar o toucinho na agulha de lardear.

### Dica

*O motivo de se lardearem as carnes é para que elas, ao serem cozidas, fiquem mais macias, ou então para dar-lhes mais sabor. Pode-se lardear carnes com toucinho,* **panceta** *defumada, presunto ou outros tipos de fiambres gordos.*

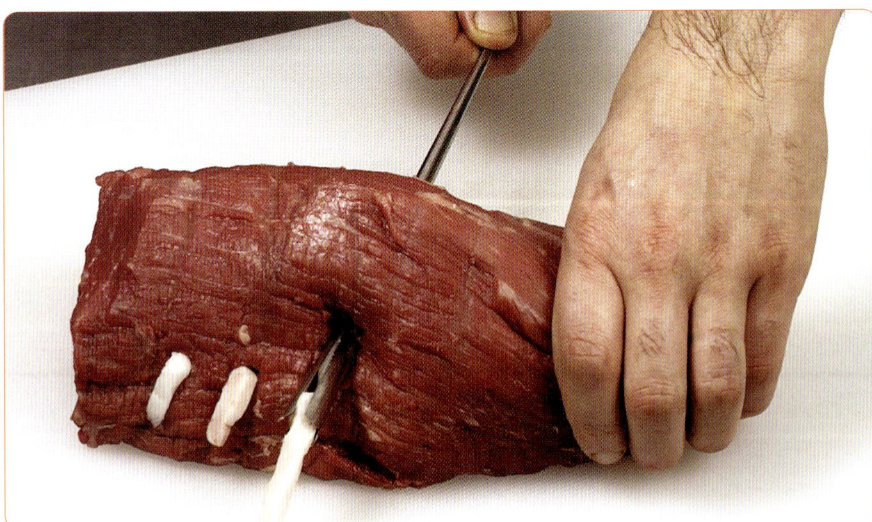

3 - Lardear com a agulha, transpassando a gordura de um lado ao outro da carne.

# Porco

Para distinguir as raças modernas, fora a pelagem, observam-se o perfil da cabeça e o formato das orelhas.

## Raças produtoras

Entre as diversas raças podemos encontrar:

- *Duroc Jersey*
- *Hampshire*
- *Poland China*
- *Large White ou Yorkshire*
- *Landrace*

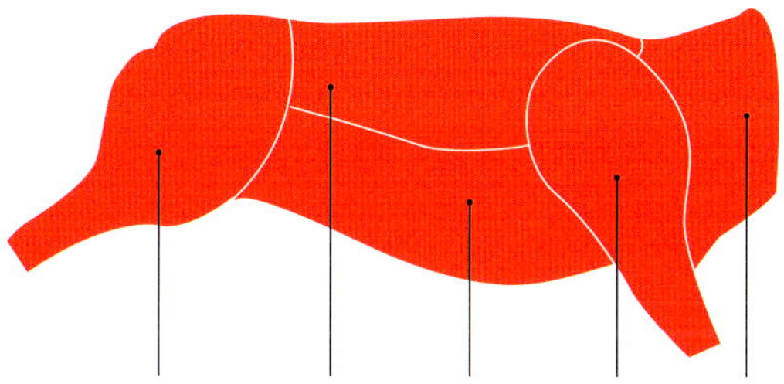


**Dica**

*O tipo de porco que se busca hoje em dia deve ter um predomínio dos quartos traseiros. O animal deve produzir carnes magras, ou seja, apresentar uma maior proporção de cortes valiosos, como o pernil e o lombo.*

# Carrê de porco

## Limpeza

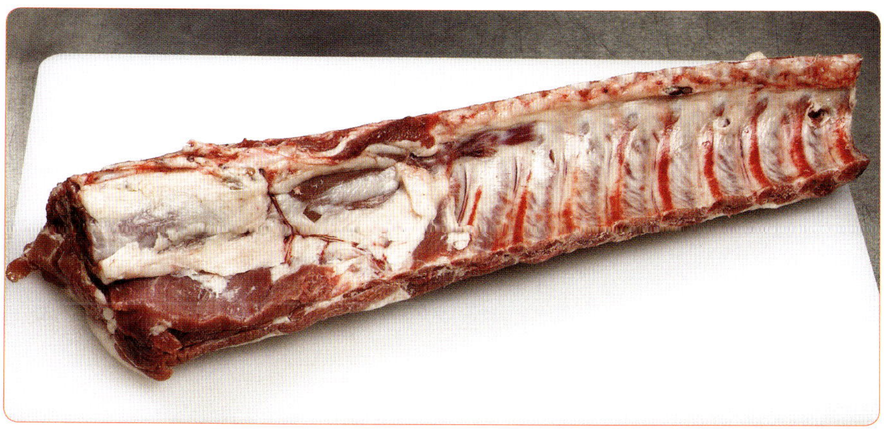

1 - Peça inteira.

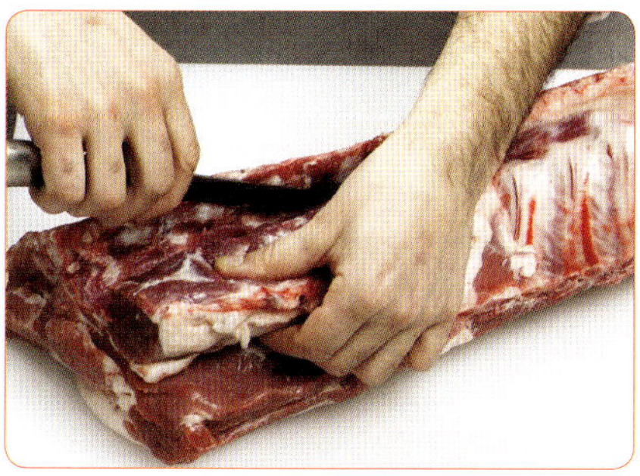

2 - Retirar o filé-mignon do porco, que fica na parte interna da carcaça.

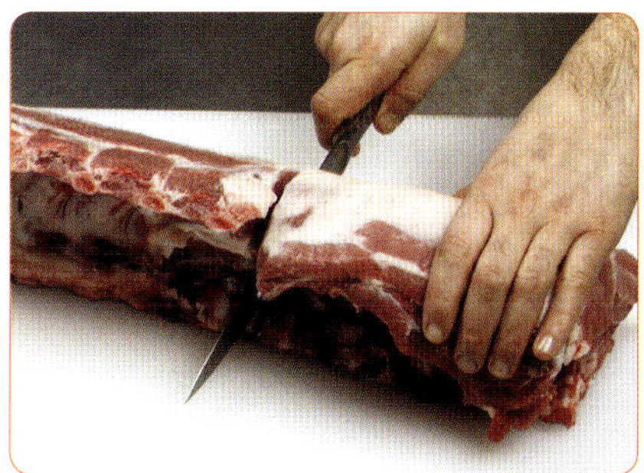

3 - Cortar ao nível da primeira costela para baixo.

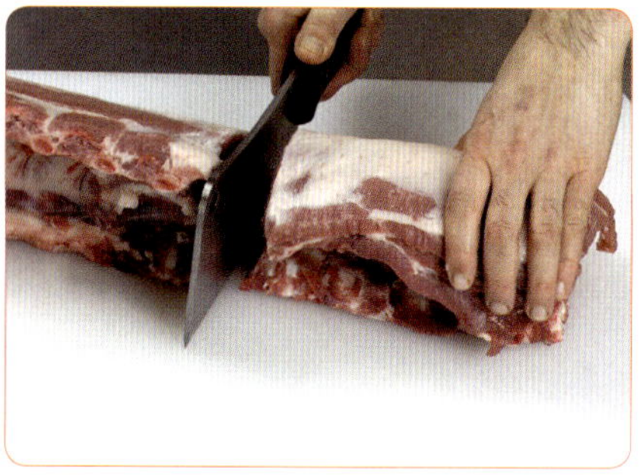

4 - Terminar de separar o conjunto de costelas com um cutelo.

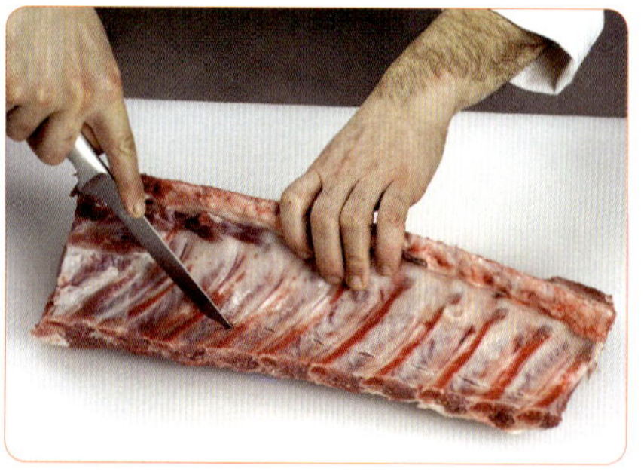

5 - Cortar a carne, liberando a ponta dos ossos.

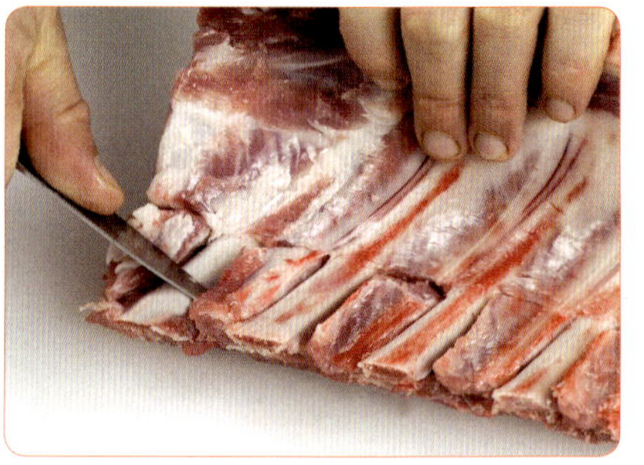

6 - Cortar o lado dos ossos, a partir da linha marcada anteriormente até a ponta dos mesmos.

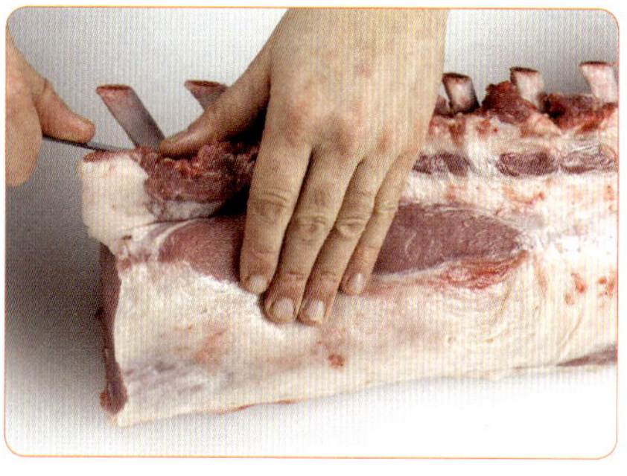

7 - Limpar bem os ossos com a ponta da faca para cortar carnes.

8 - Limpar os ossos do carrê.

9 - Desprender a carne dos ossos que se encontram na base do carrê.

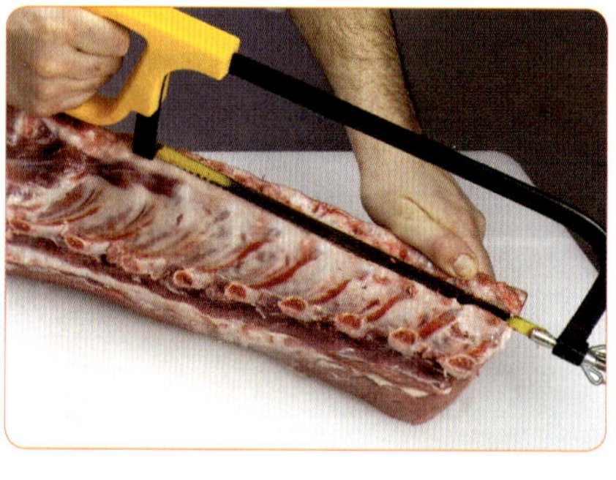

10 - Com uma serra, marcar o osso da coluna vertebral.

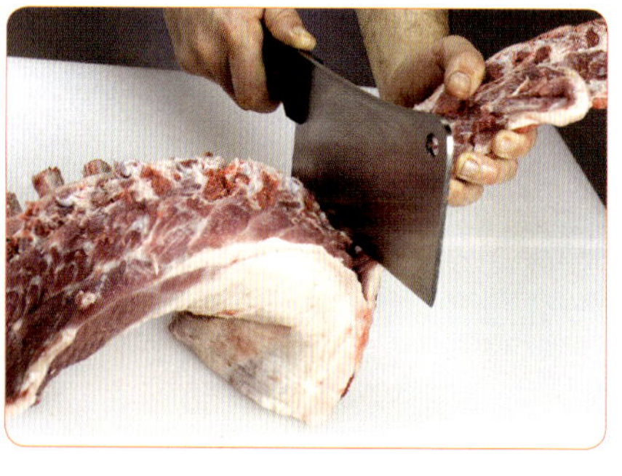

11 - Terminar de cortar com o cutelo.

12 - O carrê de porco limpo poderá ser amarrado para que mantenha a forma ao ser cozido.

# Costeletas de porco

## Separação

1- Cortar entre cada costela com uma faca, chegando até o osso.

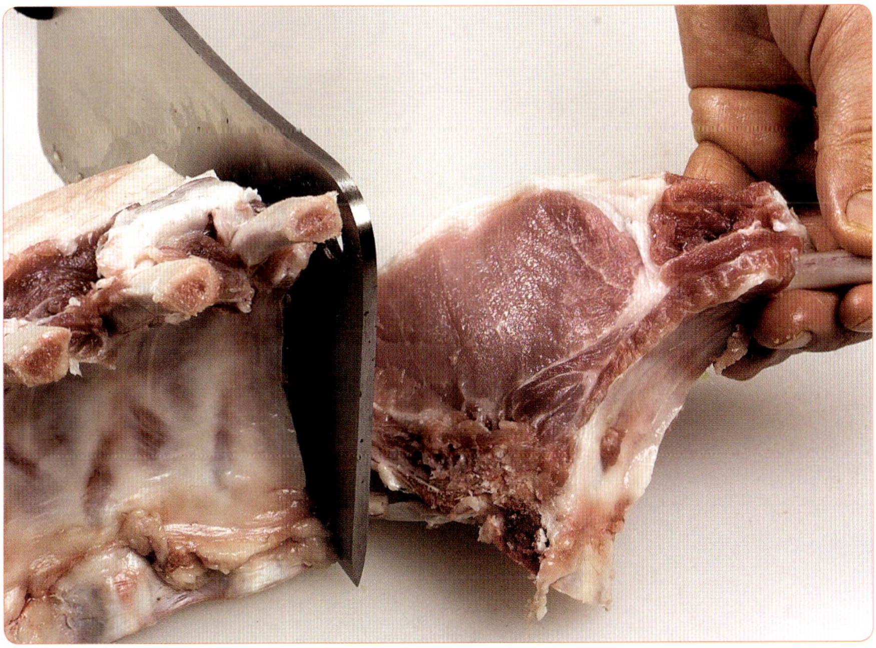

2 - Terminar de separar as costeletas com o cutelo.

# Corte em *lardons*

Chamam-se *lardons* os pedaços de *panceta* ou toucinho obtidos do corte em bastões regulares de 2,5 cm de comprimento e 5 mm de seção transversal.

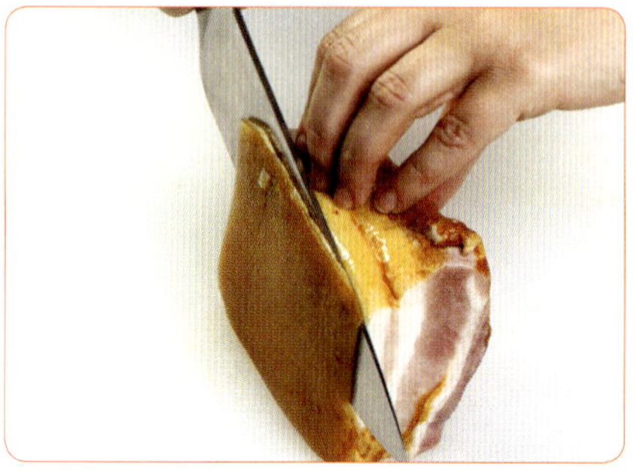

1 - Retirar o couro da *panceta*.

2 - Cortar em lâminas.

3 - Em seguida cortar em bastões regulares.

# Cordeiro

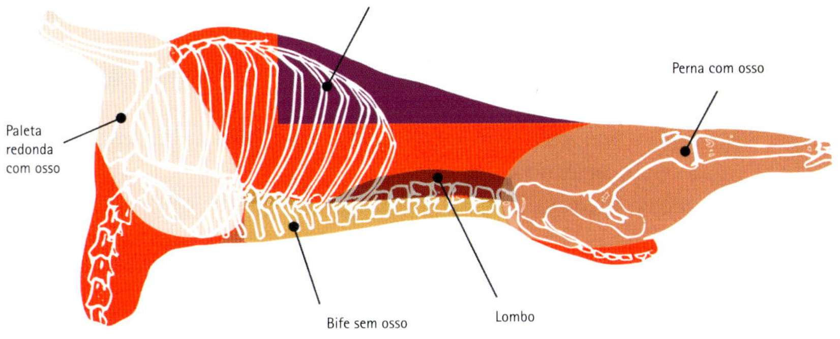


- Paleta quadrada
- Bife sem osso
- Conjunto de costelas com osso de 6 a 7 costelas
- Perna com osso
- Paleta redonda com osso
- "Peitinho" com osso
- Lombo

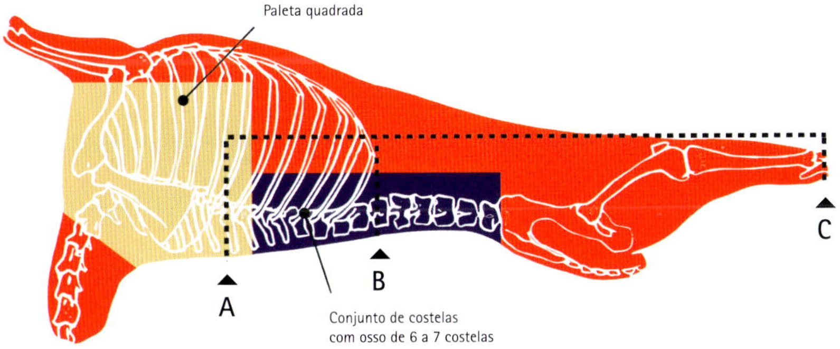


A-C
Corte "pistola dupla", padrão 6 a 7 costelas. Corte composto do animal, limitado à frente pela paleta quadrada, abaixo pelo "peitinho" e o vazio.

Compreende os seguintes cortes: perna, bife, lombo e conjunto de costelas da 7ª ou 8ª até a 13ª costela.

B-C
Corte "pistola dupla", sem costelas.

# Cordeiro inteiro

## Cortar

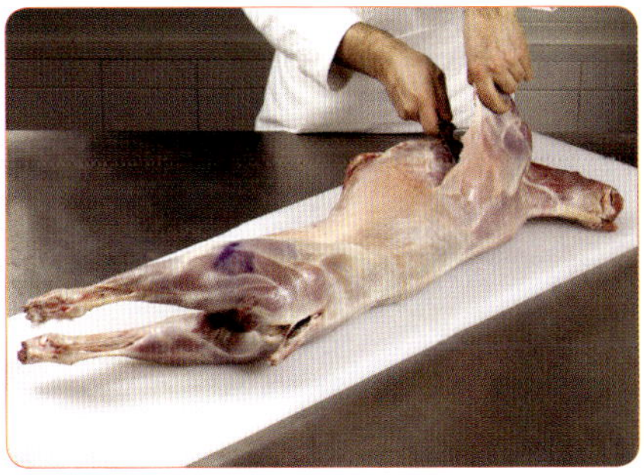

1 - Colocar o cordeiro sobre uma tábua.

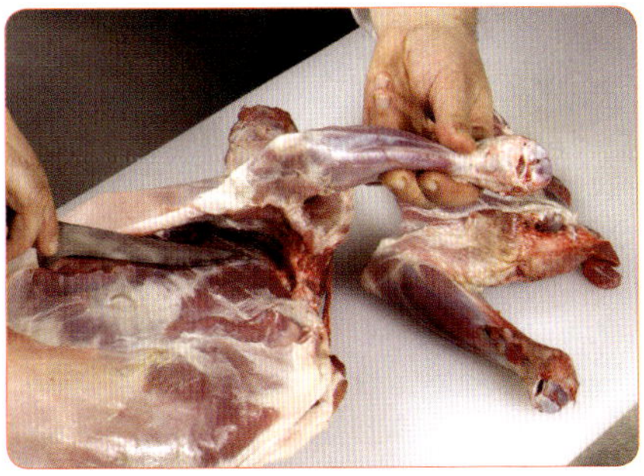

2 - Levantar a paleta do cordeiro, cortando em torno da escápula.

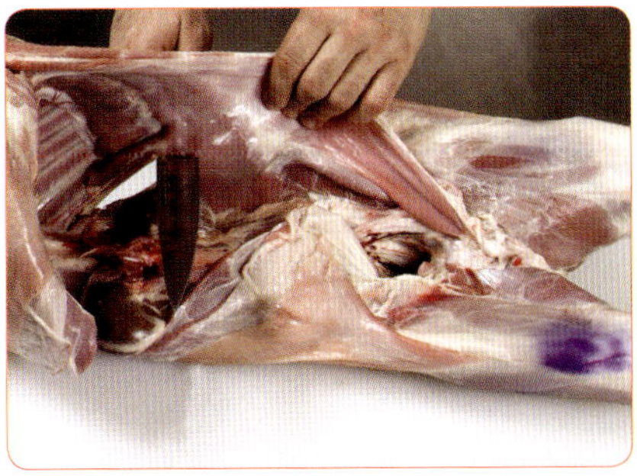

3 - Cortar ao longo da primeira costela para separar o carrê da caixa torácica (campana).

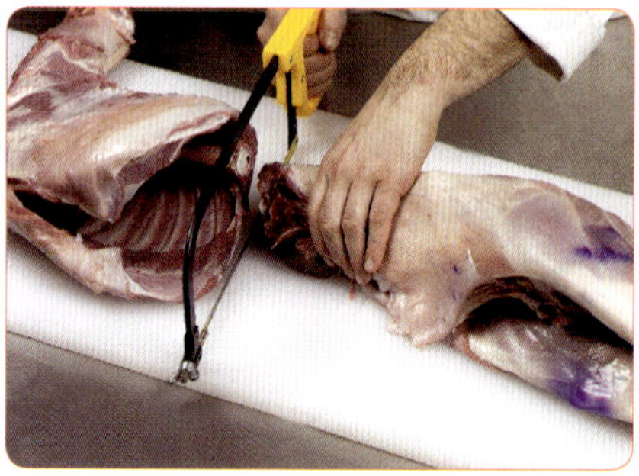

4 - Terminar de separar o carrê da caixa torácica (campana), cortando com uma serra.

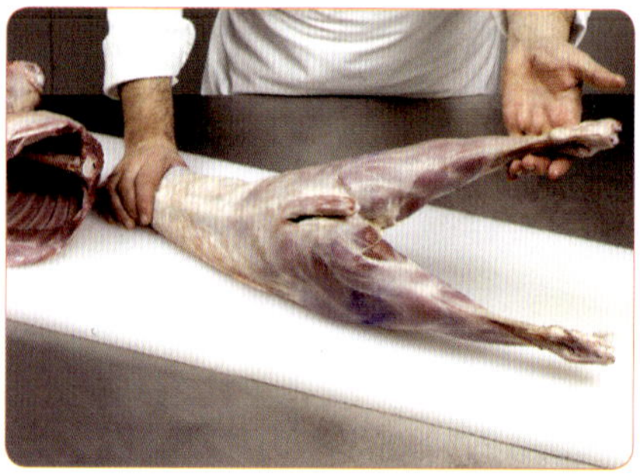

5 - Barão de cordeiro: consiste no carrê, no lombo e nas duas pernas traseiras.

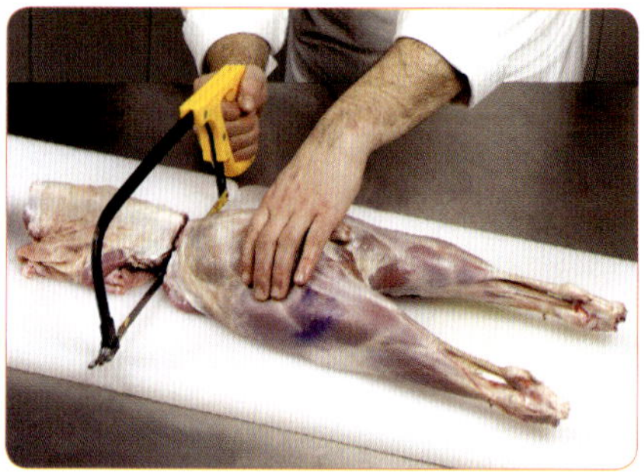

6 - Separar o carrê com o lombo (sela inglesa) dos dois gigôs, cortando-os com uma serra à altura da primeira vértebra lombar (há seis dessas vértebras).

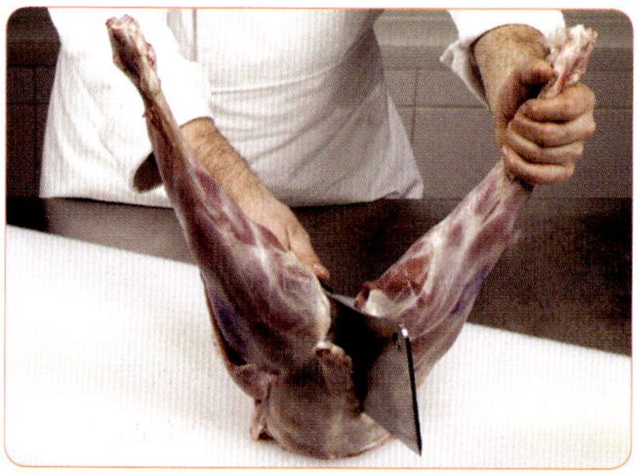

7 - Separar as duas pernas traseiras do cordeiro com o cutelo, começando pela extremidade posterior e continuando pela metade da coluna vertebral.

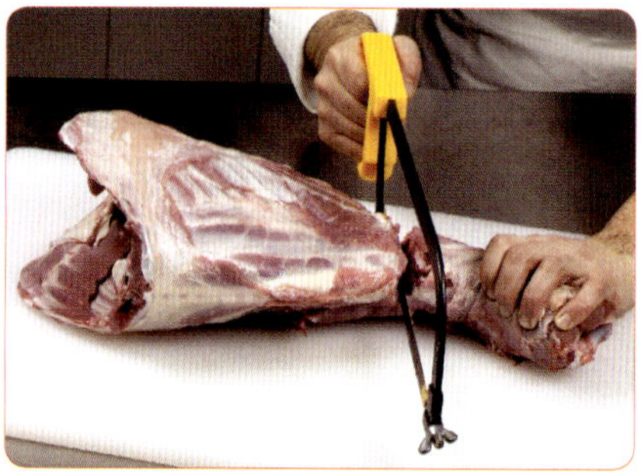

8 - Desprender a nuca da caixa torácica com a serra, para separar as vértebras.

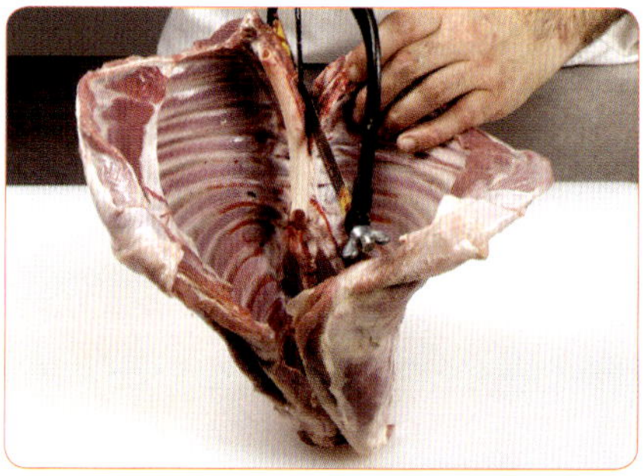

9 - Cortar a campana em dois com a serra, utilizando como guia uma agulha metálica inserida na medula; desse modo separam-se os dois carrês de cordeiro.

## Desossar *à la coulée*

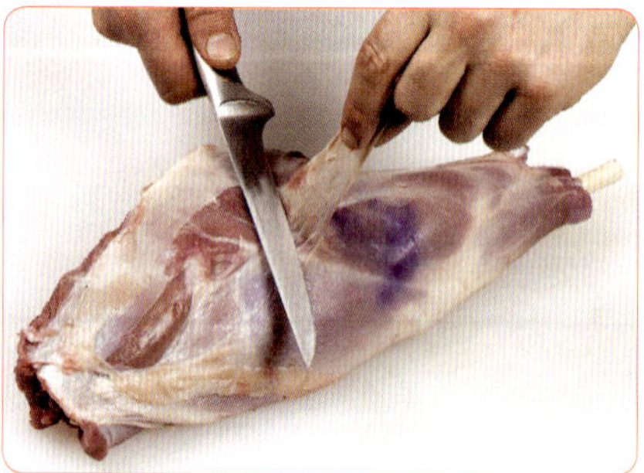

1 - Retirar a membrana que recobre a perna traseira.

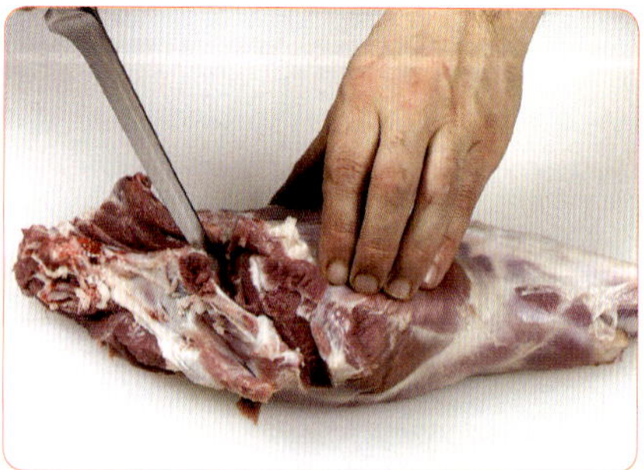

2 - Desprender o primeiro osso, passando a faca sobre ele e cuidando para que fique o mais limpo possível. Retirar também o osso do rabo, se este ainda estiver presente.

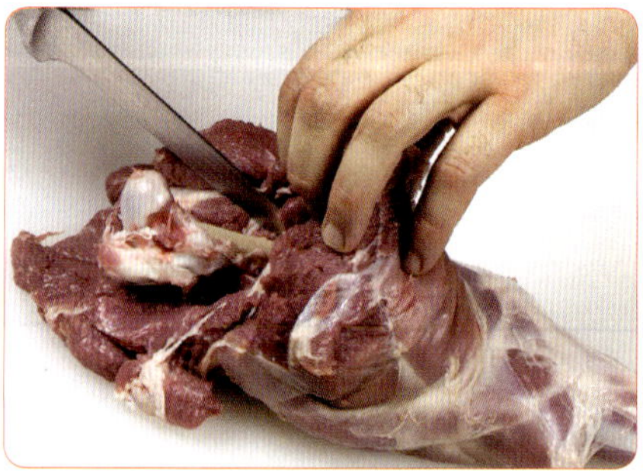

3 - Cortar os tendões que cercam a articulação e liberar o osso do fêmur. Ter o cuidado de não cortar o gigô. A peça deve permanecer em um só pedaço.

## Limpeza da perna traseira

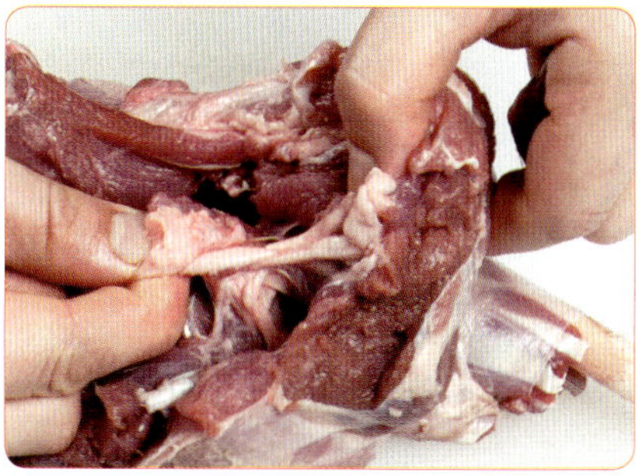

1 - A glândula do cordeiro fica envolta em uma capa de gordura, na parte inferior da perna.

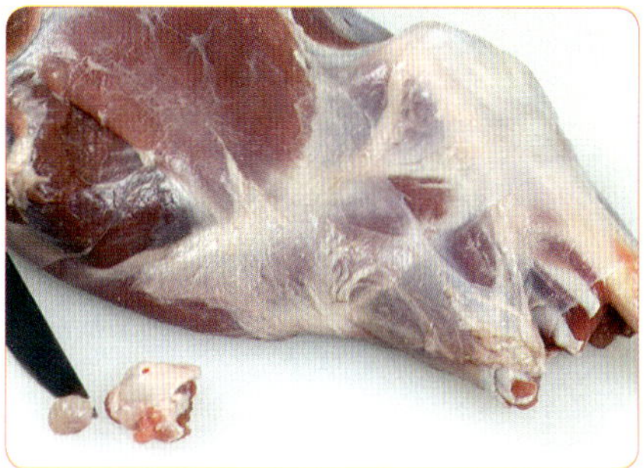

2 - Retirá-la, cortando em volta com cuidado para que ela não se rompa. Desse modo o sabor do cordeiro será muito mais suave.

## Desossar a paleta

1 - Desprender a carne da paleta passando a faca colada ao osso da escápula. Cortar os tendões e girar a articulação para separar o osso.

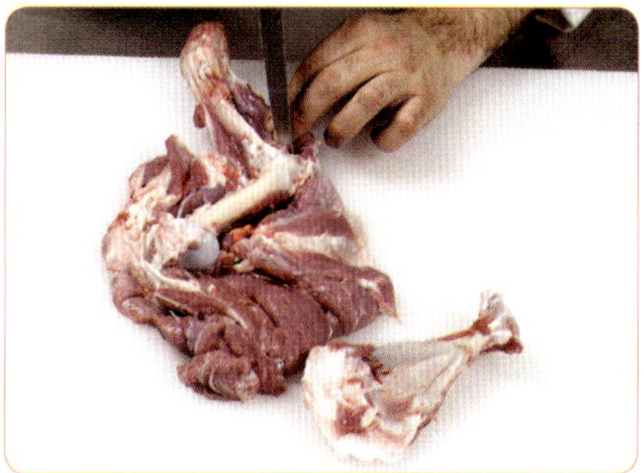

2 - Continuar deslizando a faca ao longo do osso até soltar completamente a carne.

## *Manchonner* o gigô

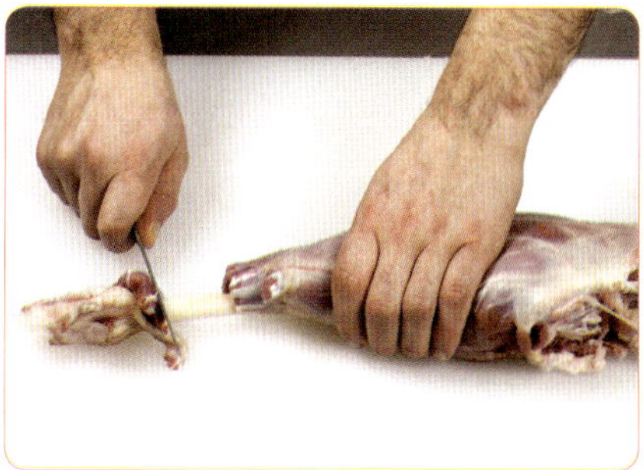

1 - Limpar o osso da perna traseira com uma faca.

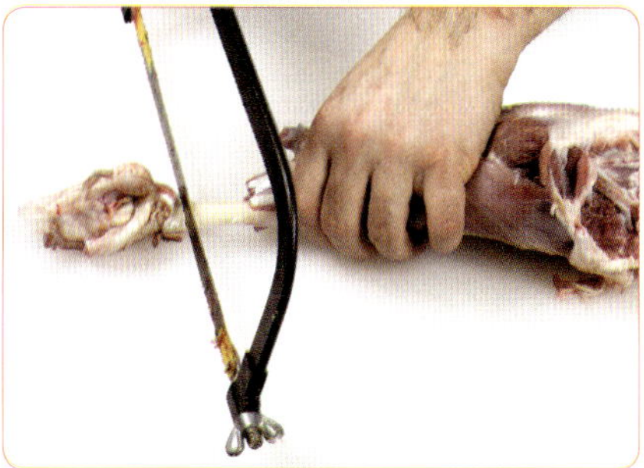

2 - Serrar a ponta do osso para dar uma terminação, isto é, um acabamento melhor.

## *Souris*

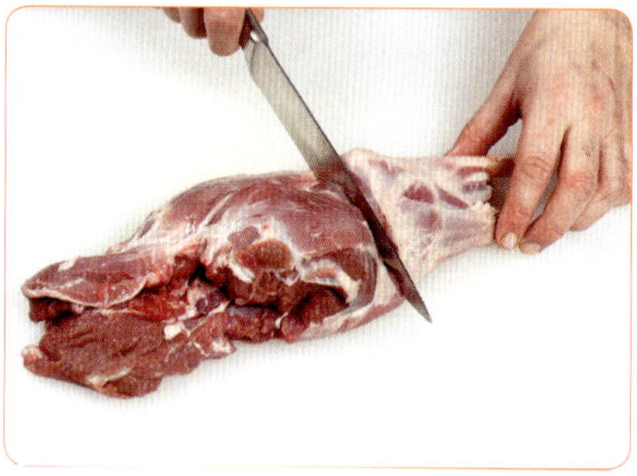

1 - Separar a *souris* (parte final da perna traseira) do gigô de cordeiro.

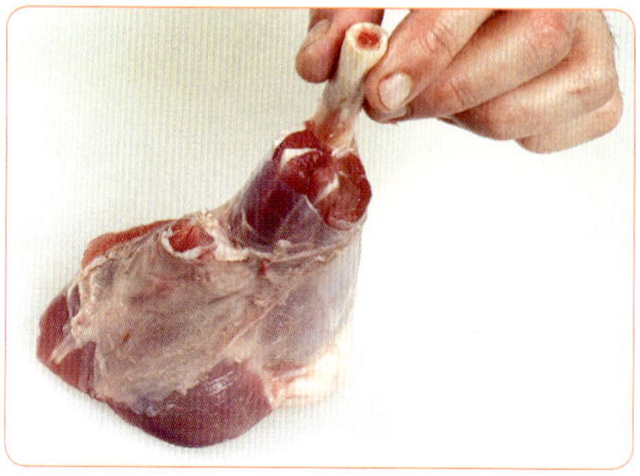

2 - Limpar bem a ponta do osso para que tenha uma terminação melhor.

## Coroa de cordeiro

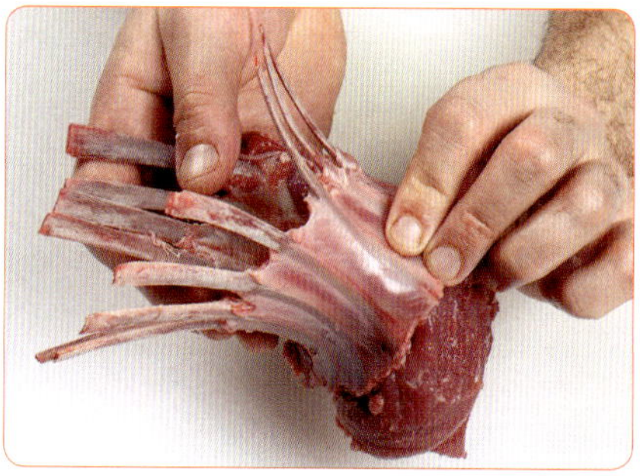

1 - Dobrar as costelas para dentro.

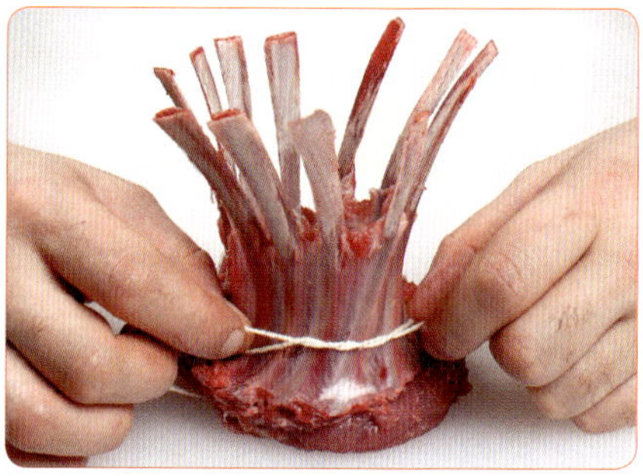

2 - Amarrar com um fio de algodão para que a coroa de cordeiro mantenha a forma ao ser cozinhada.

## Desossar a sela inglesa

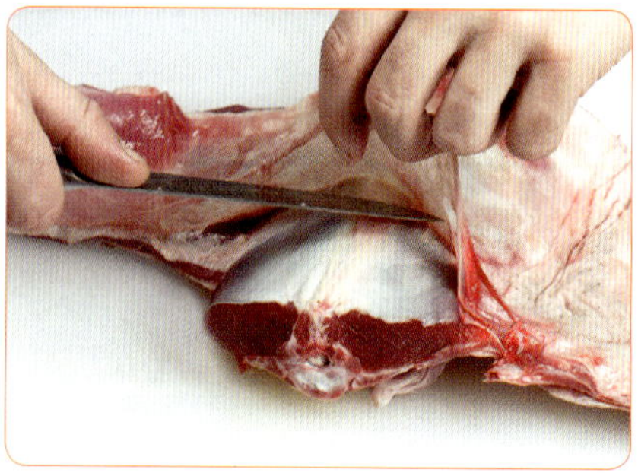

1 - Retirar a membrana e a gordura que recobrem a sela do cordeiro

2 - Passar a lâmina da faca próximo ao osso da coluna vertebral, soltando a carne dos dois lados.

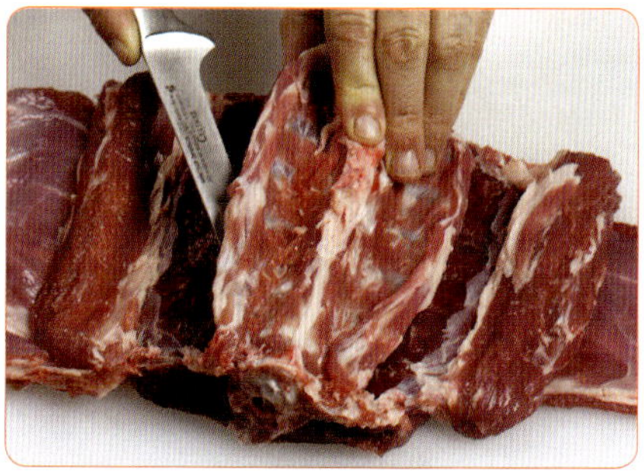

3 - Deslizar a ponta da faca com cuidado pela base da coluna.

4 - Levantar a coluna à medida que se passa a faca por baixo.

5 - Retirar os filezinhos.

6 - A sela inglesa pode ser utilizada inteira, para rechear.

## A sela inglesa consta de cortes distintos:

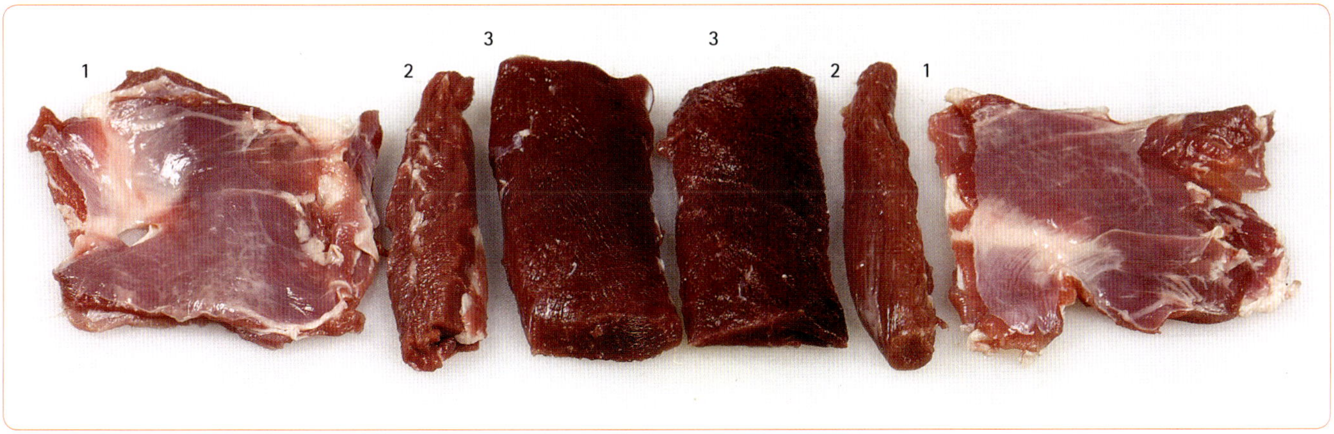


1. Matambre. 2. Filezinho. 3. Lombo.

## Corte de costeleta de cordeiro (*lamb chop*)

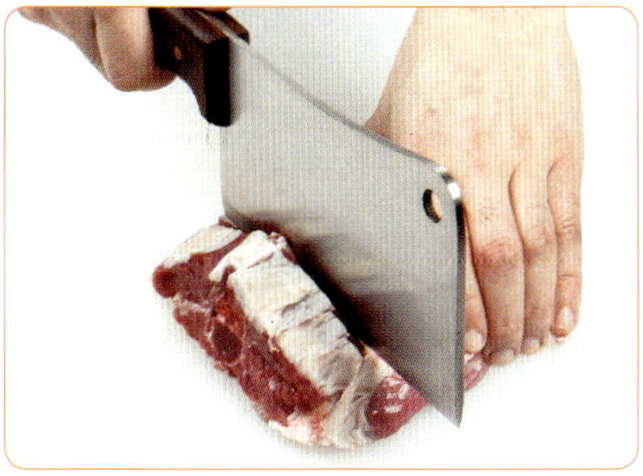

1 - Utilizar a sela inglesa com o matambre. Cortar uma fatia de 2,5 cm de espessura (fazer um corte entre duas vértebras usando o cutelo).

2 - Para que a costeleta de cordeiro (*lamb chop*) mantenha sua forma ao ser cozinhado, é recomendável prender a carne com um espetinho de brochete.

## Espinhaço de ovelha (*mutton chop*)

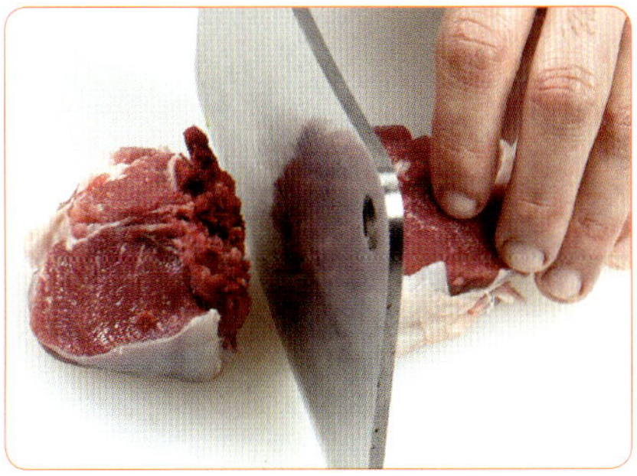

O espinhaço de ovelha (*mutton chop*), que equivale à espessura de duas costeletas de cordeiro (ou seja, 5 cm de espessura), deve ser cortado ao meio, passando pelo osso, com a ajuda de um cutelo.

## Limpeza do lombo

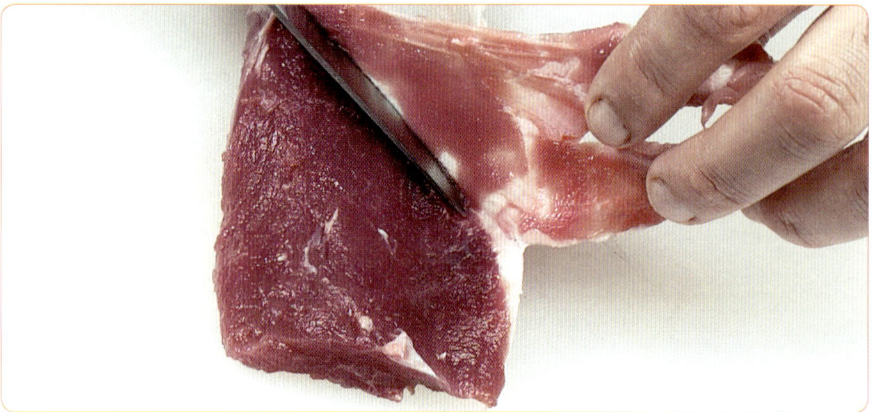

Retirar a membrana que recobre o lombo com uma faca.

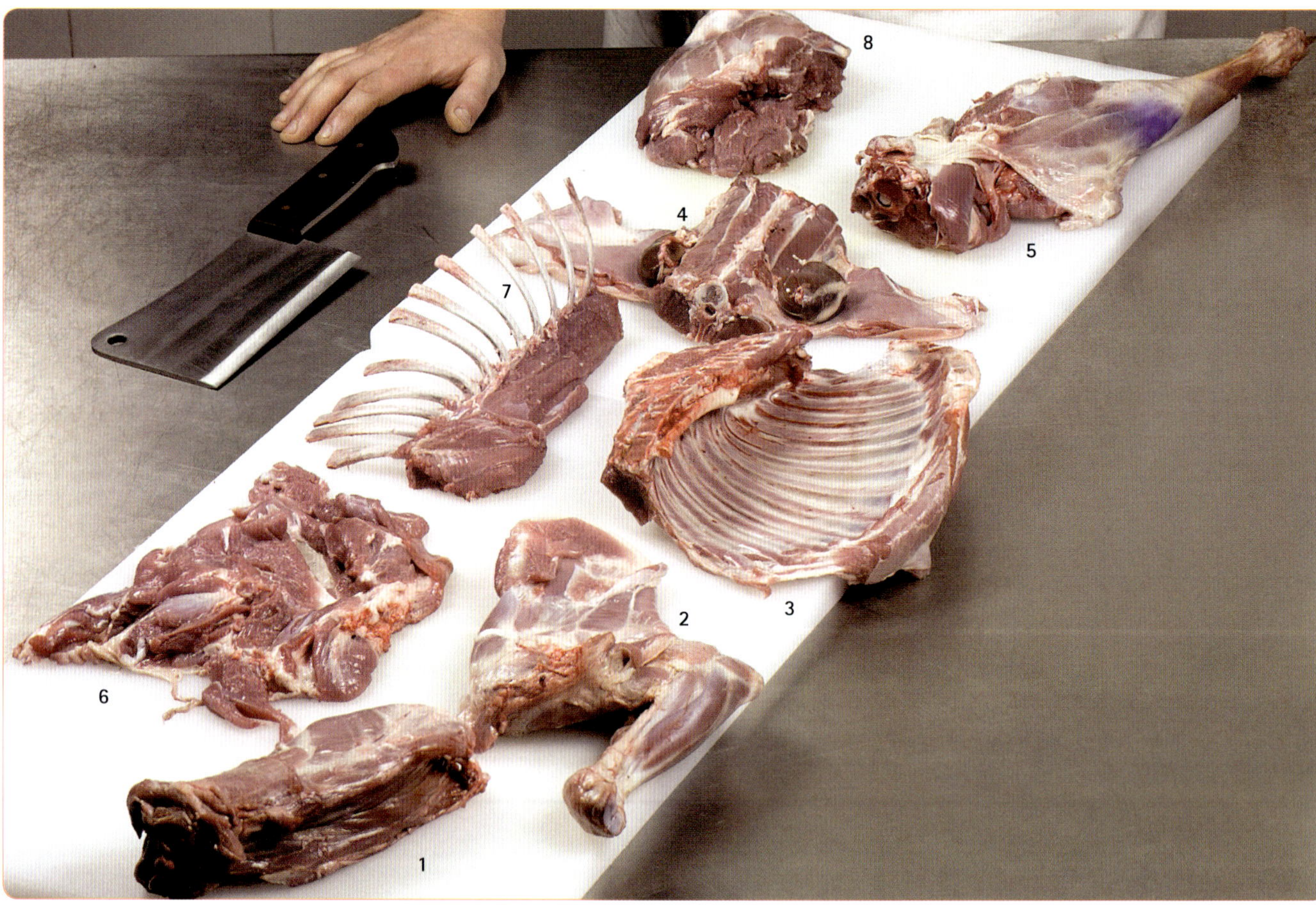


Cortes sem desossar:
1. Nuca.
2. Paleta (perna dianteira).
3. Renque de costelas.
4. Sela inglesa.
5. Perna traseira.

Cortes desossados:
6. Paleta (perna dianteira).
7. Renque de costelas.
8. Perna traseira.

# Coelho

## Corte

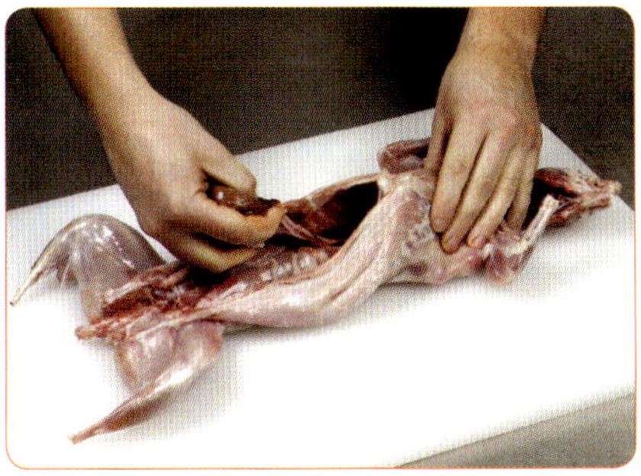

1 - Retirar as vísceras do coelho.

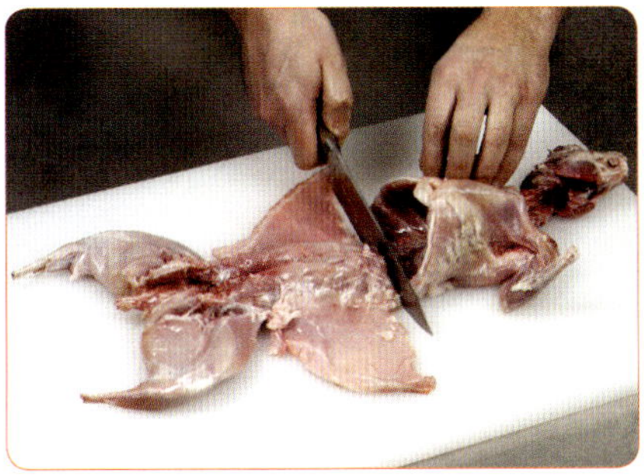

2 - Separar a caixa torácica da parte inferior do coelho, cortando entre as vértebras dorsais e as lombares.

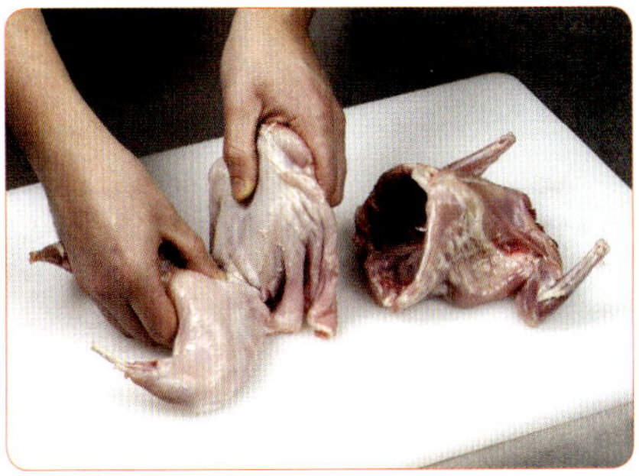

3 - Dobrar o coelho ao meio, fazendo pressão sobre as vértebras sacras.

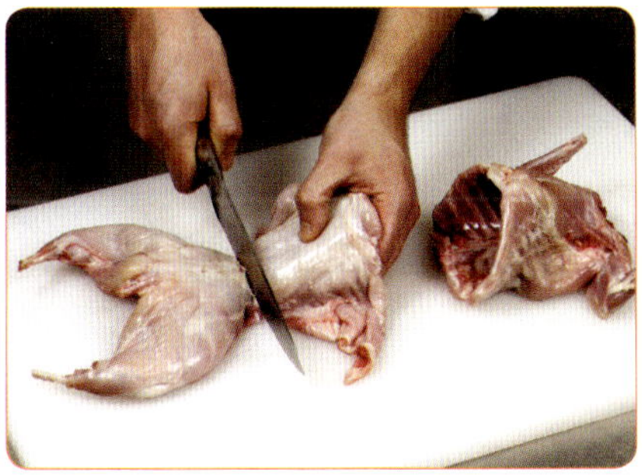

4 - Passar a faca entre as vértebras, para separar as pernas traseiras dos lombos (*râble*).

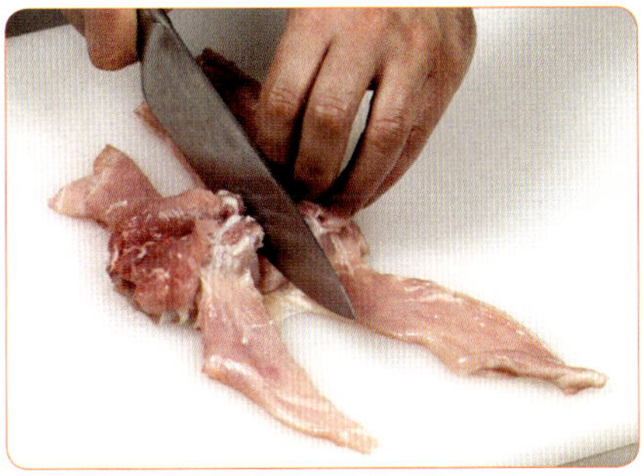

5 - O *râble* do coelho (parte central, na qual se encontram os lombos) pode ser separado em duas ou três partes, dependendo do tamanho. (Cortar sempre entre as vértebras.)

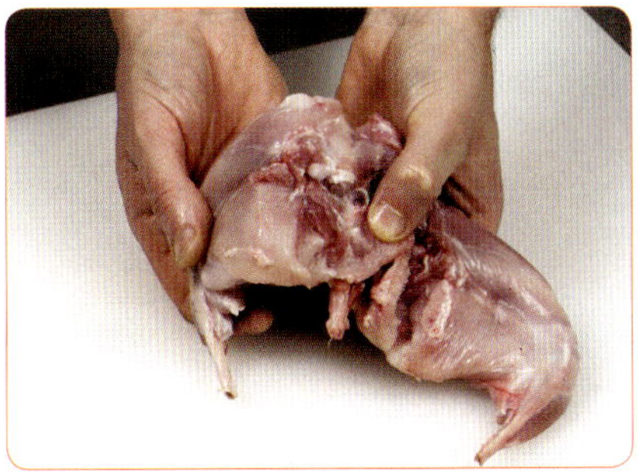

6 - Separar as pernas das vértebras, dobrando-as na articulação.

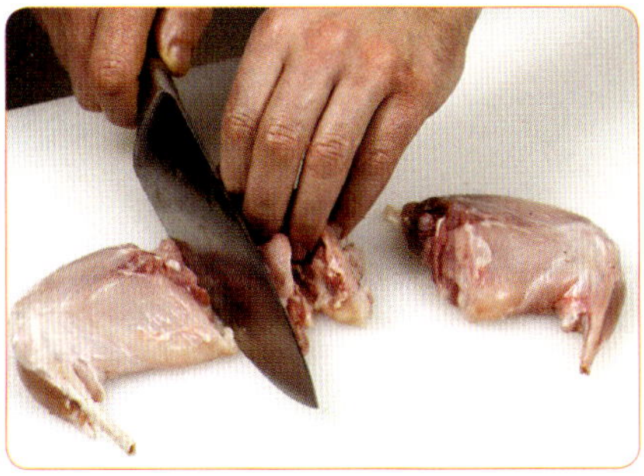

7 - Retirar as vértebras com uma faca.

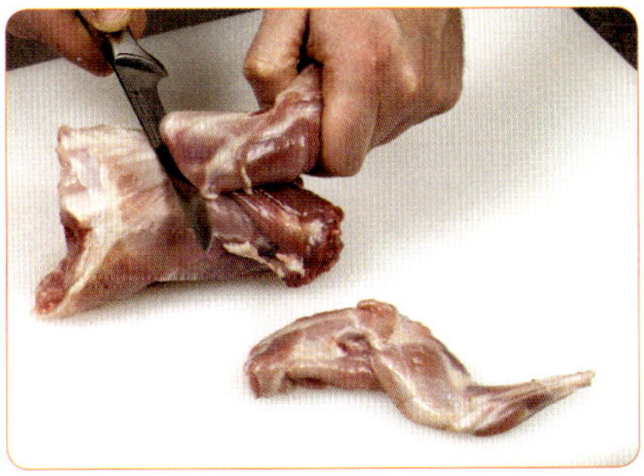

8 - Passar a lâmina da faca por baixo da perna dianteira, para soltá-la da caixa torácica (não tem articulações).

# Desossar

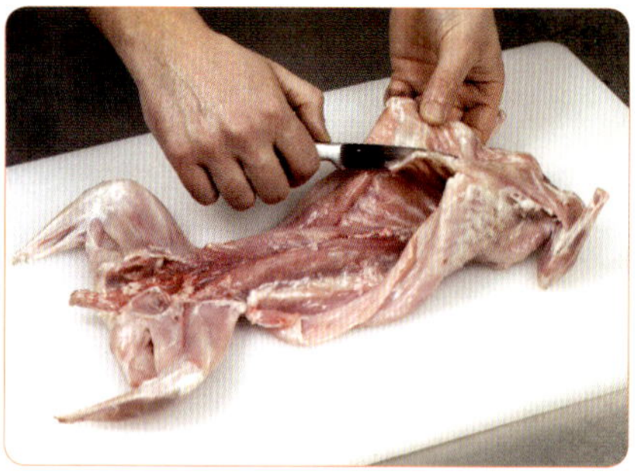

1 - Soltar a carne do renque de costelas com uma faca de cozinha.

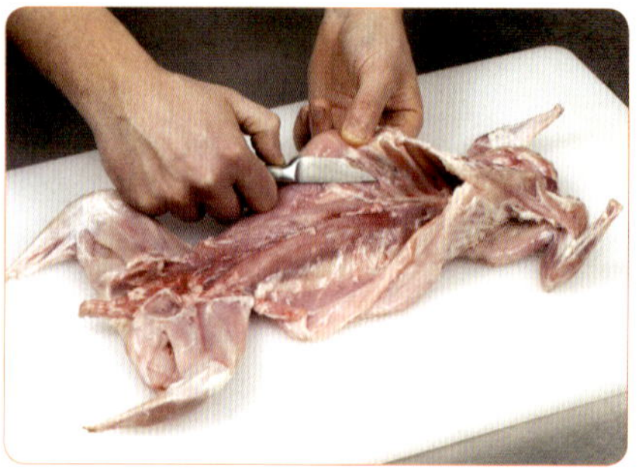

2 - Separar as costelas a partir da primeira.

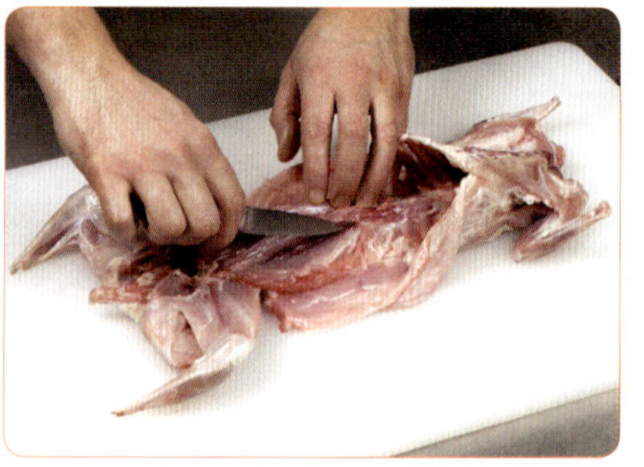

3 - Cortar com a faca na diagonal ao longo da coluna (dos dois lados).

4 - Passar a faca pelos dois lados da coluna vertebral.

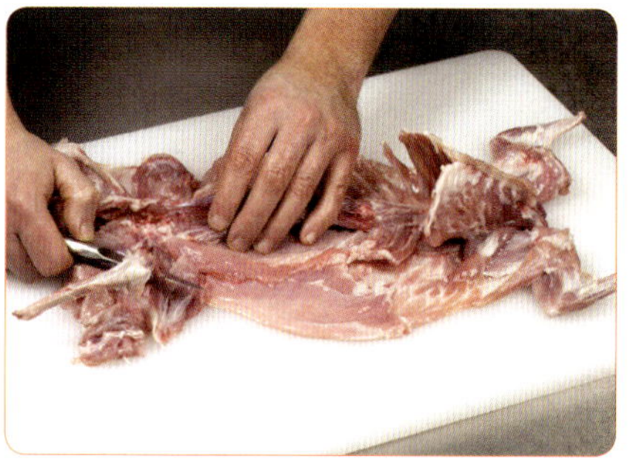

5 - Separar o osso da perna traseira e soltar a carne.

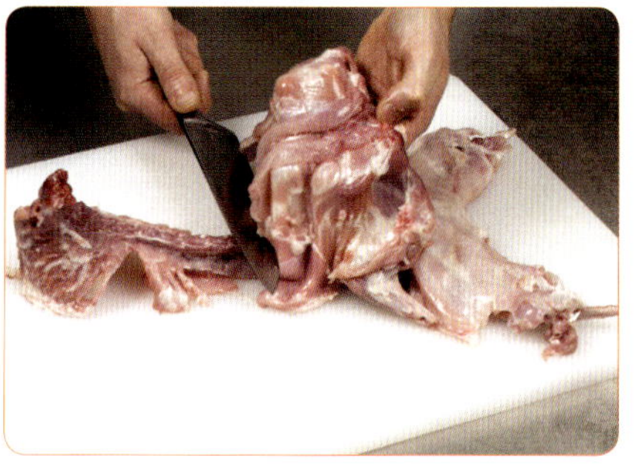

6 - Virar o coelho e terminar de passar a lâmina da faca entre a coluna e a carne do coelho.

7 - A carne do coelho deve permanecer unida em um só pedaço.

1. Pernas dianteiras.
2. Caixa torácica.
3. Peito.
4. Pernas traseiras.
5. Vértebras sacras.

# Miúdos

## Rins bovinos

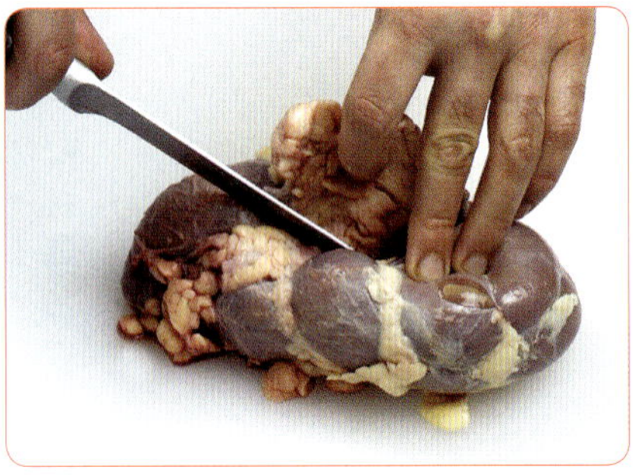

1 - Retirar a gordura que recobre o rim e fazer uma incisão para retirar os canais urinários.

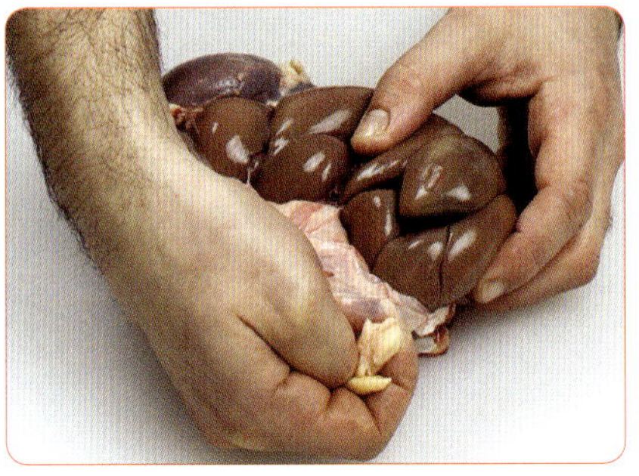

2 - Retirar as membranas exteriores, puxando para fora com a mão.

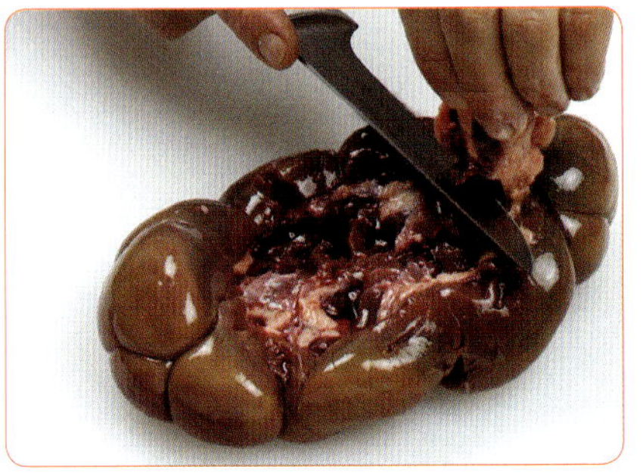

3 - Terminar de levantar os canais urinários e a gordura que possam ter permanecido.

## Rins de cordeiro

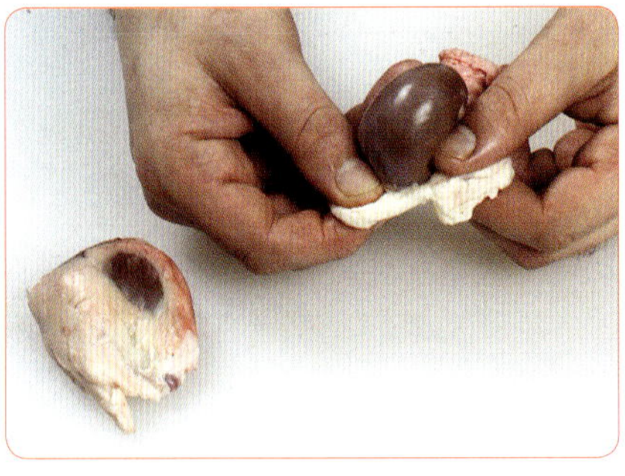

1 - Retirar a gordura e a membrana externa que recobrem o rim, puxando para fora levemente com a mão.

2 - Abrir ao meio sem separar, passando a lâmina da faca.

### Miúdos

Os miúdos se dividem em duas categorias: os miúdos brancos e os miúdos vermelhos.

Entre os miúdos brancos encontramos: bucho bovino, glândulas mamárias, cabeça, mocotó, intestinos bovino, de porco e de cordeiro, timo, miolos, tutano bovino e *crépine* (redanho).

Entre os miúdos vermelhos encontramos: fígado, rins, língua, coração, bochecha e palato bovinos.

3 - Retirar a gordura e os canais urinários antes de cozinhar.

## Fígado bovino

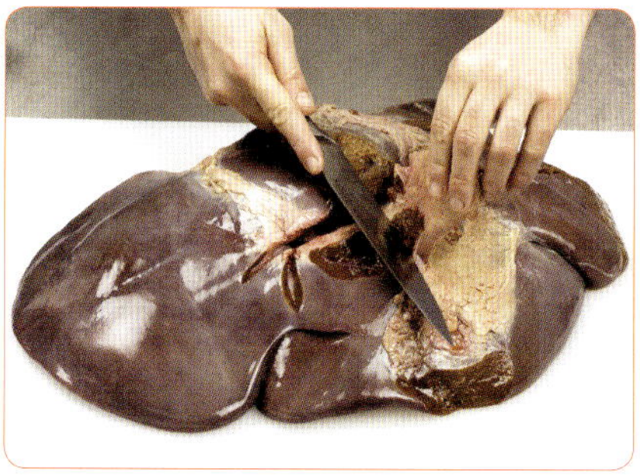

1 - Limpar o fígado, retirando a gordura da parte superior com uma faca.

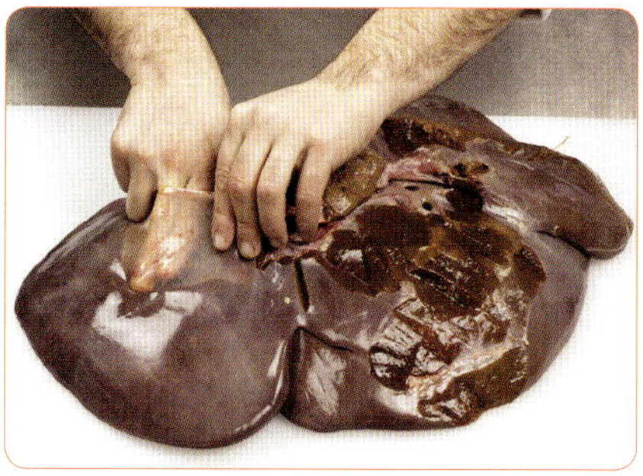

2 - Levantar a membrana que recobre o fígado; uma vez solta, puxar para fora com os dedos.

3 - O fígado pode ser cortado em lâminas para cozinhar.

## Moleja (timo)

1 - Colocar a moleja em uma caçarola com água fria e um pouco de vinagre.

2 - Aferventar durante 10 a 15 minutos.

3 - Retirar continuamente com a escumadeira as impurezas que apareçam na superfície.

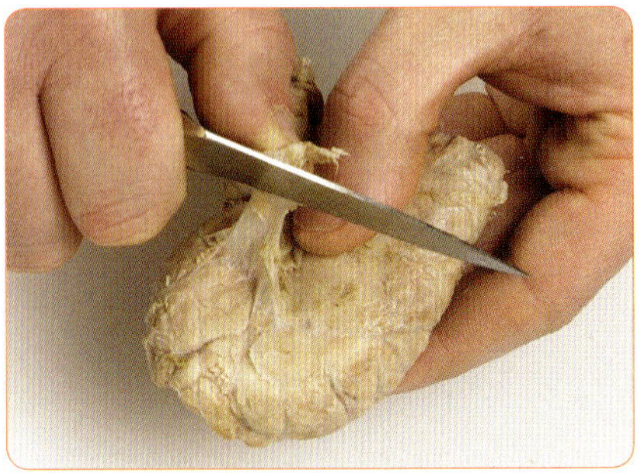

4 - Esfriar a moleja e retirar, com uma faca, as membranas que a recobrem.

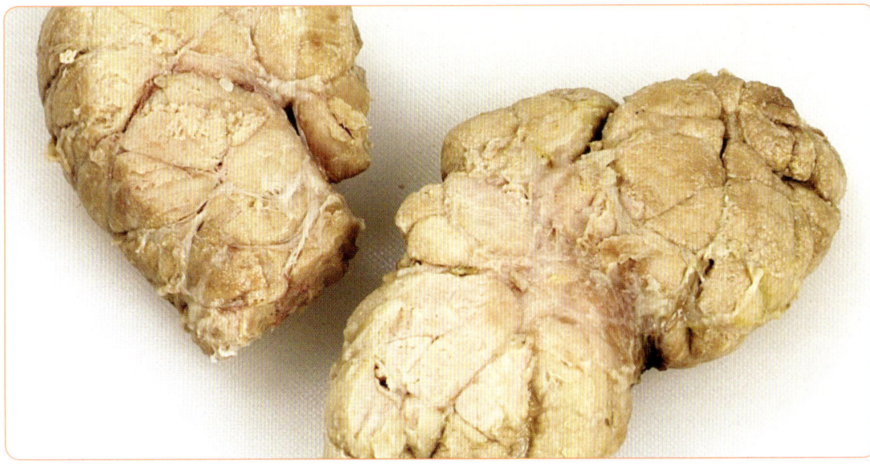

5 - Retirar todas as partes gordurosas ou cartilaginosas antes de utilizar.

## Miolos

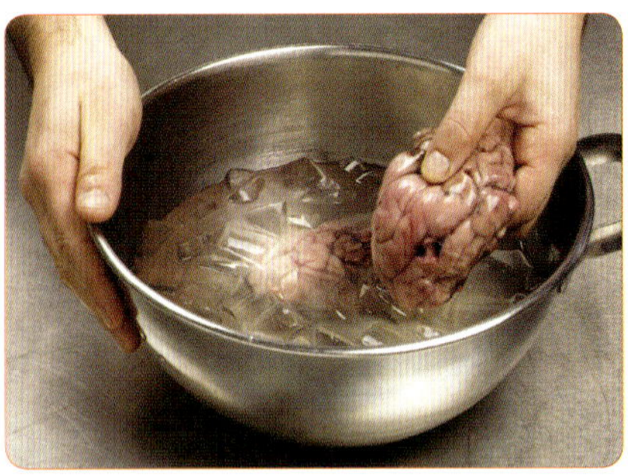

1 - Colocar os miolos de molho em uma tigela com água, gelo e várias gotas de vinagre, para eliminar restos de sangue.

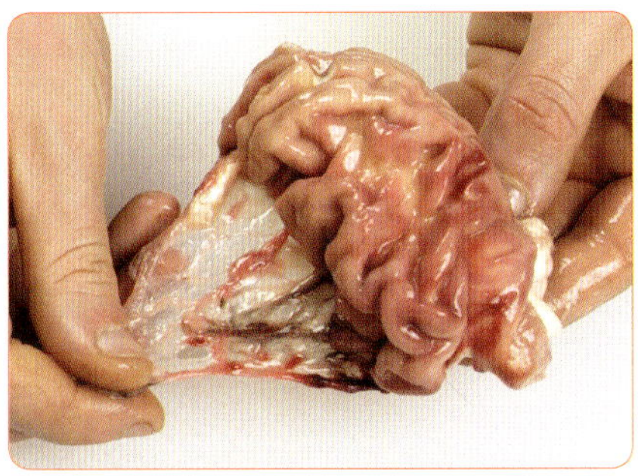

2 - Retirar a membrana do miolo com a mão, puxando delicadamente para fora.

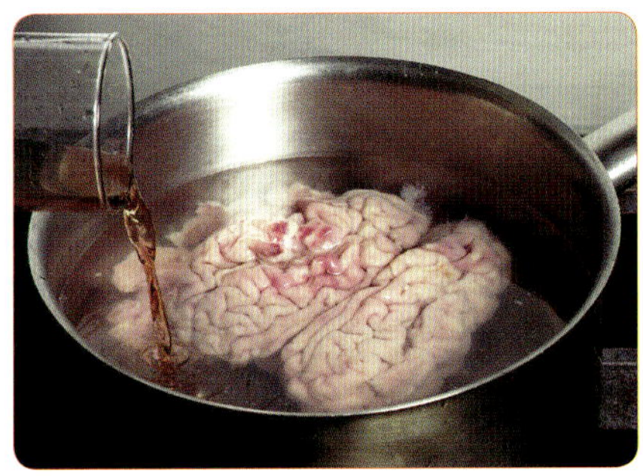

3 - Aferventar, começando com água fria com um pouco de vinagre. Depois cozinhar durante 4 minutos.

4 - Com uma escumadeira, retirar as impurezas que surgirem na superfície.

# Extração do tutano

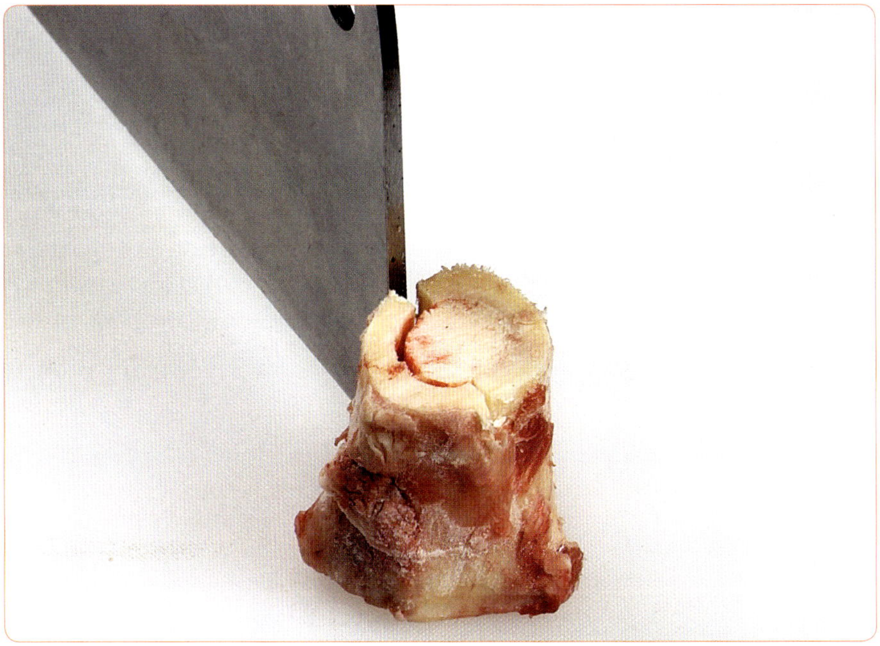

1 - Para poder partir o osso mais facilmente, colocá-lo no congelador por alguns minutos. Em seguida dar uma pancada seca com o cutelo.

2 - Extrair o tutano cuidadosamente com o próprio cutelo, para que não se rompa. Pôr de molho em uma tigela com água, gelo e um pouco de vinagre, para eliminar restos de sangue.

**Dica**

*Recomendamos que se utilizem miúdos frescos. Não é conveniente que fiquem armazenados, já que entram em decomposição com grande rapidez.*

# Língua

1 - Escovar bem a língua sob água corrente. Colocá-la em uma panela com um *mirepoix* de verduras e água suficiente para cobrir. Cozinhar em fogo brando durante duas horas, aproximadamente.

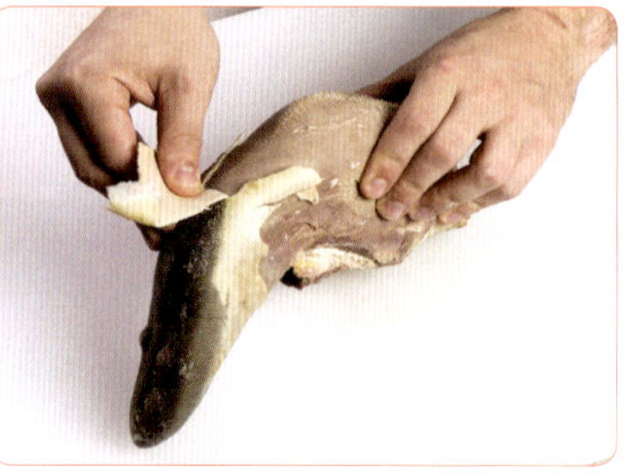

2 - Deixar esfriar dentro do líquido de cozimento. Apoiar a língua numa tábua e retirar a membrana grossa que a recobre.

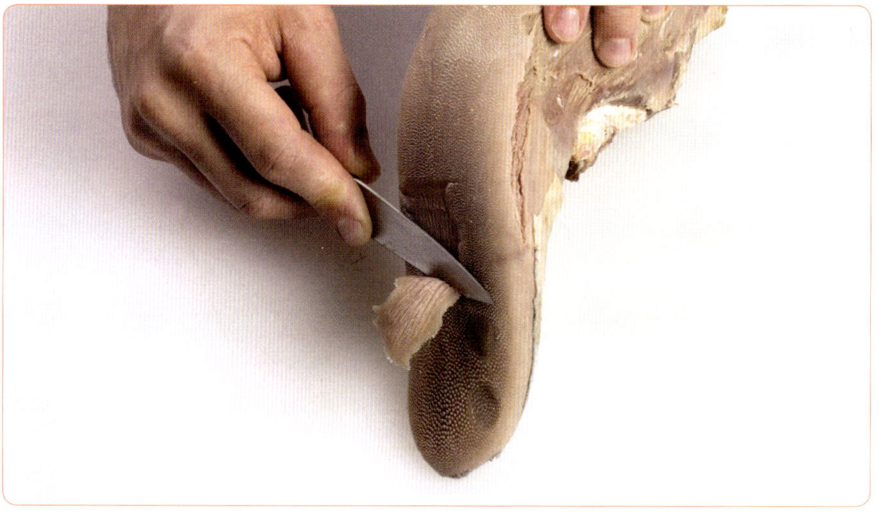

3 - Retirar com uma faca a capa fina da superfície da língua, para que não fiquem marcas das papilas gustativas sobre a carne.

4 - Existem várias maneiras de servir a língua. Ela pode ser cortada em lâminas finas e acompanhada de um molho vinagrete, ou pode ser servida frita, braseada, à milanesa ou dentro de um guisado.

# 4

# Aves

Cortes | Pedaços | Desossar | Amarrar | *Foie gras*

# Materiais

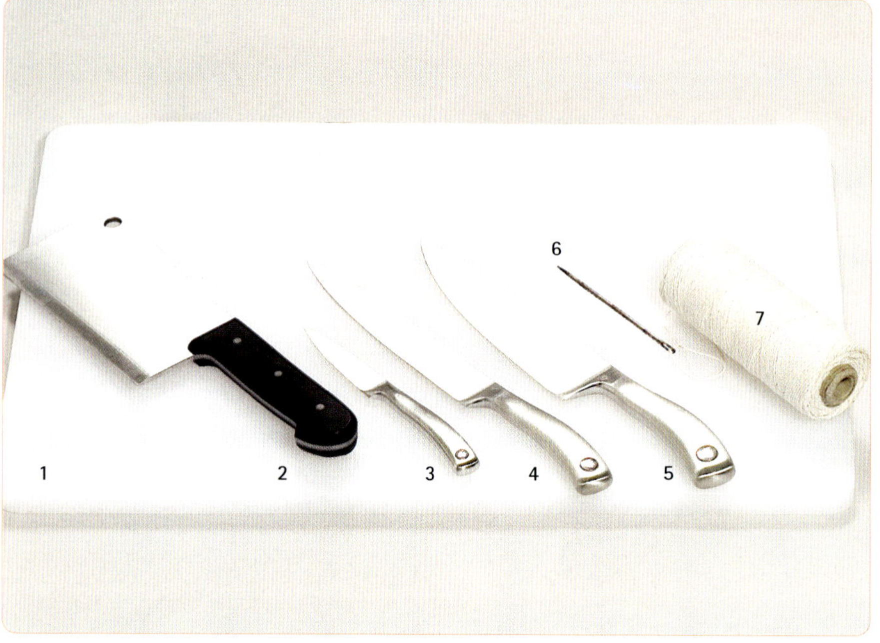


1. Tábua
2. Cutelo
3. Faca de cozinha
4. Faca de picar
5. Faca de *chef*
6. Agulha
7. Fio de algodão

# Aves

## Critérios de escolha

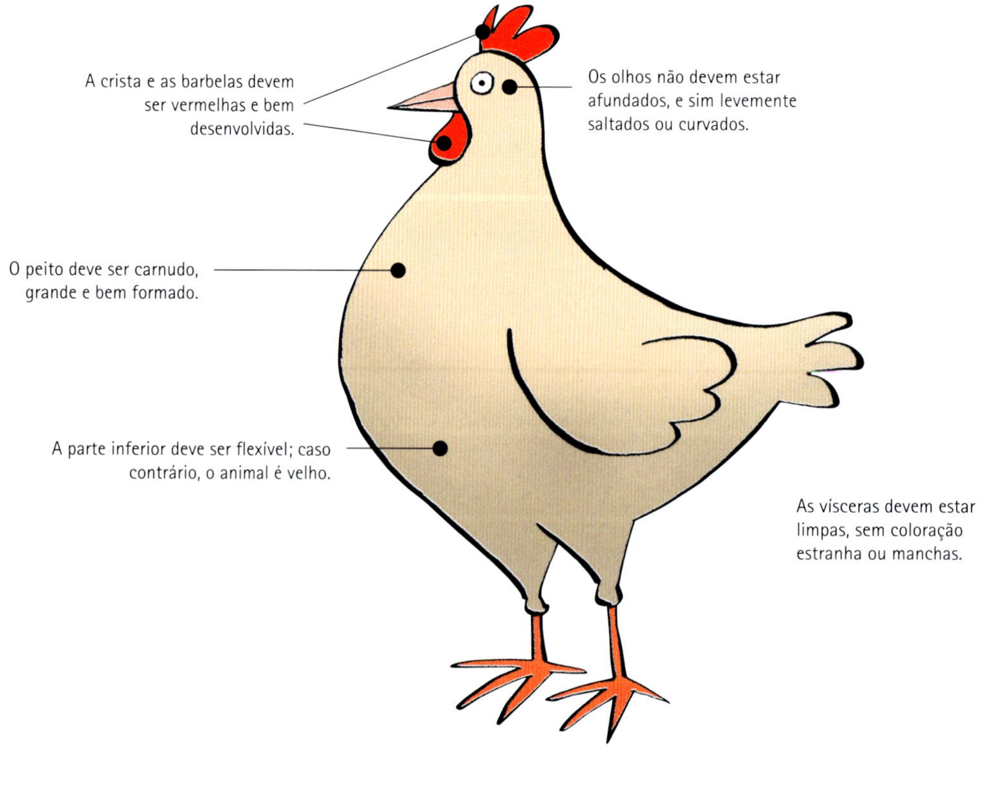

## Corte em 4 pedaços

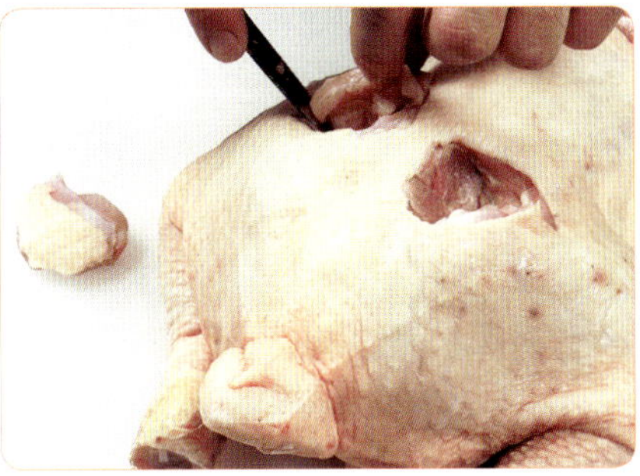

1 - Retirar os dois pedacinhos de carne (extremamente saborosa) que ficam na parte externa, já no final das costelas.

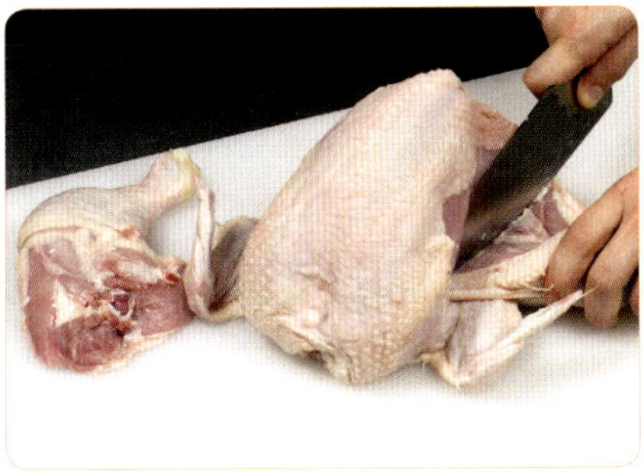

2 - Retirar as coxas e sobrecoxas do frango, usando uma faca próximo à carcaça. Ao chegar à articulação, abrir a perna do frango para trás e deslizar a lâmina pelo meio da articulação.

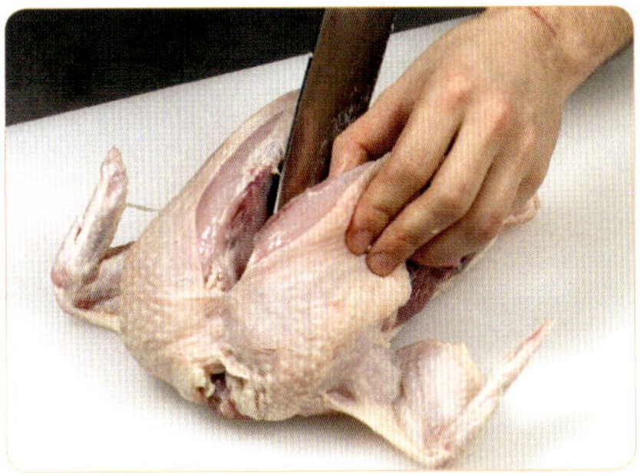

3 - Dividir o frango em duas partes, passando a lâmina da faca ao longo do osso central.

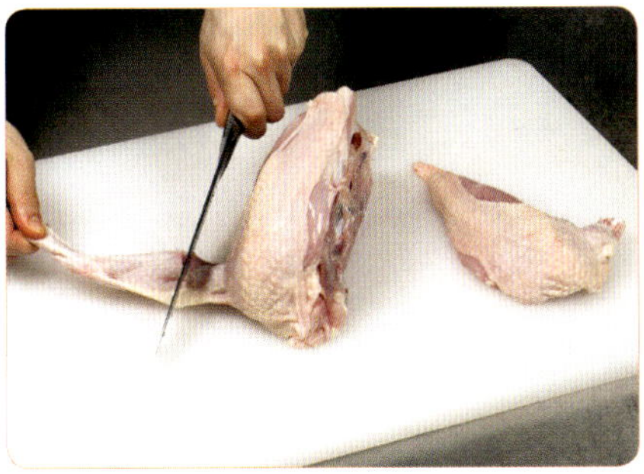

4 - Cortar as asas pelo meio da articulação.

5 - Para levantar o peito, passar a faca do centro da carcaça para fora.

1. Peitos. 2. Coxas e sobrecoxas.

## Corte em 8 pedaços

1 - Cortar o peito na diagonal, para obter duas porções do mesmo tamanho.

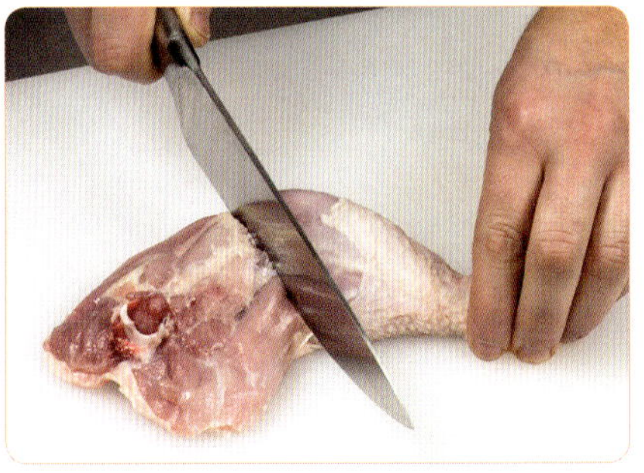

2 - Retirar as coxas e sobrecoxas do frango, passando uma faca próximo à carcaça. Ao chegar à articulação, abrir a perna do frango para trás e deslizar a lâmina pelo meio da articulação.

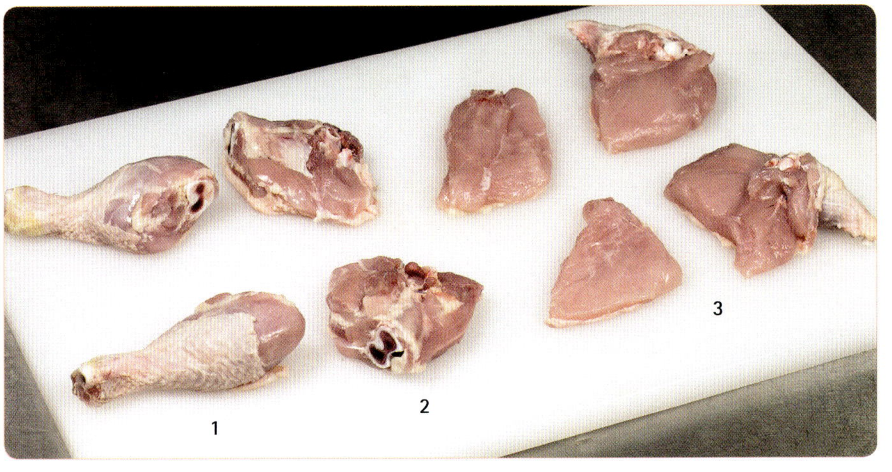


1. Coxas. 2. Sobrecoxas. 3. Peito.

## Desossar

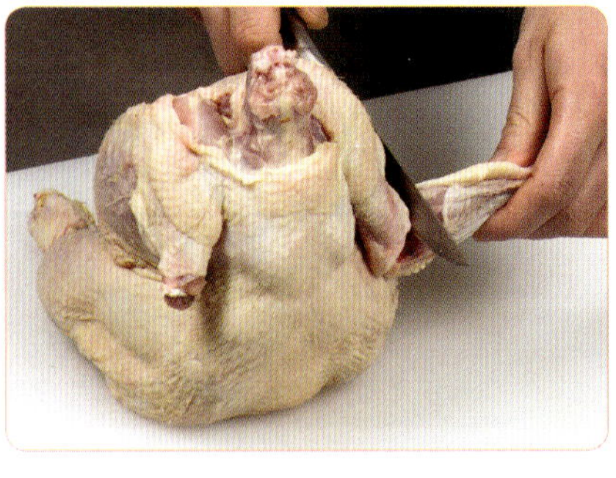

1 - Sentar o frango sobre a tábua. Cortar a asa, trazendo a faca pelo meio da articulação.

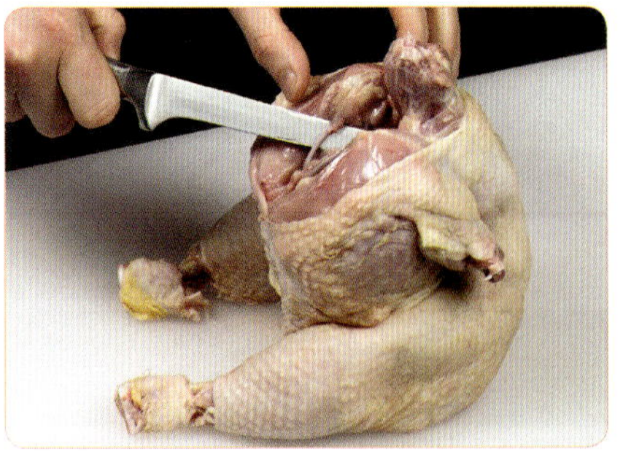

2 - Extrair o osso do esterno, que forma um "V", introduzindo a faca por baixo dele.

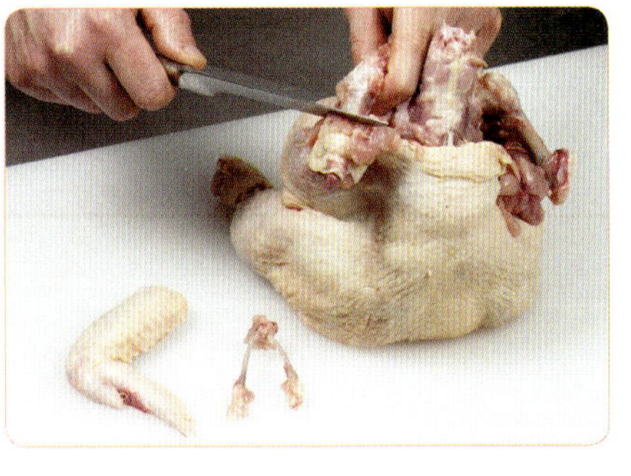

3 - Separar a asa, girando levemente a articulação que a une à carcaça. Em seguida, retirar o osso, prestando atenção para que saia limpo.

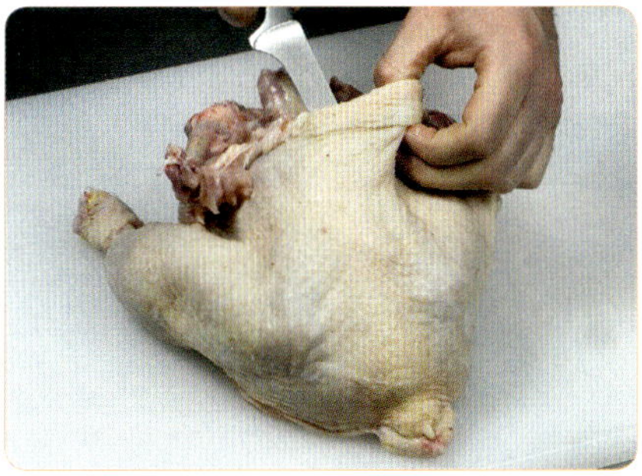

4 - Com cuidado, passar a ponta da faca pelas costas do frango, para desprender a carne da carcaça.

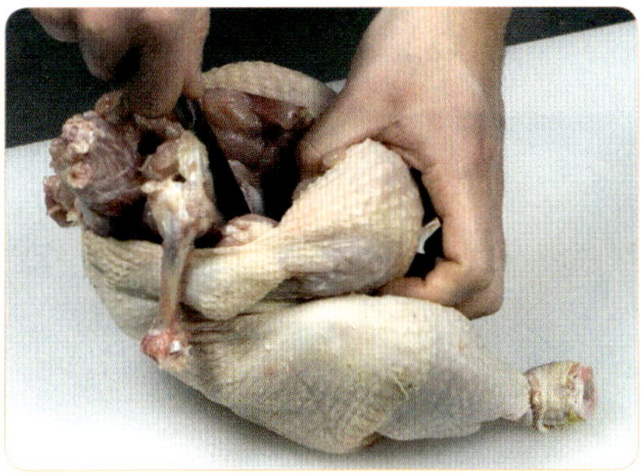

5 - Soltar o peito da carcaça, sem romper a carne.

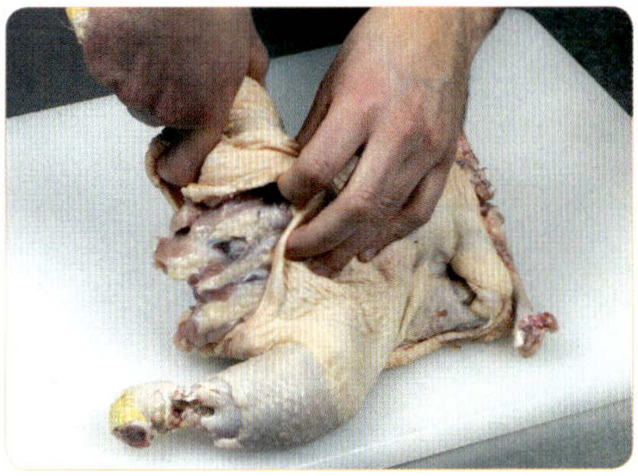

6 - Deslocar a coxa e a sobrecoxa da articulação que as une à carcaça, girando levemente. Desse modo a carcaça ficará solta.

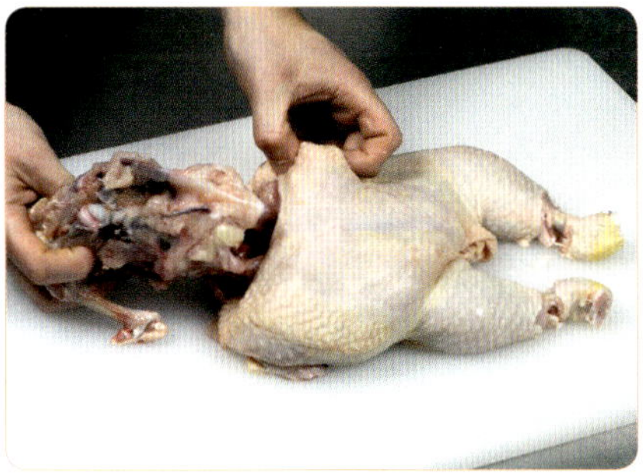

7 - Extrair a carcaça, puxando-a para fora.

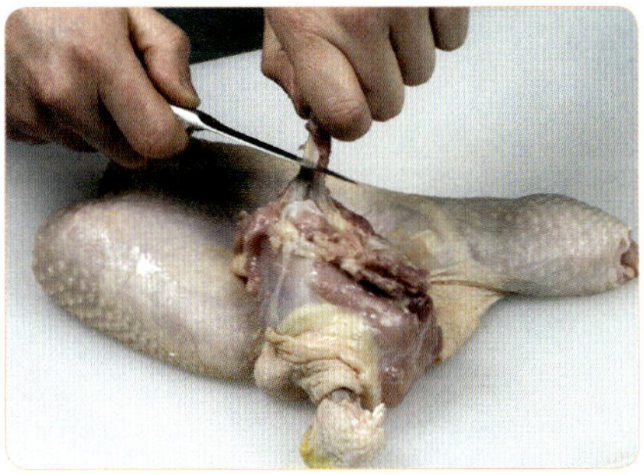

8 - Virar a carne da coxa e da sobrecoxa para fora. Retirar o osso, raspando toda a carne que tenha ficado grudada.

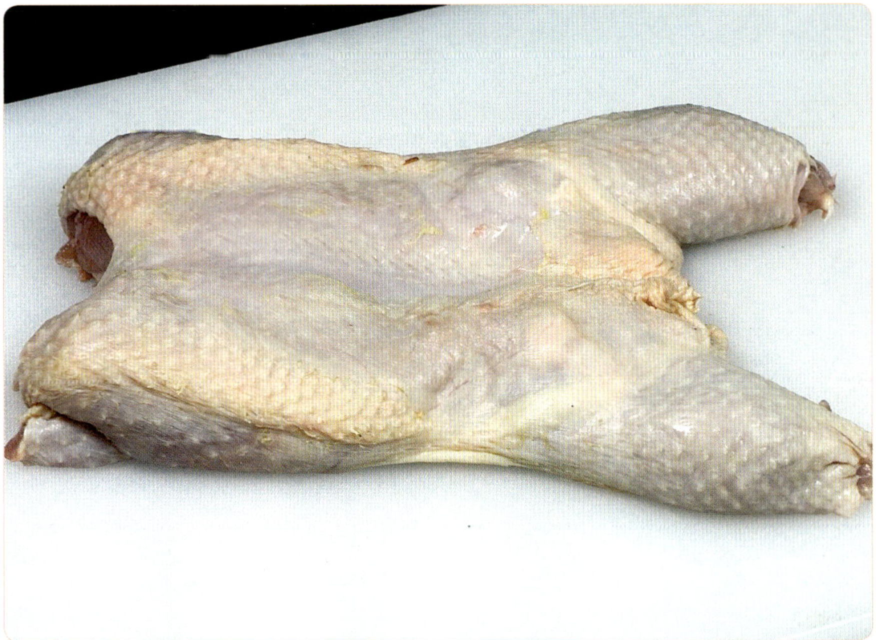

9 - O frango deverá ficar inteiro em uma só peça.

# Corte de frango para grelhar

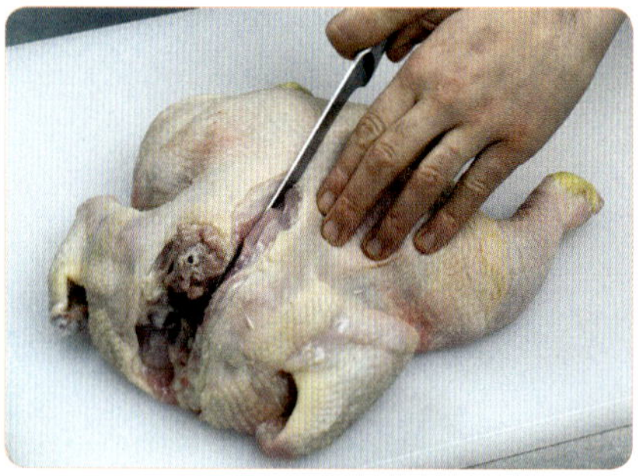

1 - Colocar o frango na tábua com o peito virado para baixo. Fazer uma incisão ao longo da coluna vertebral.

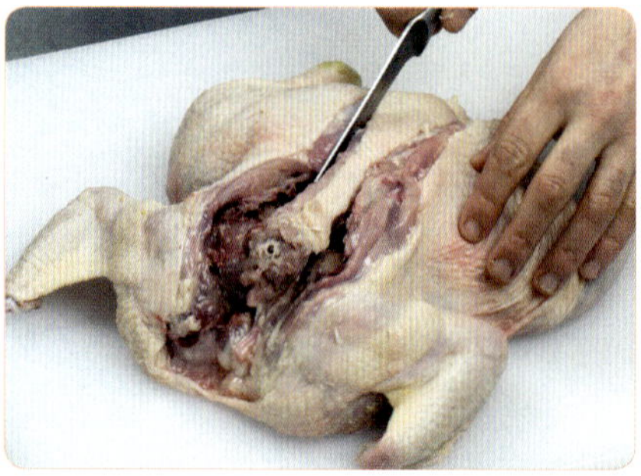

2 - Cortar ao longo do outro lado da coluna vertebral.

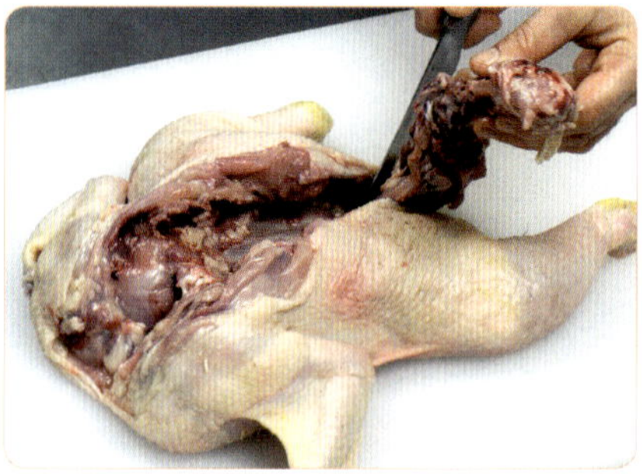

3 - Retirar a coluna.

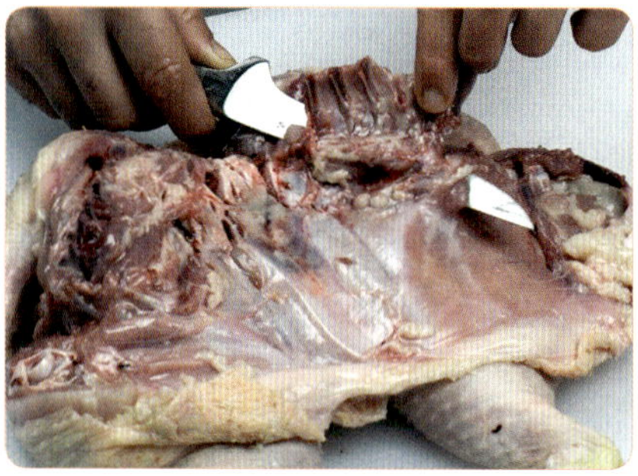

4 - Extrair os ossos da caixa torácica com o fio da faca para cima.

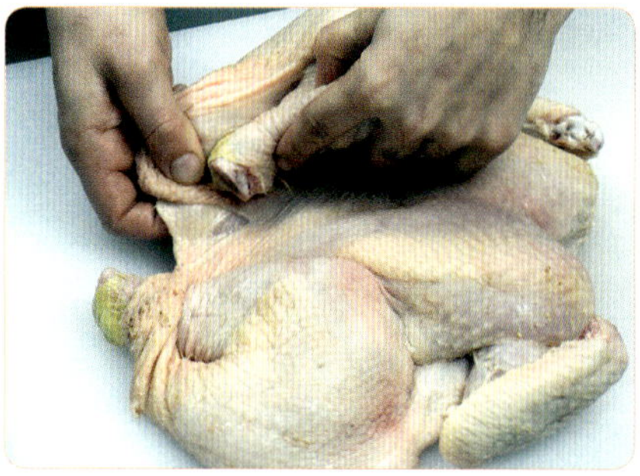

5 - Fazer uma incisão na pele do frango e passar as pernas por dentro dessa incisão, para que o frango mantenha a forma ao ser grelhado.

## Corte em *crapaudine* (sapo) para grelhar

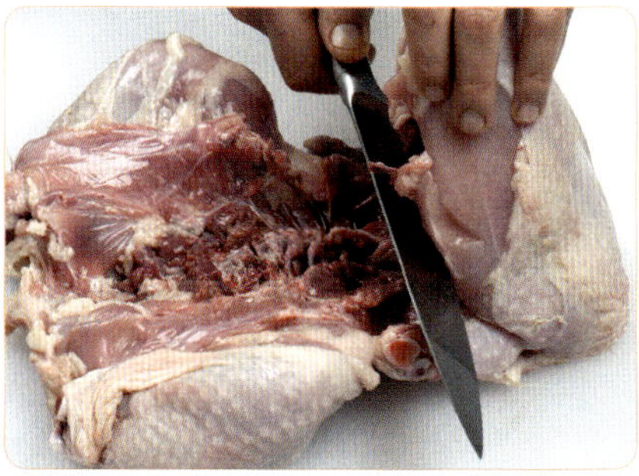

1 - Separar o peito das coxas e sobrecoxas, cortando o frango ao meio em sentido oblíquo.

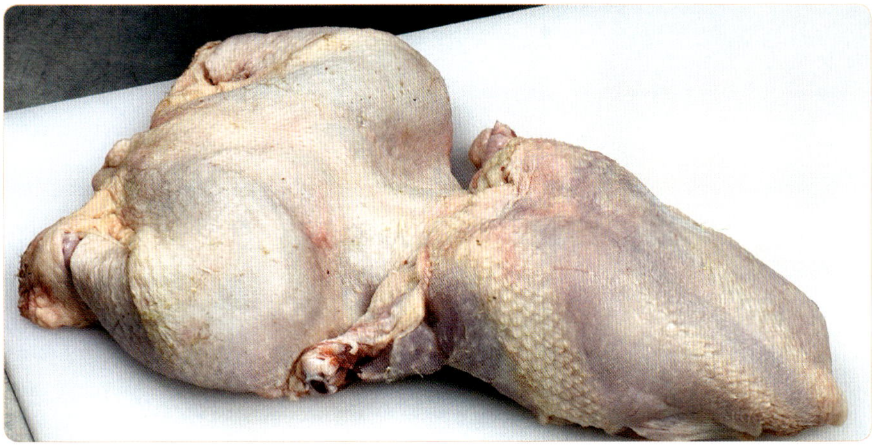

2 - Abrir o frango para grelhar.

## Desossar coxas e sobrecoxas para rechear

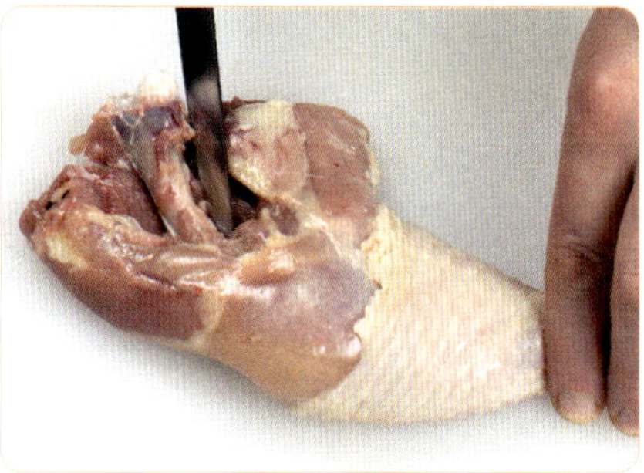

1 - Extrair o fêmur, retirando toda a carne que possa estar grudada.

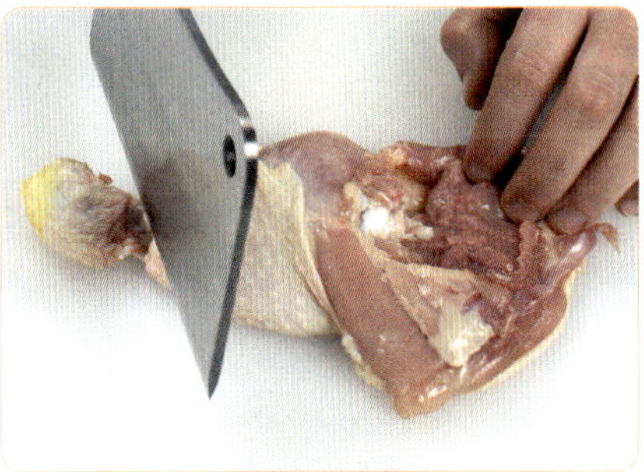

2 - Cortar (usar o cutelo de um só golpe para que o osso não se estilhace) o final da tíbia, para dar uma terminação melhor à *balotine*.

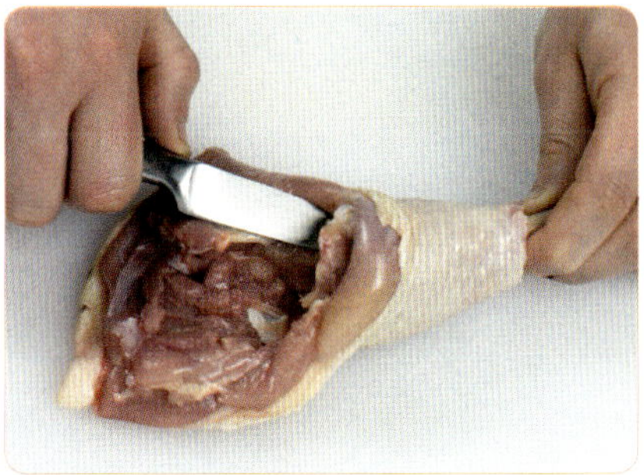

3 - Retirar o pedaço de tíbia que tenha ficado no interior da perna do frango, tendo o cuidado de não cortar a carne.

**Dica**

Balotine *pode significar também um pedaço de ave desossado e enrolado no formato cilíndrico.*

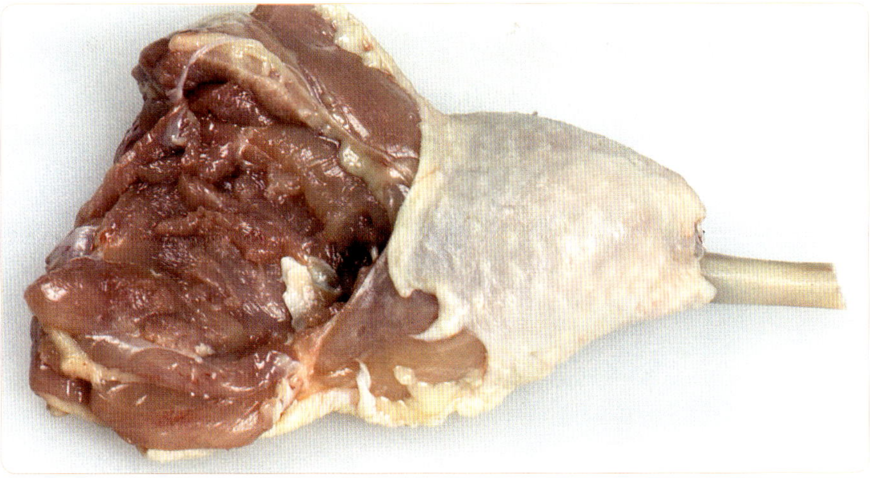

4 - A *balotine* de frango pode ser recheada com *mousseline*, com verduras, com diferentes tipos de queijo ou o que se desejar.

## Amarrado tradicional (com agulha)

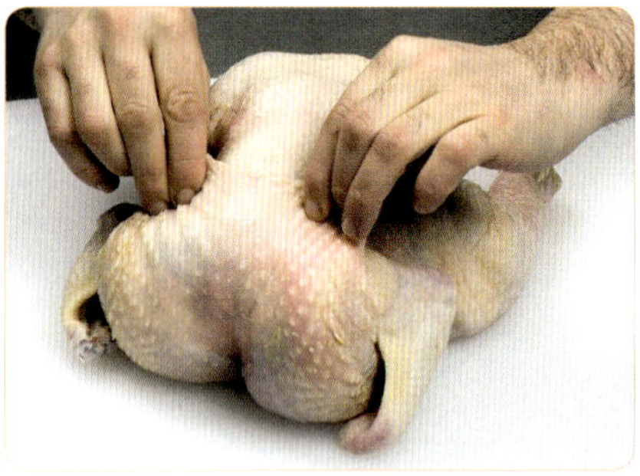

1 - Puxar a pele do pescoço do frango na direção das costas.

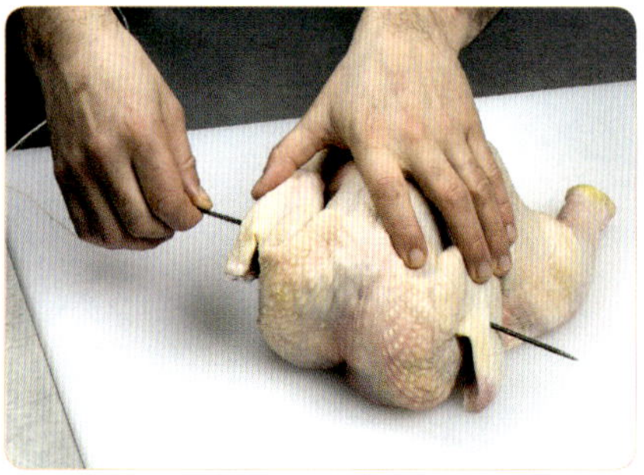

2 - Apoiar o lado contrário ao do peito sobre a tábua. Passar uma agulha com fio de algodão por baixo de uma asa. Atravessar por baixo da coluna vertebral e tirar a agulha por baixo da outra asa.

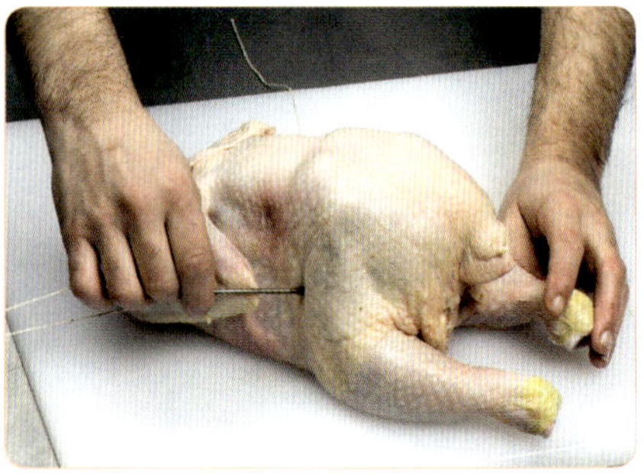

3 - Passar a agulha, na diagonal, desde a parte superior de uma coxa até a parte inferior da outra coxa.

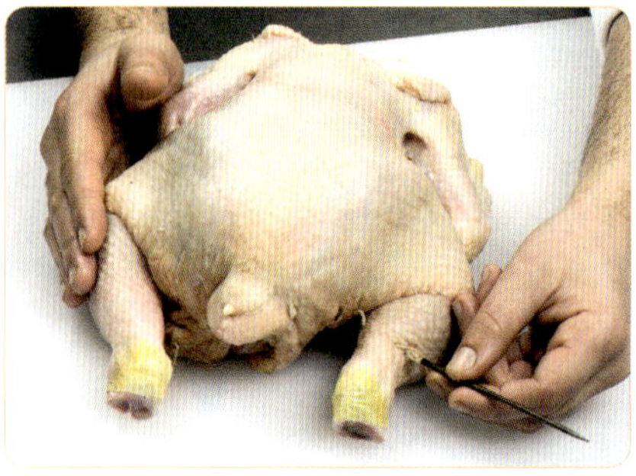

4 - Retirar a agulha pela parte inferior da coxa.

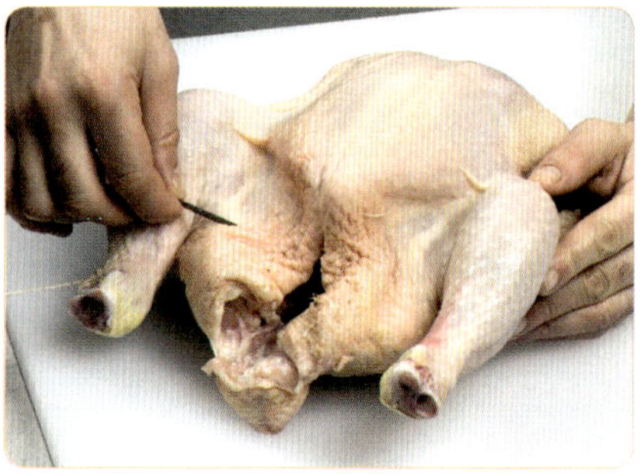

5 - Virar o frango (com o peito para cima). Passar a agulha com o fio por cima da coxa, atravessando a gordura.

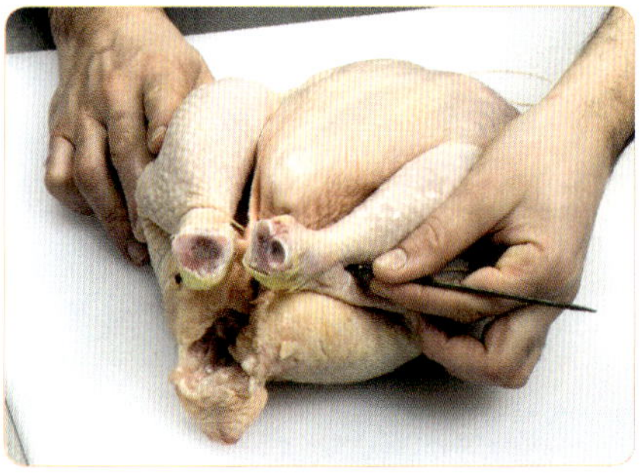

6 - Extrair a agulha pela parte inferior da coxa.

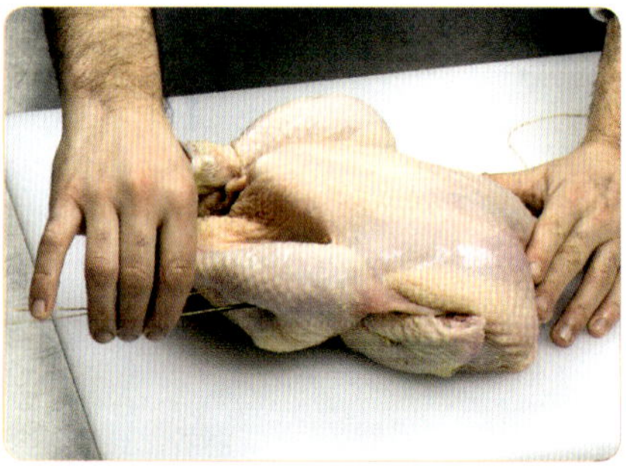

7 - Atravessar a agulha na diagonal da parte superior da sobrecoxa até a asa.

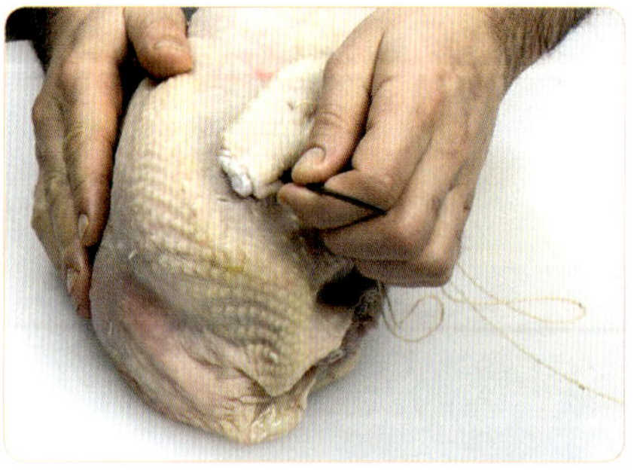

8 - Retirar a agulha pela parte posterior da asa.

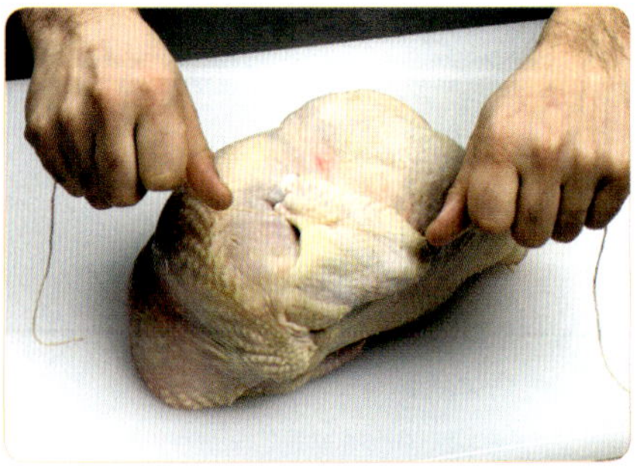

9 - Amarrar os fios das duas extremidades, pressionando bem para que fique firme.

10 - Desse modo o frango não perderá seu formato ao ser cozido.

## Amarrado americano (sem agulha)

1 - Passar o fio por baixo do frango e dar uma volta simples.

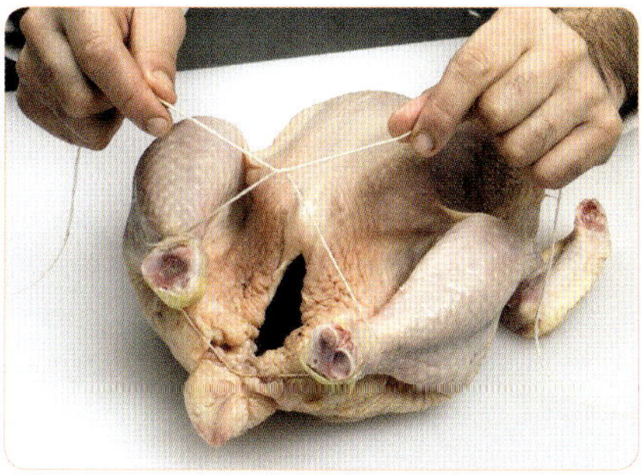

2 - Continuar por fora das coxas e fazer outra vez um nó simples, juntando as coxas.

3 - Prosseguir, passando pelos lados do peito, ajustando bem com o fio.

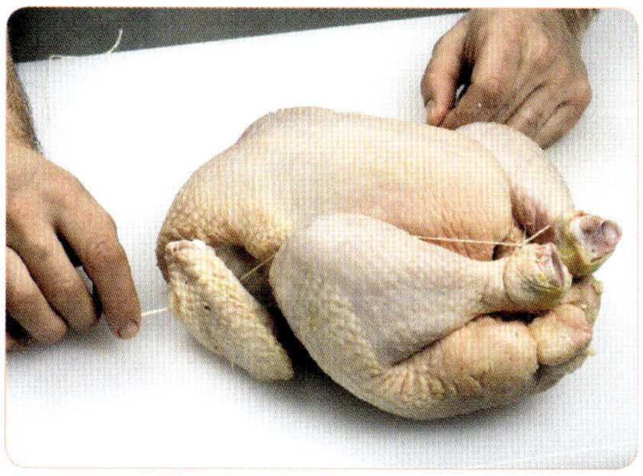

4 - Passar o fio pela parte interna da asa.

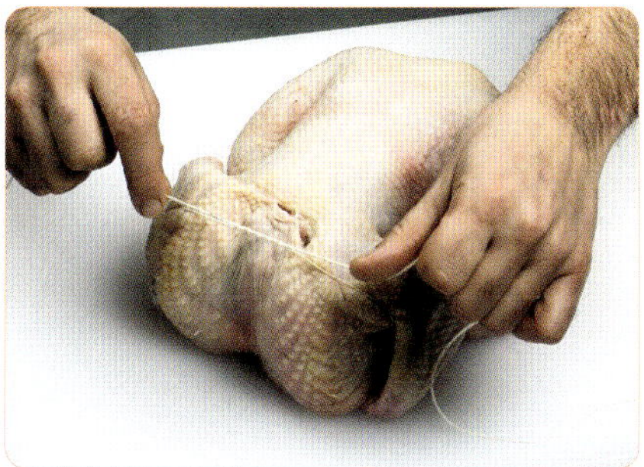

5 - Virar o frango e amarrar os dois extremos do fio de algodão.

6 - O frango manterá seu formato ao ser cozido.

# *Foie gras* (fígado gordo)

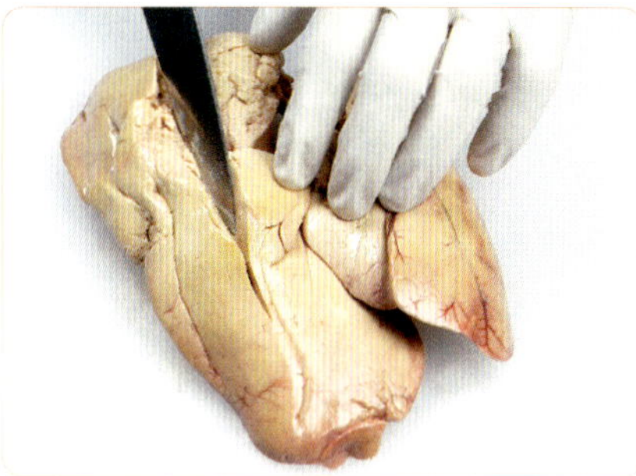

1 - Com a ponta da faca, separar delicadamente as veias.

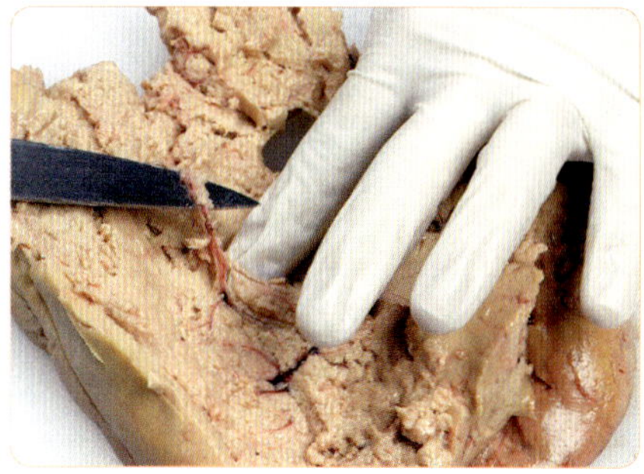

2 - Levantar e retirar as veias com a ajuda da faca.

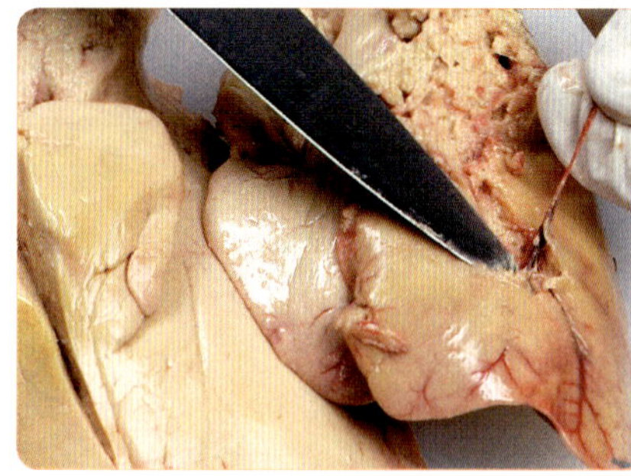

3 - Repetir a operação com o outro lóbulo.

### *Foie gras*

O *foie gras* (fígado gordo) de pato ou de ganso é obtido pela engorda metódica do animal. O pato, ou ganso, é forçado a comer milho, que é empurrado garganta abaixo através de um funil. Com essa forma de alimentação, o fígado do animal cresce de maneira desproporcional. Seu sabor é considerado uma delícia desde a época dos antigos egípcios.

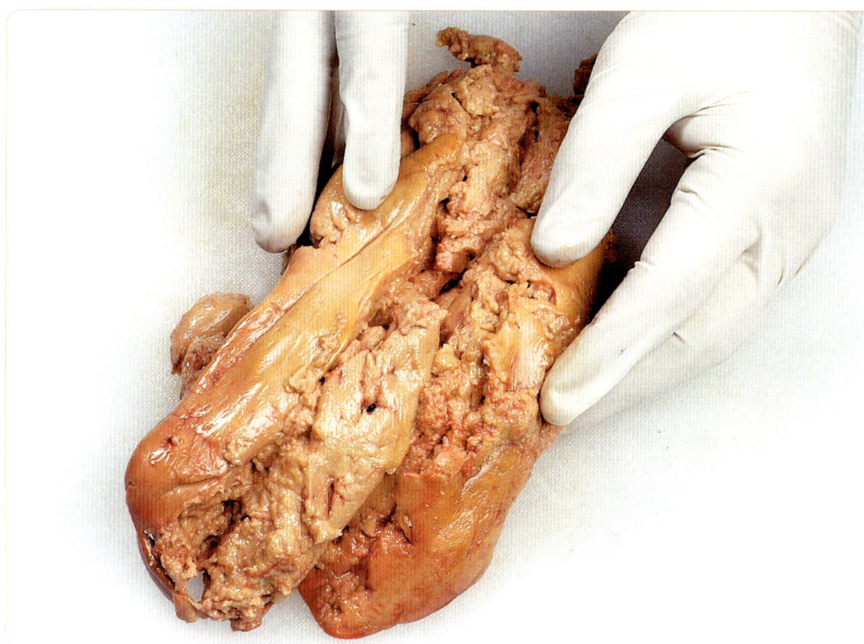

4 - Fechar, pressionando com cuidado.

5

# Peixes e Mariscos

Peixes planos e redondos | Limpeza | Cortes | Lagosta

Camarão | Caranguejo | Ostras | Mexilhões | Enguia | Rã | Lula | Polvo

# Materiais

1. Rolo de massa
2. Fio de algodão
3. Tigela pequena
4. Caldeirão
5. Tigela de aço inoxidável
6. Cutelo
7. Faca de picar
8. Faca de cozinha
9 e 10. Facas para retirar filés
11. Tesoura
12. Pinça para espinhas
13. Tábua

# Peixes

São animais vertebrados de sangue frio. Vivem na água, respiram pelas guelras e têm barbatanas no lugar de patas. Existem cerca de 20 mil espécies de peixes no mundo; 97% são peixes com espinhas (apresentando um esqueleto completo), como o salmão, o badejo, a truta e outros semelhantes; 3% são os peixes cartilaginosos e as variedades "sem mandíbulas". Exemplos de cartilaginosos: tubarão, arraia. Sem mandíbulas: peixes ciclostomados, lampreia.

Os peixes são classificados pelo formato das seguintes partes:

- **Cabeça:** boca e dentes.
- **Corpo.**
- **Rabo.**
- **Barbatanas:** número de linhas ou estrias.
- **Escamas:** se possui ou não escamas (o formato destas).

Os peixes são classificados em duas grandes categorias:

A. Planos

B. Redondos

## A. Peixes planos

- Corpo achatado, nadam de lado, no fundo do mar.
- Têm pele escura na parte superior e pele branca na parte inferior do corpo.
- A pele escura muda de cor para camuflagem no meio ambiente.
- Os olhos vão para o lado escuro da pele durante seu desenvolvimento juvenil.
- Geralmente não são agressivos e só nadam quando é necessário.
- As barbatanas dorsais e pélvicas vão da cabeça até o rabo do peixe.
- A carne é branca e sem gordura.

Espécies mais comuns:

- **Rodovalho (falso linguado):** esquerdo, olhos e pele escura do lado esquerdo do peixe; direito, olhos e pele escura do lado direito do peixe.
- **Linguado:** os linguados verdadeiros são peixes pequenos, com as seguintes características:
  - Olhos e boca pequenos.
  - Pesam menos de 0,240 kg.
  - Existem 9 espécies diferentes no mundo.

A palavra "linguado" é um termo geral usado para todos os tipos de rodovalhos no mercado de peixes.

## B. Peixes redondos

- Corpo arredondado, variando do redondo ao ovalado mais plano.
- Nadam em todos os níveis, desde rente à superfície até o fundo do mar.
- Alguns espécimes são nadadores rápidos e agressivos.
- As cores da pele variam do branco até as cores mais escuras (os mais escuros têm um teor de gordura mais alto).
- Apresentam entre uma e três barbatanas dorsais.

Espécies mais comuns:

- **Carne branca:** geralmente menos agressivos e nadadores lentos (por exemplo: badejo, hadoque, robalo).
- **Carne de cor média:** nadadores mais ativos (por exemplo: peixe-espada, cação).
- **Carne escura:** nadadores muito ativos (por exemplo: atum, peixe-espada voador).

## Critérios de escolha

Ao comprar peixes no mercado, devemos considerar determinadas características, para garantir sua qualidade e frescor:

1. Peixes inteiros frescos:

- Devemos prestar atenção nos **olhos**, que devem ter um aspecto vivo, claro, brilhante, transparente, convexo e com pupilas de cor preta.
- A **pele** deve estar grudada na carne dos filés e recoberta com uma mucosidade transparente, além de apresentar uma boa coloração.
- O **abdômen** não deve estar inchado, mas firme e elástico, sem rupturas ou manchas de qualquer tipo.
- É importante que o **ânus** esteja hermeticamente fechado.
- As **escamas** do peixe devem ter uma coloração brilhante com reflexos metálicos e devem estar bem presas à pele (embora, dependendo do tipo de peixe, alguns percam as escamas e os reflexos metálicos, como é o caso da sardinha).
- As **guelras** devem ter uma cor rosada ou vermelha sanguínea, dependendo da espécie, e devem estar úmidas e brilhantes (coloração amarronzada indica mau estado do peixe).
- Seu **aroma** deve ser suave e agradável. (Peixes como a arraia têm a particularidade de conter uma importante quantidade de ureia no sangue, que então fermenta rapidamente e se transforma em amoníaco. Por isso é recomendável, no caso desse tipo de peixe, fazer um pré-cozimento, ou mantê-lo fresco durante um tempo muito curto antes da venda/consumo).
- O **corpo** do peixe deve ter uma consistência firme e elástica ao tato.

2. Peixes frescos em filés, pedaços ou postas:

- A carne deve ser firme, brilhante, elástica e ter cheiro agradável. Não deve ser amarronzada nem amarelada ou seca.

3. Peixes congelados:

- A carne deve ser fresca, firme e brilhante. Não se deve observar nenhum rastro de ressecamento ou queimadura de frio.
- Deve se apresentar completamente congelado, de preferência selado a vácuo, com um invólucro que não demonstre sinais de descongelamento ou cristais de gelo.

4. Peixes salgados:

- A carne deve ter uma cor atraente e cheiro agradável. Não deve estar ressecada demais.

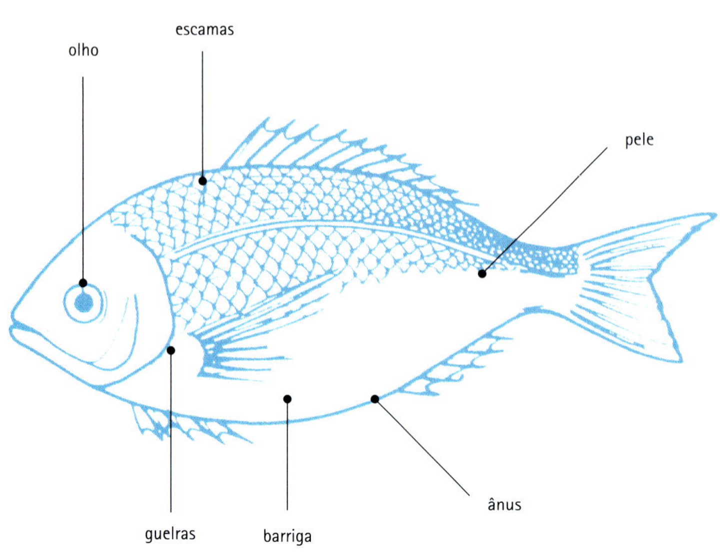

# Limpeza de peixes redondos

## 1º método de evisceração

1 - Cortar todas as barbatanas natatórias com uma tesoura de cozinha.

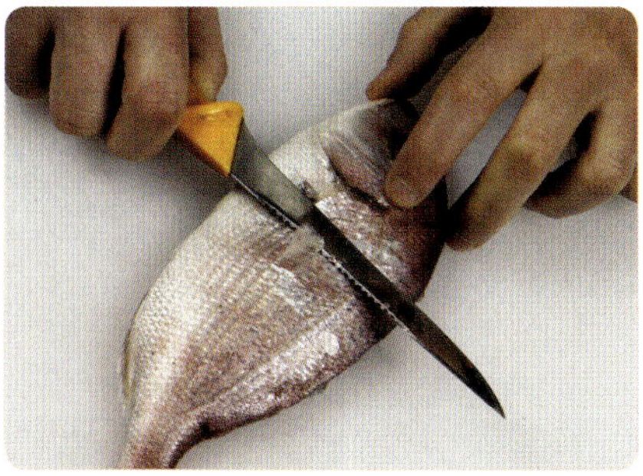

2 - Retirar as escamas do peixe passando uma faca de lâmina rígida ou um escamador. Em seguida lavar bem em água fria.

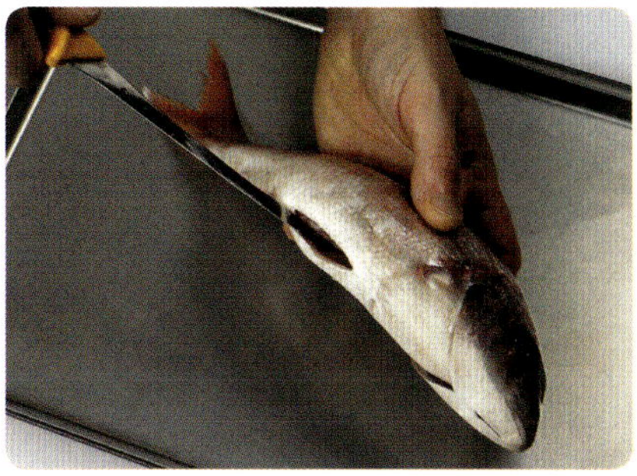

3 - Fazer um corte desde o orifício anal até a cabeça do peixe, para abrir o abdômen.

4 - Retirar todas as vísceras, certificando-se de que o interior do abdômen fique bem limpo. Lavar com água fria.

## 2º método de evisceração

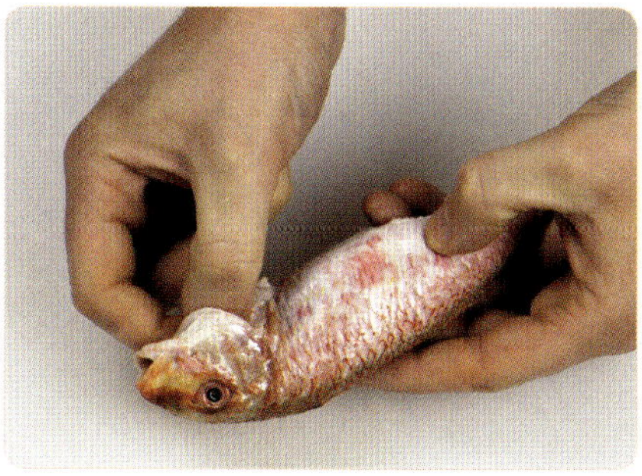

1 - Segurar as guelras com firmeza. Formar um gancho com o dedo indicador, atravessando as guelras de um lado a outro.

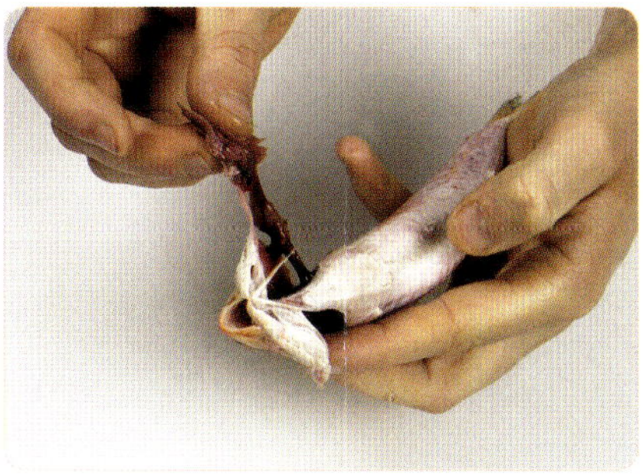

2 - Puxar as guelras para fora, para que se soltem das vísceras no interior e possam ser extraídas mais facilmente.

# Filés de peixes redondos

## 1º método de retirar filés

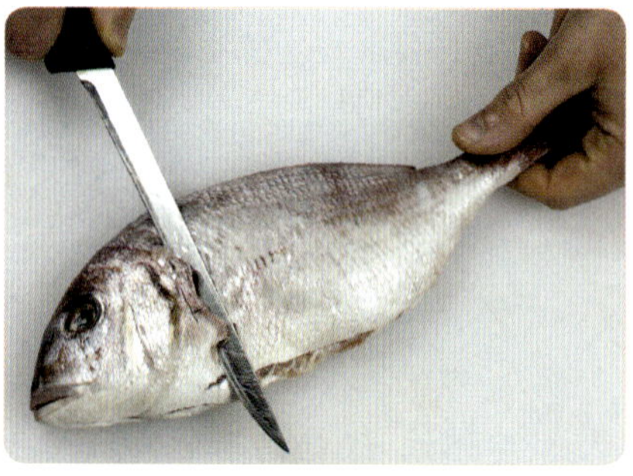

1- Marcar os dois lados do peixe com uma faca de retirar filés (flexível) .

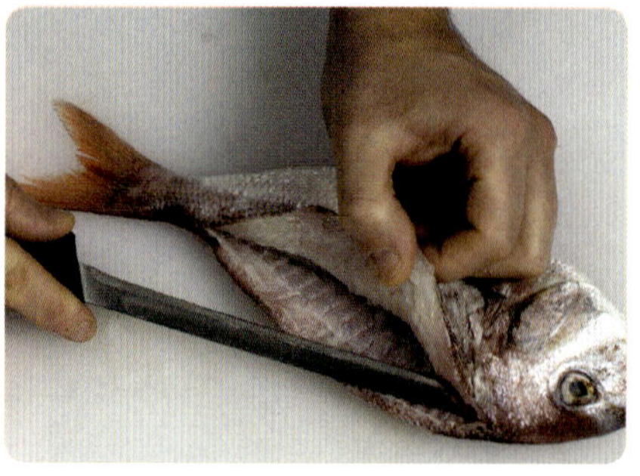

2 - Apoiar o peixe sobre a tábua. Passar a faca sobre a espinha dorsal. Retirar o primeiro filé, deslizando a lâmina do lombo até o abdômen.

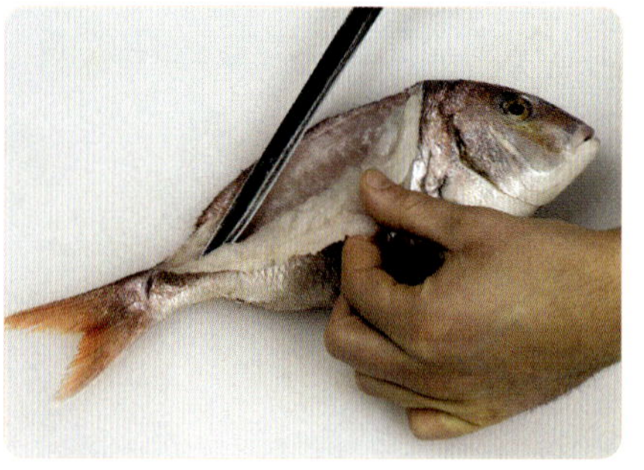

3 - Virar o peixe e repetir a operação.

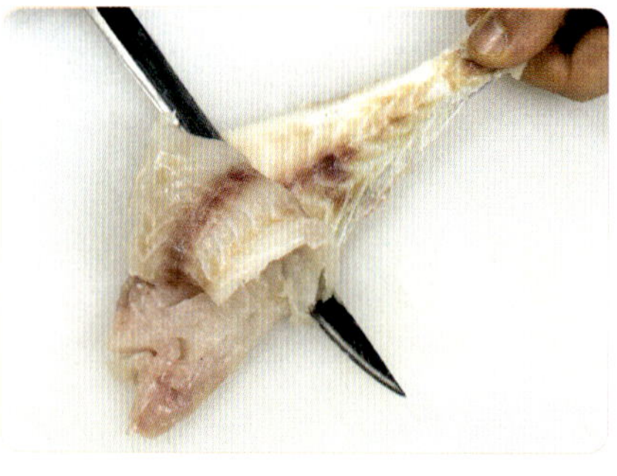

4 - Segurar a pele do filé e passar a lâmina de uma faca bem plana entre a carne e a pele, com movimentos leves para a frente.

**Dica**

*Podem-se retirar 2 filés de cada peixe redondo.*

## 2º método de retirar filés

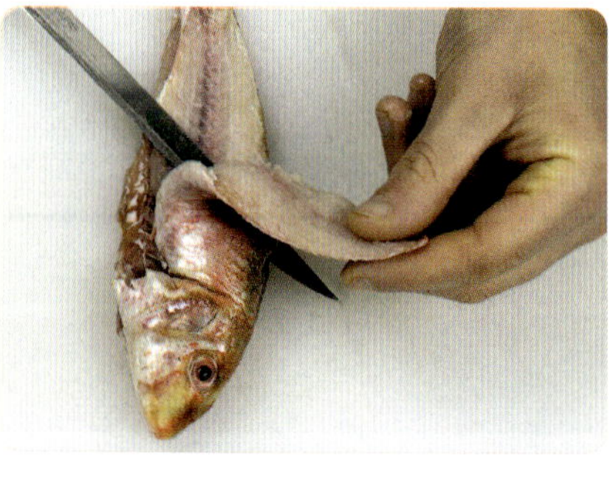

1 - Levantar o primeiro filé, passando a lâmina da faca, do rabo até a cabeça (pressionando bem a lâmina contra as espinhas).

2 - Levantar as espinhas e passar a faca por baixo delas, desde o rabo até a cabeça.

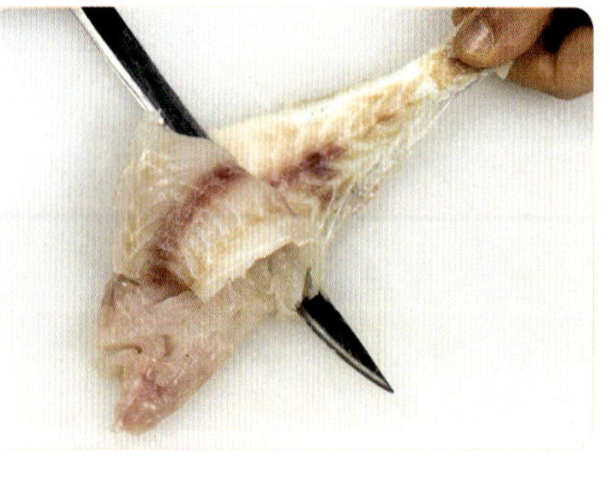

3 - Segurar a pele do peixe com a mão, puxando para cima. Passar a faca entre a carne e a pele com movimentos leves para a frente.

# Limpeza de peixes planos

1 - Cortar as barbatanas natatórias com uma tesoura de cozinha. Retirar as escamas que estejam grudadas na pele branca do linguado, com um escamador ou uma faca de lâmina rígida.

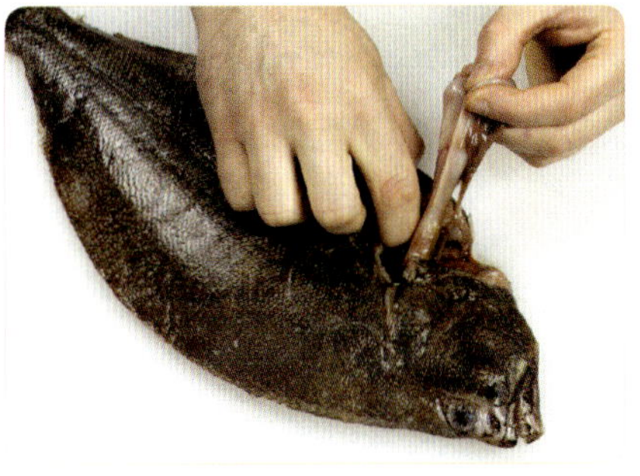

2 - Retirar as vísceras, através das guelras, puxando para fora. Retirar todos os coágulos de sangue que possam estar presentes e lavar bem em água corrente.

## Retirar filés de peixes planos

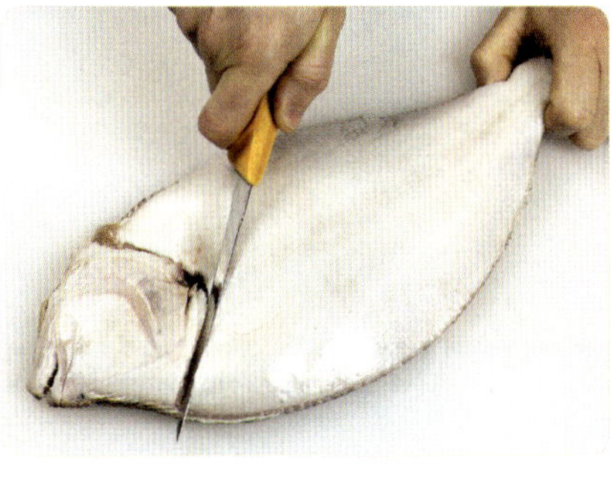

1 - Marcar com uma faca de retirar filés (flexível) em torno da cabeça.

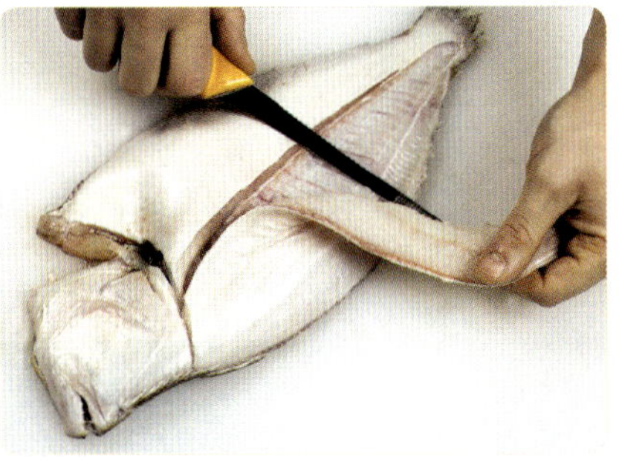

2 - Cortar o linguado ao meio. Retirar um filé de cada lado, passando a lâmina da faca do centro para fora.

**Dica**

*Podem-se retirar 4 filés de cada peixe plano.*

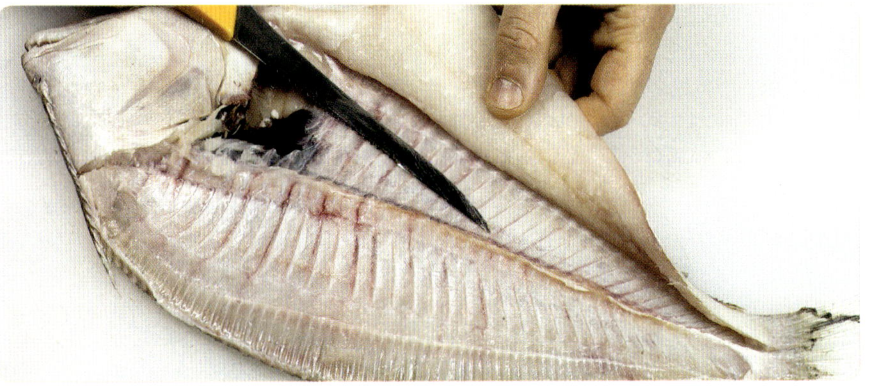

3 - Retirar o segundo filé. Repetir a operação com o outro lado do peixe. No total se obtêm 4 filés.

# Retirar a pele

## 1º método

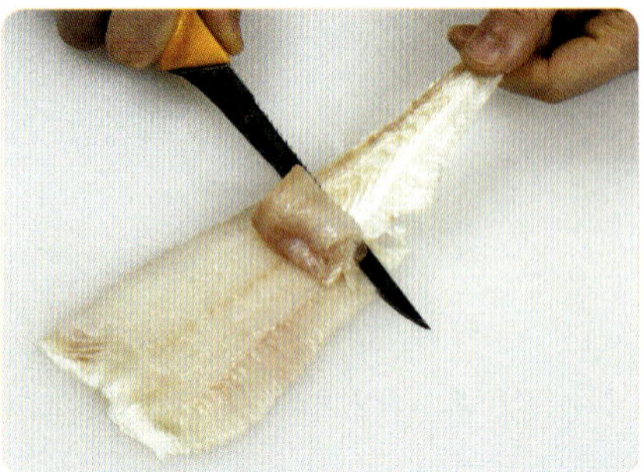

1 - Segurar a pele com a mão e deslizar a lâmina da faca de retirar filés (paralela à mesa), fazendo um movimento leve para a frente.

2 - Retirar a carne das barbatanas natatórias, separando-as do filé.

## 2º método

1 - Levantar a extremidade da pele e puxar com firmeza do rabo até a cabeça do peixe.

2- Uma vez retirada a pele, pode-se passar a retirar os filés do peixe.

# Retirar filés de salmão

1- Cortar as barbatanas natatórias com uma tesoura.

2 - Fazer uma incisão ao longo do peixe, alguns milímetros acima da espinha dorsal.

3 - Marcar em torno da cabeça com uma faca de retirar filés.

4 - Levantar o filé, cortando do lombo até o abdômen. Não deve ficar nenhuma carne grudada nas espinhas. Repetir o procedimento no outro lado.

## Retirar as espinhas

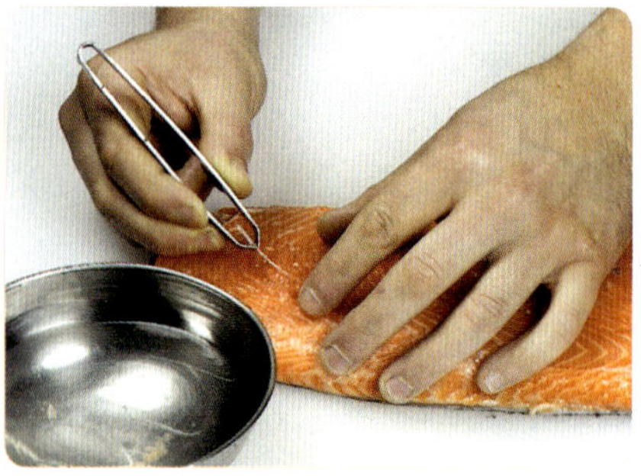

Extrair as espinhas pequenas que possam ter permanecido. Ir levantando-as da cabeça até o rabo com uma pinça. Limpar a pinça com água depois de extrair cada espinha.

## Retirar a pele

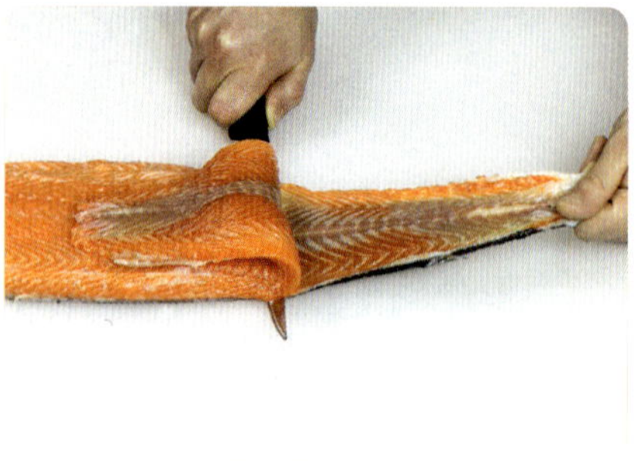

Segurar a pele do filé e passar a lâmina da faca, paralela à tábua, fazendo um movimento leve para a frente.

## Cortar em pedaços

O filé pode ser cortado em pedaços para depois ser cozido.

## Escalopes

1 - Cortar o filé em diagonal, para obter porções regulares de 0,120 kg a 0,150 kg cada uma.

2 - Achatar os escalopes entre duas folhas de filme plástico. Desse modo a espessura dos escalopes ficará uniforme e seu cozimento se dará por igual.

# Limpeza da merluza

1 - Abrir o abdômen, fazendo um corte do ânus até a cabeça.

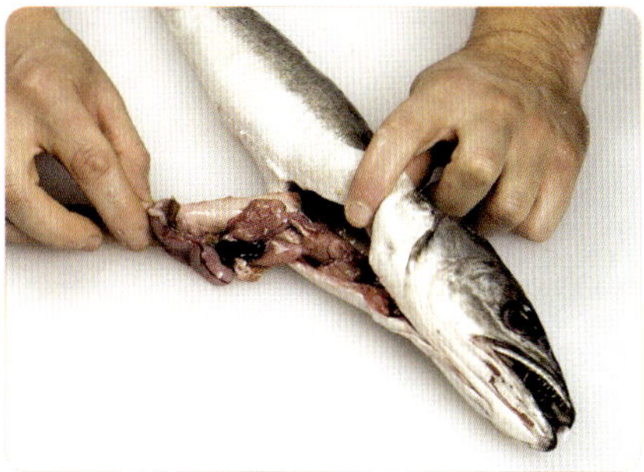

2 - Retirar as vísceras e certificar-se de que o interior fique limpo. Lavar em água corrente.

3 - Cortar a cabeça com a faca, dos dois lados, e retirá-la.

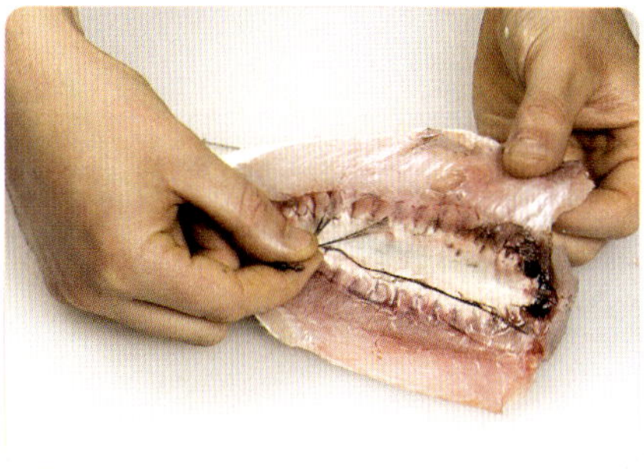

4 - Puxar para fora a membrana interna de cor escura (peritônio).

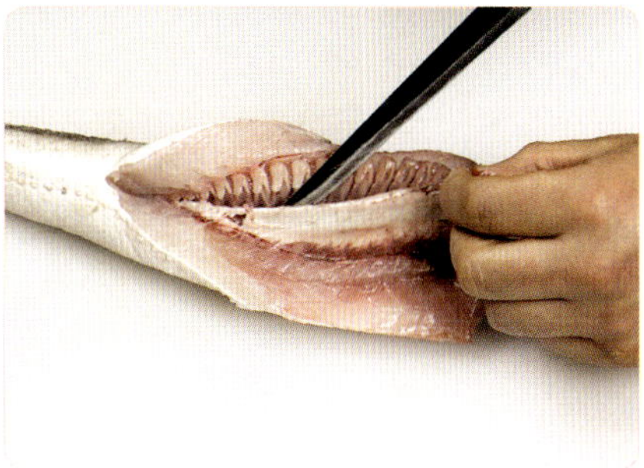

5 - Passar a lâmina da faca de retirar filés pelos dois lados da coluna vertebral, para poder soltá-la.

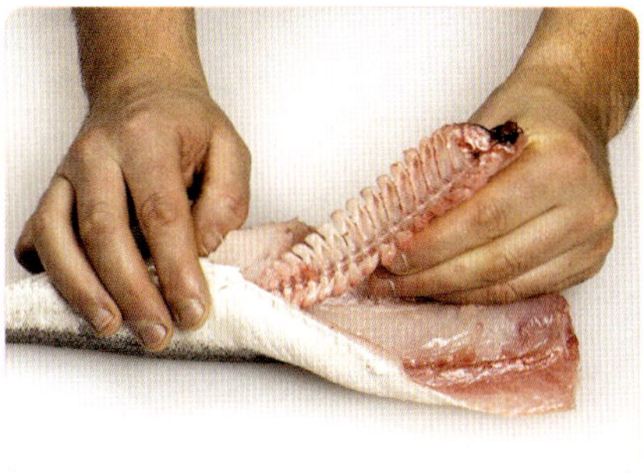

6 - Levantar a coluna vertebral com a mão e puxar para fora, tendo o cuidado de não romper a carne.

# Corte em postas de peixes redondos

## Merluza

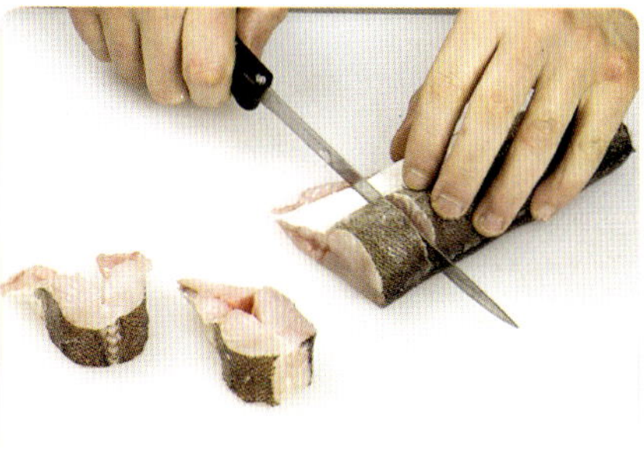

1 - Fazer cortes regulares, de tal modo que todas as porções pesem aproximadamente entre 0,180 kg e 0,200 kg.

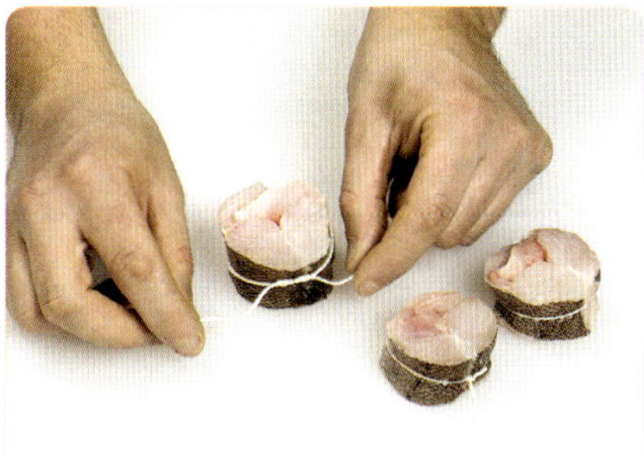

2 - Amarrar cada posta de merluza com um fio de algodão, para que não percam a forma ao serem cozinhadas.

# Cozimento da merluza inteira

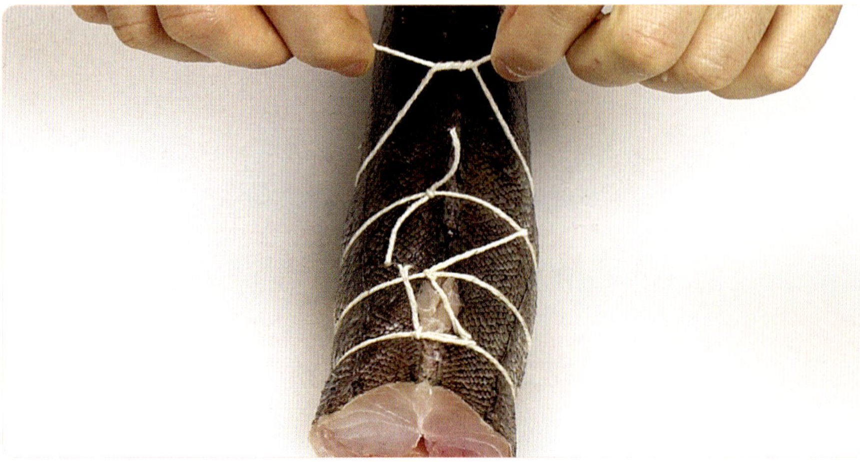

Caso se queira cozinhar a merluza em uma só peça, é recomendável amarrá-la ligeiramente com um barbante fino, para que não perca a forma.

# Corte em postas de peixes planos

## Linguado

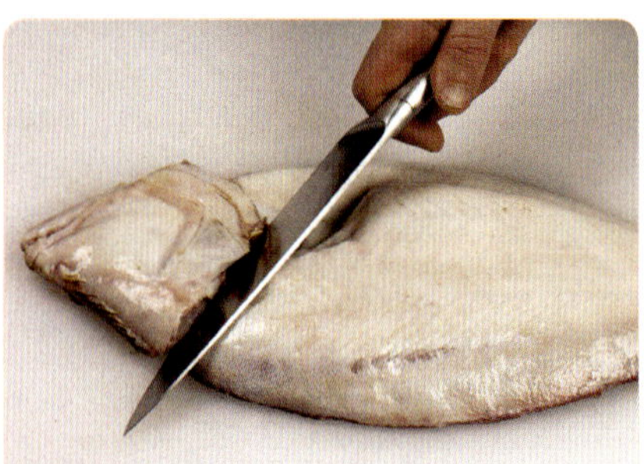

1 - Com uma faca de cozinha, cortar ao redor da cabeça e retirá-la.

2 - Marcar o peixe ao longo, dividindo-o ao meio.

3 - Segurar o linguado pelo rabo e, com a base da faca, separar a espinha dorsal ao meio.

4 - Cortar cada metade em postas, com uma faca de cozinha.

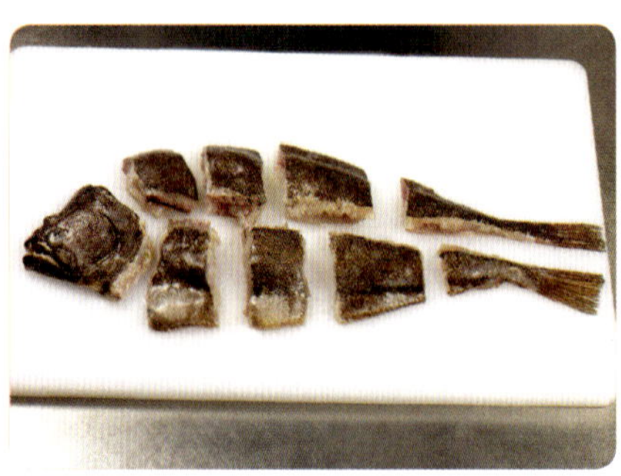

5 - A cabeça e o rabo podem ser utilizados na elaboração de um *fumet*.

**Dica**

*Fumet é um caldo de peixe.*

# Retirar as espinhas de peixes redondos para rechear

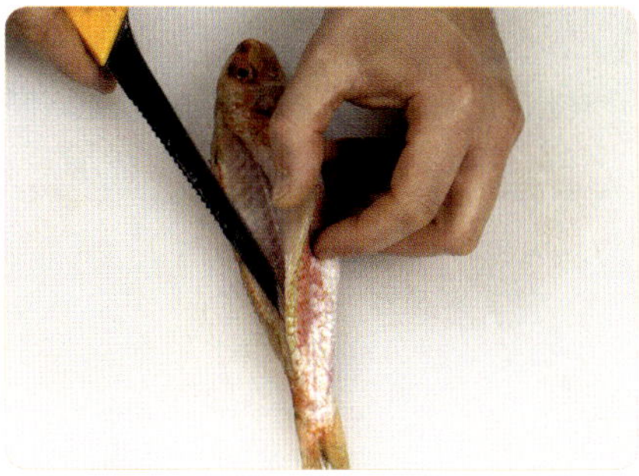

1 - Cortar o primeiro filé fazendo uma incisão com a faca até atingir a espinha dorsal, do lombo até o abdômen, sem chegar a retirá-lo.

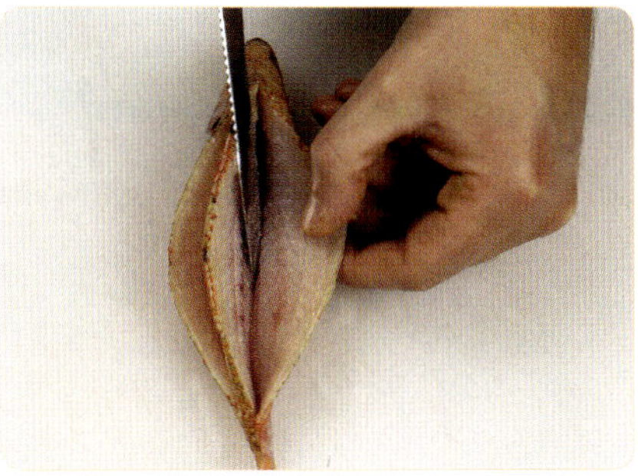

2 - Fazer o mesmo com o segundo filé.

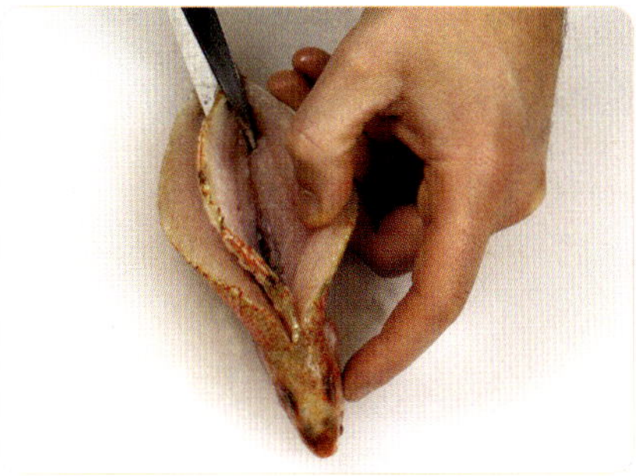

3 - Com uma tesoura de cozinha, cortar a espinha dorsal perto do rabo.

4 - Seccionar também a espinha dorsal perto da cabeça. Retirar a espinha e lavar o peixe em água corrente. Secar bem antes de utilizar.

5 - O peixe aberto desse modo pode ser recheado ou empanado e depois frito.

**Dica**

*Nesse tipo de extração de espinhas, as vísceras são tiradas puxando-se as guelras para fora.*

# Retirar as espinhas de peixes planos para rechear

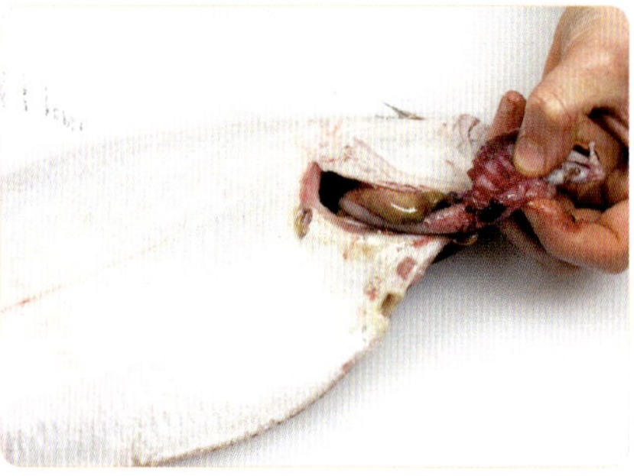

1 - Extrair as vísceras, puxando as guelras para fora.

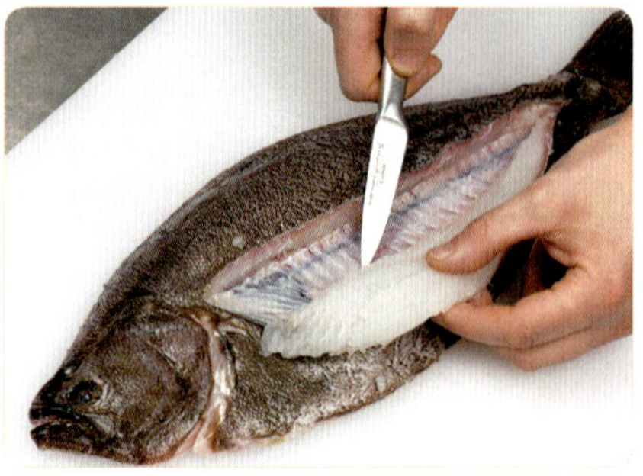

2 - Fazer uma incisão ao longo do peixe. Levantar o primeiro filé, passando a lâmina da faca do centro para fora, sem chegar a retirá-lo.

3 - Repetir a operação com o segundo filé.

4 - Cortar a espinha dorsal perto do rabo com uma tesoura.

5 - Em seguida cortar a espinha dorsal da cabeça.

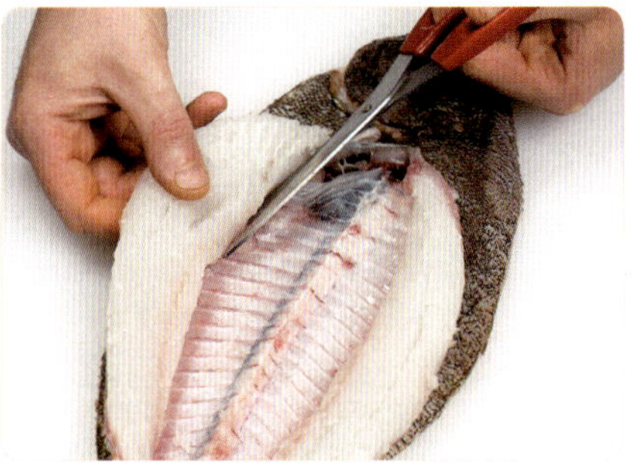

6 - Cortar as espinhas com uma tesoura de cozinha a 1,5 cm da beirada. Soltá-las da carne. Repetir a operação com o segundo filé.

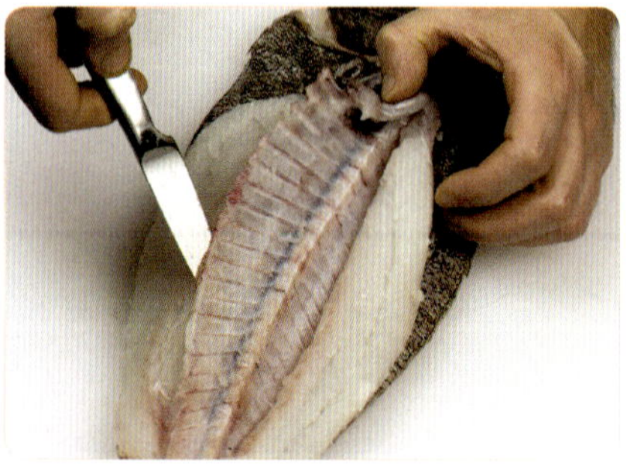

7 - Levantar as espinhas passando a lâmina de uma faca por baixo delas.

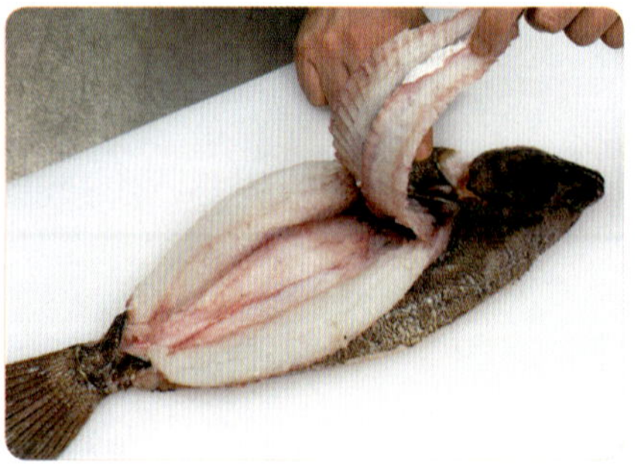

8 - Retirar as espinhas puxando delicadamente para cima.

9 - Desse modo obtém-se um peixe sem espinhas, que poderá ser recheado.

# Crustáceos / Lagosta

1 - A cor da lagosta depende de seu *habitat*. As lagostas encontradas no Atlântico têm uma coloração vermelho-amarronzada, enquanto que as provenientes do Pacífico são ligeiramente esverdeadas.

2 - Para diferenciar uma lagosta macho de uma fêmea, temos de prestar atenção ao primeiro par de patas que se encontram no abdômen. Enquanto as patas das fêmeas são um tanto pequenas, as dos machos são pontiagudas e servem de órgãos reprodutores.

3 - Atravessar um palito de brochete ao longo da lagosta para que o rabo não se curve ao ser cozinhada.

4 - Pôr numa caçarola com água fervendo para que cozinhe.

## Lagostas

As lagostas pertencem ao grupo dos crustáceos, animais invertebrados aquáticos que têm o corpo protegido por uma carapaça dura. A rigidez da carapaça vai depender da espécie a que pertençam. A maioria dos crustáceos pode ser encontrada no oceano, embora determinadas espécies habitem águas doces.

As lagostas são crustáceos decápodes, têm cinco pares de membros e movem-se caminhando pelo fundo do mar.

Além da lagosta, no grupo dos crustáceos podem ser destacados o caranguejo, os lagostins e as cigalas, dentre outros.

Critérios de escolha:

- Os crustáceos vivos devem ser pesados e vigorosos.
- Apresentar aroma agradável.
- Suas carapaças devem estar intactas.
- As articulações devem ser transparentes e serem volumosas.
- Os crustáceos cozidos apresentam a carapaça de cor rosada ou vermelha intensa. (Evitar as carapaças com manchas pretas ou muito esverdeadas.)
- A carne deve ser firme e sem cheiros fortes.

# Métodos de corte da lagosta

## 1º método

1 - Cortar o cefalotórax da lagosta no sentido do comprimento, dividindo-o em duas partes.

2 - Em seguida virar a lagosta e terminar de partir o corpo em duas partes.

## 2º método

1 - Partir o cefalotórax ao meio.

2 - Cortar a carapaça em medalhões, seguindo os segmentos.

# Camarão

1 - A cor dos olhos deve ser preta e brilhante.

2 - Separar o cefalotórax do corpo, dobrando-o ao meio.

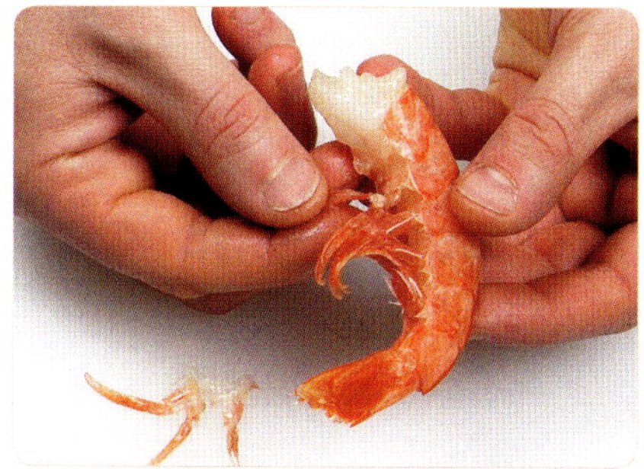

3 - Retirar as patas.

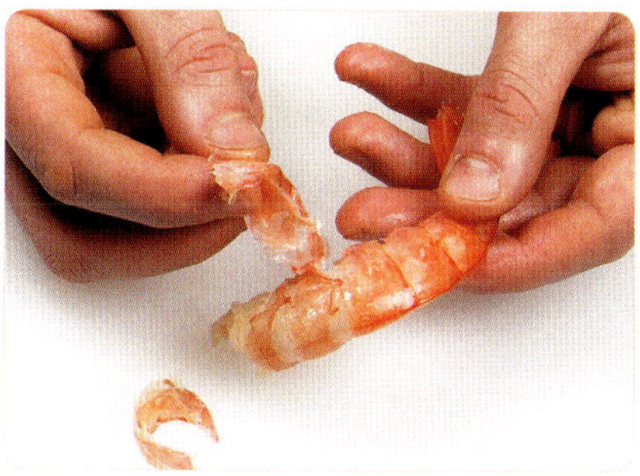

4 - Levantar a carapaça do camarão do abdômen para fora.

5 - Fazer uma pequena incisão ao longo do camarão.

6 - Levantar o intestino (de cor preta) com a ponta da faca e retirá-lo. Lavar bem em água fria e secar antes de utilizar.

7 - Os camarões limpos podem ser servidos com ou sem o rabo, dependendo da preparação.

# Caranguejo

Apenas um quarto do corpo do caranguejo é comestível, incluindo a carne dentro do corpo, as patas, as pinças, o fígado e a substância cremosa que se encontra debaixo da carapaça.

1 - Cortar as patas e as pinças com uma tesoura de cozinha.

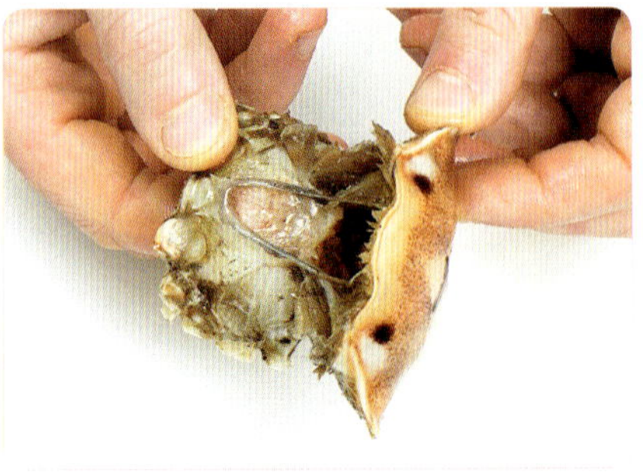

2 - Abrir a carapaça, puxando-a para cima.

3 - Retirar a carne do corpo com a ajuda de uma tesoura de cozinha.

4 - Raspar com a ponta de uma faca, para retirar o resto da carne.

5 - Achatar as patas com um rolo de massa, para abri-las e retirar a carne.

6 - Retirar a pinça, quebrando-a com cuidado.

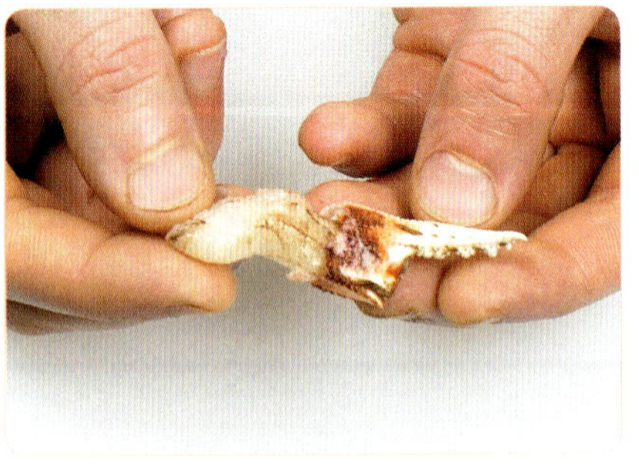

7 - Retirar a carne de seu interior, conservando-a na forma original.

# Moluscos

## Abertura de ostras

1 - A cor das ostras deve ser acinzentada ou ligeiramente parda.

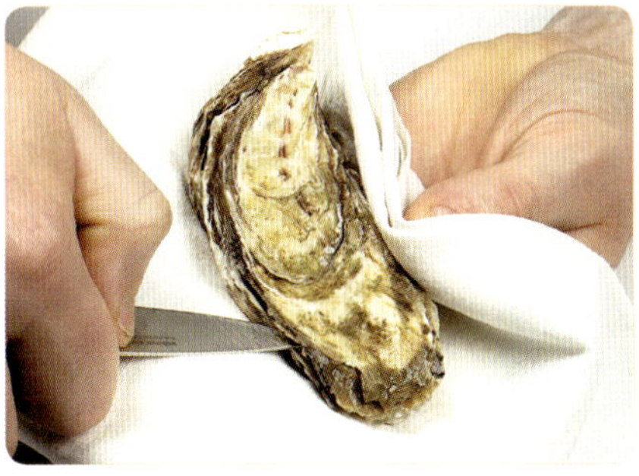

2 - Segurar a ostra com um pano (para proteger a mão). Introduzir a ponta de uma faca de cozinha e apoiá-la sobre o músculo adutor.

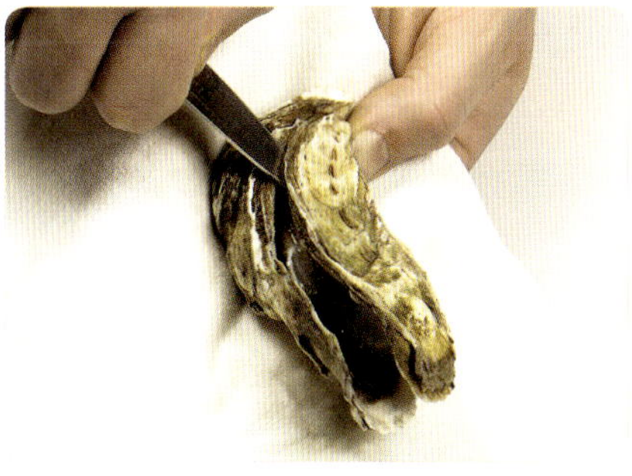

3 - Passar a lâmina da faca para trás, cortando o músculo.

4 - Levantar a concha superior e descartá-la.

5 - Manter as ostras sobre o gelo até serem consumidas.

### Moluscos

Os moluscos são animais invertebrados, com corpos moles, geralmente protegidos por uma carapaça dura. São classificadas em três ramos principais:

- **Cefalópodes (lula, polvo)**: não possuem carapaça externa de proteção, mas têm uma cartilagem interna. Possuem tentáculos com ventosas, que utilizam para movimentar-se e para capturar as presas.
- **Gastrópodes (caracóis do mar)**: são univalves e ficam dentro de uma concha, em geral de forma espiralada. São equipados com um pé plano ventral, que os ajuda a se moverem.
- **Bivalves (ostras, mexilhões, vieiras, amêijoas)**: têm uma concha que consiste em duas valvas unidas por um ligamento em um vértice. A maior parte dos bivalves é sedentária e não se movimenta pelo fundo do mar.

Critérios de escolha:

- Certificar-se de que ainda estejam vivos no momento da compra.
- As conchas devem estar fechadas ou devem se fechar ao receberem uma pancada.
- Os cefalópodes devem ter uma consistência firme e úmida, além de um aroma suave de peixe.
- O líquido que se encontra em seu interior deve ser abundante e transparente.

Limpeza

- Escovar as conchas das ostras embaixo d'água.
- Se as ostras tiverem muita areia em seu interior, deve-se deixá-las durante uma ou duas horas imersas em água contendo quatro colheres de sal por litro d'água.

# Mexilhões

1 - Escovar bem os mexilhões em água corrente, para limpá-los.

2 - Retirar as algas que possam ter ficado grudadas e os filamentos fixadores.

3 - Raspar a concha do mexilhão com uma faca para soltar todas as impurezas da superfície.

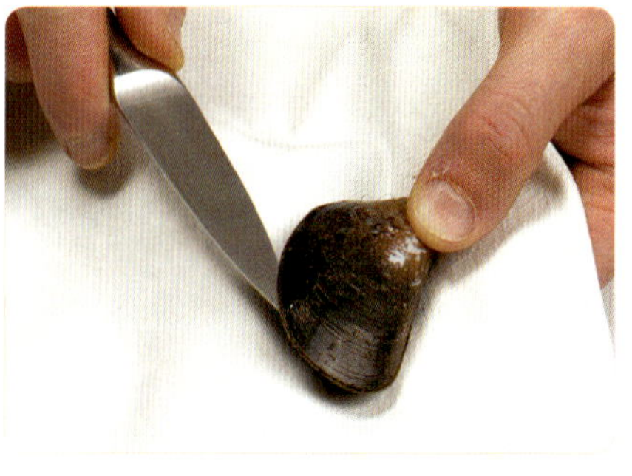

4 - Apoiar o mexilhão sobre um pano (para proteger as mãos) e introduzir nele a ponta da faca. Fazer uma leve pressão para abrir e cortar o músculo adutor.

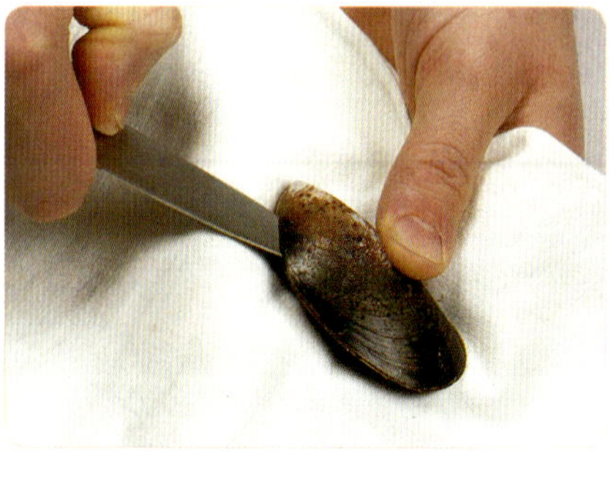

5 - Continuar passando a lâmina da faca até o final.

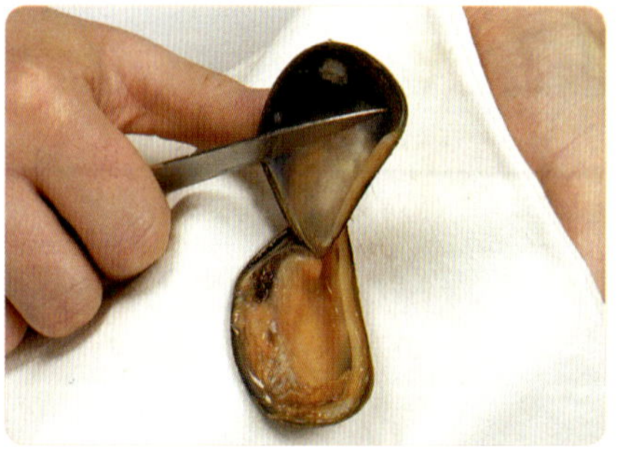

6 - Levantar a concha superior e retirá-la.

7 - Manter os mexilhões sobre o gelo até o momento de cozinhá-los.

# Enguia

1 - Segurar com firmeza o corpo da enguia, com a ajuda de um pano, e cortar detrás das guelras com uma faca afiada. Deixar sangrar. Lavar.

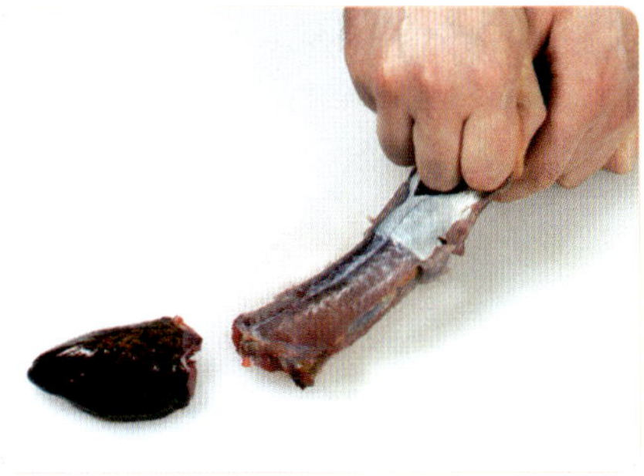

2 - Retirar a pele, puxando com firmeza na direção do rabo.

3 - Fazer uma incisão ao longo da enguia, desde o ânus até a cabeça.

4 - Retirar as vísceras. Lavar bem em água corrente. Secar antes de utilizar.

5 - Cortar em pedaços de acordo com a utilização a ser feita.

## Enguia

A enguia tem um corpo cilíndrico, com escamas ovais grudadas na pele. Existem cerca de 15 espécies diferentes de enguias. Nascem e morrem no oceano, mas passam a maior parte da vida em água doce.

Todas as enguias nascem fêmeas, mas em pouco tempo algumas mudam de sexo, transformando-se em machos.

As fêmeas passam cerca de 10 a 15 anos em água doce, enquanto os machos retornam ao oceano por volta dos 8 aos 10 anos.

Método de conservação:
As enguias em geral são mantidas vivas em tanques até serem vendidas. Isso se deve à rapidez com que sua carne se decompõe, e seu sangue pode chegar a ser venenoso, se penetrar em algum ferimento ou corte em um ser humano.

As enguias vivas devem ter a pele firme e brilhante.

# Rã

### Rã

A rã é um anfíbio que habita águas doces e ambientes terrestres úmidos.

Existem em torno de 20 espécies de rãs comestíveis, que variam em cor e tamanho. (Só as pernas são comestíveis.)

**Critérios de escolha:**
Ao consumir rãs, é preciso se certificar que as pernas não sejam finas, que estejam úmidas e tenham uma coloração levemente rosada.

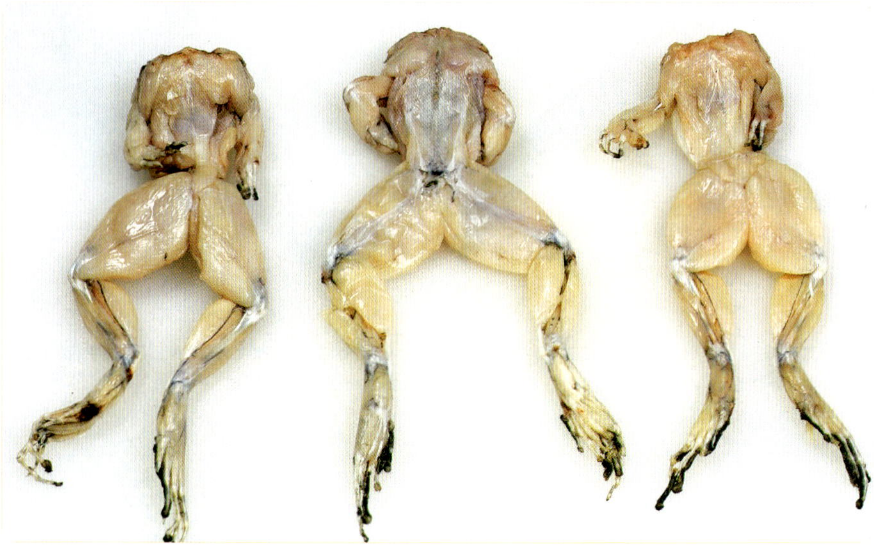

1 - A carne da rã deve ter uma cor ligeiramente rosada.

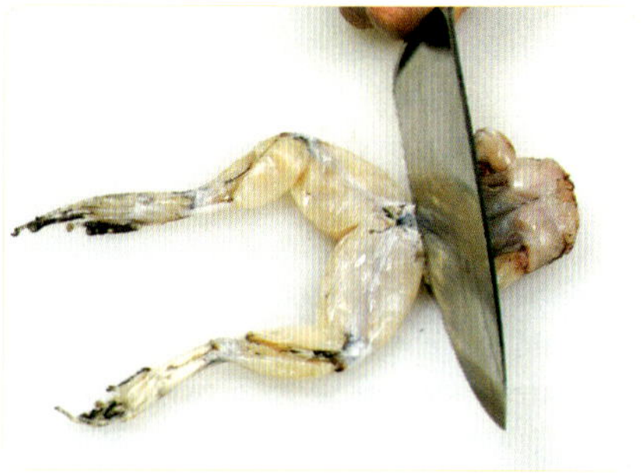

2 - Separar o corpo das pernas, cortando com uma faca de cozinha.

3 - Dividir as pernas ao meio.

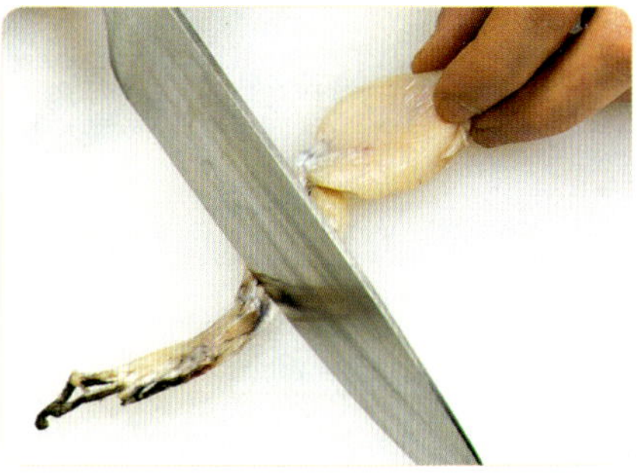

4 - Cortar o final das patas para dar melhor apresentação.

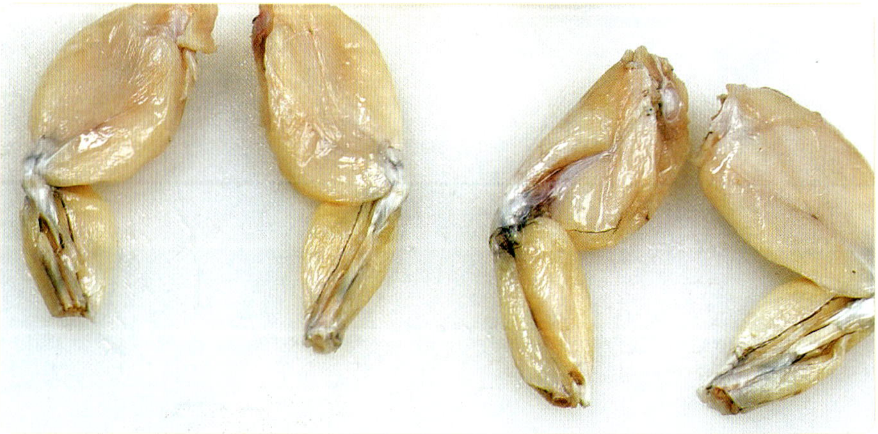

5 - Uma vez limpas, estão prontas para serem cozidas.

# Lula

1 - Separar a cabeça do corpo movendo-a para adiante.

## Lula

Existem cerca de 350 espécies de lulas. Algumas habitam próximo à superfície em mar aberto ou na região costeira com pouca profundidade, enquanto outras circulam no fundo do oceano.

O corpo da lula tem uma forma parecida com a de um torpedo e varia de cor de acordo com o *habitat* em que se encontre.

Em geral as lulas têm uma cor branca com pequenas manchas vermelhas, marrons, rosas ou violáceas.

Os tentáculos da lula, junto com o corpo em forma de bolsa, compõem as partes comestíveis, que compreendem aproximadamente 80% do animal.

No interior do corpo há uma glândula que produz a sépia, um líquido escuro, também conhecido como tinta, que a lula solta na água quando se sente ameaçada por algum inimigo.

O termo espanhol "*calamar*" deriva da palavra latina "*calamarius*", que significa escrita, pelo uso dado à tinta (sépia) em pinturas.

Método de conservação:
A lula fresca ou cozida pode ser guardada na geladeira por 1 ou 2 dias, enquanto no congelador pode durar até 3 meses.

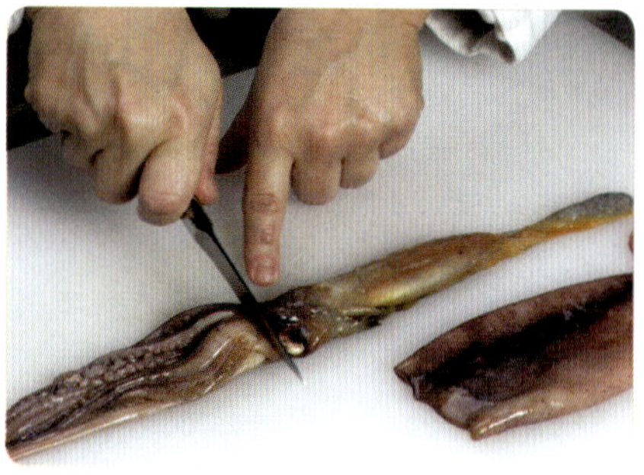

2 - Separar os tentáculos cortando logo abaixo dos olhos.

3 - Retirar a boca, pressionando com os dedos.

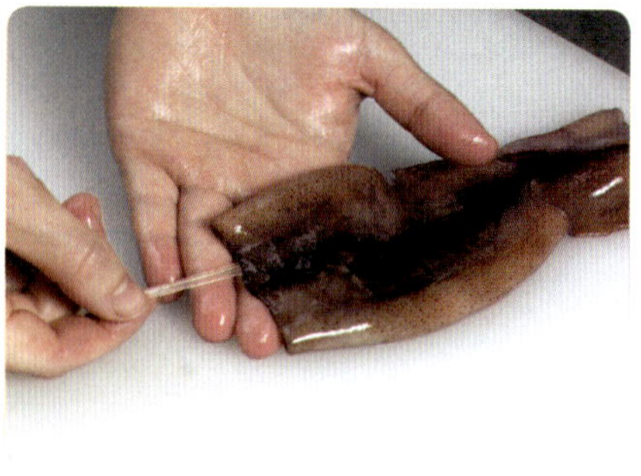

4 - Extrair a cartilagem do corpo, também conhecida como "pluma".

5 - Soltar a membrana que recobre a lula.

6 - Lavá-la, antes de utilizar, em água corrente.

**Dica**

*Se a lula passar do ponto de cozimento, ela fica dura.*

*É recomendável refogá-la ou fritá-la 1 ou 2 minutos no máximo em fogo médio; se cozida no forno, deixar de 15 a 20 minutos a 190°C. Se for utilizada em um molho ou guisado, não cozinhá-la por mais de 10 minutos.*

# Polvo

1 - Separar levemente a cabeça, cortando por cima dos olhos. Retirar os órgãos que se encontram no seu interior, do mesmo modo que a boca.

2 - Pôr o polvo dentro de uma caçarola com água fervendo e cozinhar em fogo brando para que a carne fique mais macia. Para polvo acima de 2 kg recomenda-se cozinhar durante 60 a 90 minutos; no caso de já ter sido aferventado, 45 minutos, aproximadamente.

## Polvo

O polvo é encontrado na maior parte dos mares. Todos os seus órgãos ficam na cabeça, incluindo a glândula que segrega um líquido escuro, conhecido como tinta, que serve de defesa. Ao sentir que será atacado por outros animais, o polvo a libera no mar.

Como as lulas, a cor dos polvos muda de acordo com o *habitat*, por isso existem polvos marrons, cinzas, rosas e pretos.

Os polvos de tamanho pequeno têm a carne macia e saborosa, já os maiores devem ser sovados para amaciar, antes do cozimento.

Em geral, os pescadores costumam matá-los antes de os puxar para os barcos, para não se sujarem com a tinta liberada. Logo que chegam em terra, batem neles com pedras para os amaciarem antes de cozinhar.

Método de conservação:
Lavar o polvo antes de guardá-lo na geladeira por 1 a 2 dias no máximo. No congelador ele pode ser conservado até por 3 meses.

Uma vez cozido, conservar refrigerado.

# 6

# Massas

Massas folhadas | Massa de empanadas | Massas fermentadas | Massas líquidas | Massas semilíquidas | Massas para fritar | Massa de *galette* | Massa de bomba | Massas quebradiças

# Materiais

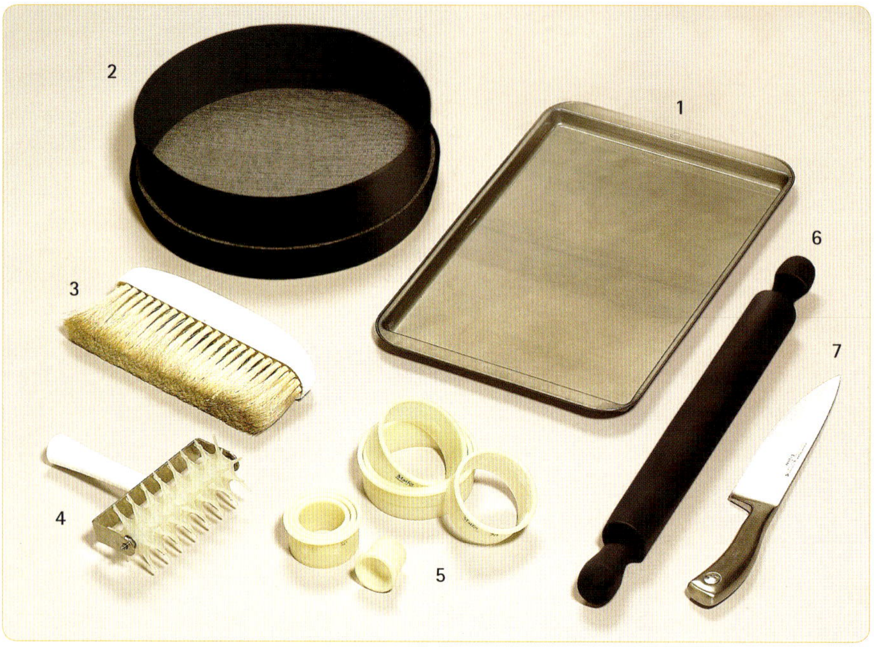


1. Fôrma / assadeira
2. Peneira
3. Escova
4. Carretilha com espetos (*pique-vite*)
5. Cortadores
6. Rolo de massa
7. Faca de cozinha

# Massas folhadas

Todas as massas incluídas nesta categoria são folhadas, diferindo no modo como são feitas. A composição inicial e o resultado são relativamente similares. A massa folhada tem uma estrutura formada por uma grande quantidade de camadas, que alternam gordura e massa em suas diversas dobras.

Em todas as massas que vamos detalhar há certas características em comum:

1) As massas têm uma consistência firme.

2) Nos três tipos de folhados encontramos o mesmo procedimento inicial:

a) preparação do folhado (sova);

b) incorporação da gordura (empastamento);

c) laminação.

A diferença vai se consolidar no modo de preparo.

3) Todas as massas exigem um cuidado especial na fabricação, no corte e no cozimento.
É importante o respeito ao tempo de repouso necessário (na câmara frigorífica) para melhor trabalhar o folhado.
Durante o cozimento, o efeito do calor faz com que a gordura se derreta, se incorpore às camadas de massa e produza vapor.
Esse vapor é liberado junto com a umidade contida na massa, fazendo com que esta se separe e aumente seu volume.
O amido da farinha se coagula e mantém as camadas de massa separadas.

# Tipos de folhado

Existem três tipos de folhados:

1) Folhado básico.

2) Folhado rápido.

3) Folhado invertido.

## Folhado básico

Pode ser feito com diversos tipos de gordura sólida, sendo a manteiga aquela que dá melhor sabor à massa.
É muito importante o uso de baixa temperatura durante o processo de repouso da massa, já que do contrário seria muito difícil trabalhá-la e a gordura escaparia do laminado.

## Folhado rápido

É mais fácil de preparar, já que, em lugar de fazer a sova e em seguida juntar a gordura para posteriormente laminar, adiciona-se a gordura cortada em pedaços sobre a massa inteira e em seguida se faz a laminação.

Nesse tipo de folhado não é necessário respeitar os tempos de repouso prolongados, como no caso dos folhados básico e invertido.

## Folhado invertido

É mais complicado de fazer, exigindo um domínio muito preciso do trabalho.
Esse folhado é mais delicado quanto ao paladar. Chama-se invertido porque se "inverte" a disposição da gordura e da massa.
Para que se possa trabalhar mais facilmente, acrescenta-se farinha à gordura e em seguida deixa-se repousar.

O amassado (sova) é feito como de costume, só que, em vez ficar concentrado na parte externa do folhado, será disposto dentro da lâmina de gordura. A laminação é feita do mesmo modo que nos outros casos, respeitando-se rigorosamente o tempo de repouso, a frio.

# Massas folhadas

## Receitas básicas

| Para o folhado básico: | |
|---|---|
| Farinha de trigo | 0,300 kg |
| Água | 0,150 litro |
| Manteiga | 0,050 kg |
| Sal | 0,006 kg |
| Manteiga | 0,200 kg |

| Para o folhado rápido: | |
|---|---|
| Farinha de trigo | 0,300 kg |
| Água | 0,150 litro |
| Margarina para folhados | 0,250 kg |
| Sal | 0,005 kg |

| Para o folhado invertido: | |
|---|---|
| Farinha de trigo | 0,125 kg |
| Água | 0,060 litro |
| Manteiga | 0,020 kg |
| Sal | 0,006 kg |
| Manteiga | 0,250 kg |
| Farinha | 0,125 kg |

# Folhado básico

1 - Peneirar a farinha sobre a mesa de trabalho.

2 - Fazer com a mão um oco no centro da farinha, de tamanho suficiente para conter os líquidos.

3 - Verter a água em que se diluiu o sal e a manteiga derretida no centro da farinha.

4 - Incorporar a farinha ao líquido, partindo do centro para fora.

5 - Misturar bem para que não se formem grumos.

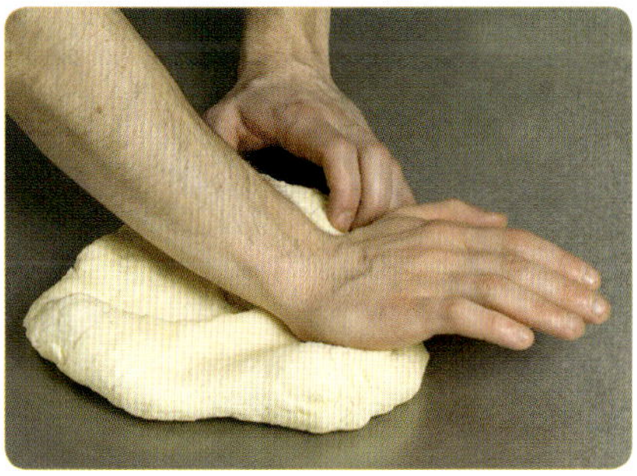

6 - Esticar a massa com a palma da mão.

7 - Fazer uma bola com a massa. Cortar em cruz, sem chegar ao final.

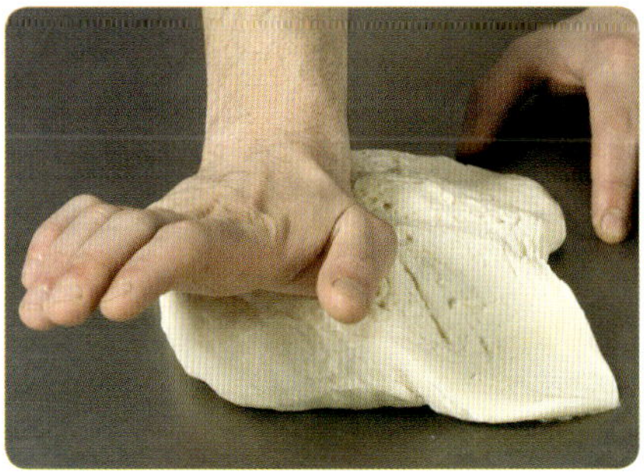

8 - Pressionar com a palma da mão as 4 extremidades para fora.

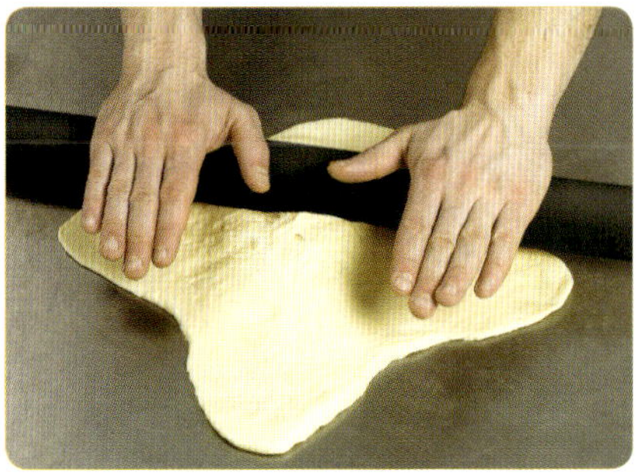

9 - Abrir as 4 pontas da bola com o rolo de massa, deixando o centro ligeiramente mais elevado. Desse modo a espessura da massa (ao envolver a manteiga) será a mesma no lado de cima e no de baixo.

10 - Cobrir a manteiga gelada com um filme plástico e amaciá-la com pancadas com o rolo de massa. Em seguida dar a ela uma forma quadrada, deixando-a com espessura de 1 cm.

11 - Apoiar a manteiga no centro da massa. Fechar as quatro extremidades em direção ao centro.

12 - A manteiga deverá ficar bem fechada na massa, para que não escape ao ser trabalhada posteriormente.

13 - Dar batidas leves na massa com o rolo de massa, para estendê-la um pouco.

14 - Estender a massa o mais regularmente possível, numa forma retangular.

15 - Retirar o excesso de farinha sobre a massa com a ajuda de uma vassourinha de cerdas longas e macias. (É muito importante fazer este procedimento sempre que se queira dar mais voltas na massa, pois, do contrário, as camadas de massa não unirão).

# Folhado rápido

1 - Peneirar a farinha sobre a mesa de trabalho.

2 - Fazer com a mão um oco no centro da farinha, de tamanho suficiente para conter os líquidos.

3 - Verter a água em que se diluiu o sal e a manteiga derretida no centro da farinha.

4 - Incorporar a farinha ao líquido, partindo do centro para fora. Misturar bem para que não se formem grumos.

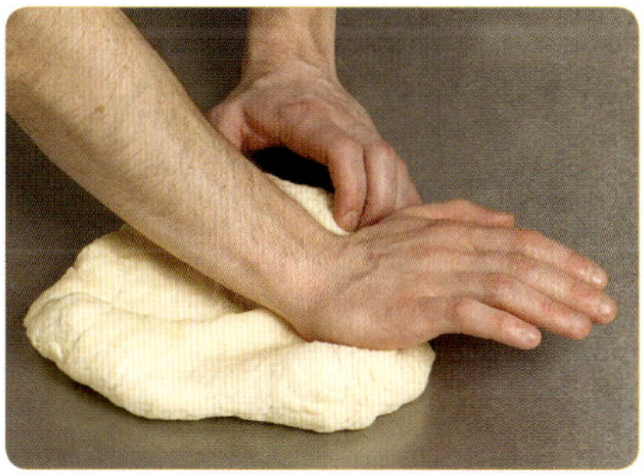

5 - Esticar a massa com a palma da mão.

6 - Incorporar ao bolo de massa a manteiga gelada, cortada em cubinhos.

**Dica**

*Depois de 2 voltas, levar a massa à geladeira durante 20 a 30 minutos. Utilizá-la após ter dado 4 voltas duplas ou 6 voltas simples.*

7 - Estender com um rolo de massa, o mais regularmente possível, em fôrma retangular. Dar voltas simples ou duplas.

# Folhado invertido

1 - Colocar farinha numa tigela, junto com a manteiga gelada cortada em cubos.

2 - Sovar até os ingredientes ficarem bem ligados.

3 - Dar à mistura de manteiga e farinha uma forma retangular, estendendo com o rolo de massa sobre uma mesa de trabalho enfarinhada. Levar à geladeira.

4 - Fazer a bola de massa do mesmo modo que no folhado básico. Arrumá-la estendida por cima da mistura de manteiga e farinha. (A bola deverá ter descansado entre uma hora e uma hora e meia.)

5 - Abrir com o rolo para dar um formato retangular.

6 - Dobrar a massa em terços iguais. Pode-se optar por voltas simples ou duplas.

**Dica**

*Ao serem dadas duas voltas, a massa deverá descansar na geladeira. No total devem ser dadas quatro voltas duplas ou seis voltas simples.*

# Voltas simples

1 - Dobrar a massa em terços iguais, elevando as extremidades na direção do centro.

2 - Uma volta simples. (É importante que a dobra fique sempre alinhada com um dos lados, antes de se estender outra vez a massa.) Estender a massa o mais regularmente possível, dando-lhe um formato retangular.

3 - Pressionar as duas extremidades com um rolo de massa. Dobrar outra vez em terços iguais. Levar à geladeira durante 1 hora, para a massa descansar. Repetir a operação mais 2 vezes. Depois de 2 voltas, levar à geladeira. No total, são dadas 6 voltas simples.

## Finalização

1 - Depois de acabar as voltas, estender a massa. Cortar as beiradas com uma faca de cozinha, para que o folhado cresça bem no forno.

2 - Furar a massa com uma carretilha com espetos (ou com os dentes de um garfo). Isso fará com que a massa cresça de maneira uniforme no forno.

3 - Apoiar o folhado sobre uma placa umedecida com água. A massa ficará grudada na placa e encolherá menos ao assar.

4 - Deixar descansar na geladeira por alguns minutos antes de assar no forno preaquecido a 200°C. Ao cortar a massa depois de assada, as várias camadas ficarão expostas.

# Voltas duplas

1 - Dobrar as duas extremidades em direção ao centro e unir as pontas.

2 - Dobrar a massa ao meio.

3 - Uma volta dupla.

**Dica**

*Cada volta dupla equivale a 1 e meia volta simples. Depois de 2 voltas duplas, levar a massa à geladeira por 1 hora. No total, são dadas 4 voltas duplas.*

## Finalização

Para concluir o trabalho, adota-se o mesmo procedimento que é utilizado para o folheado com voltas simples.

# Exemplo de utilização de folhados

*Vol-au-vent*

1 - Cortar discos de massa com um cortador redondo.

2 - Pincelar a superfície com ovo batido.

3 - Com um cortador menor, retirar o centro de outros discos e apoiar em cima das bases dispostas na assadeira. Pincelar outra vez com ovo batido. Levar ao forno a 200°C por 10 a 15 minutos.

4 - As massas folhadas aumentarão de volume no forno. Retirar quando estiverem com uma coloração dourada uniforme.

# Massa de empanadas

| Receita básica: | |
|---|---|
| Farinha de trigo | 1 kg |
| Gordura bovina refinada | 0,20 kg |
| Água ou caldo de cozimento | 0,50 litro |
| Sal | 0,010 kg |

1 - Colocar o sal sobre a farinha peneirada que se encontra na tigela de aço inoxidável.

2 - Juntar a gordura bovina refinada derretida, depois de fria.

3 - Verter a água aos poucos.

4 - Misturar a massa com a mão.

5 - Passar a massa para a mesa de trabalho, para facilitar a sova.

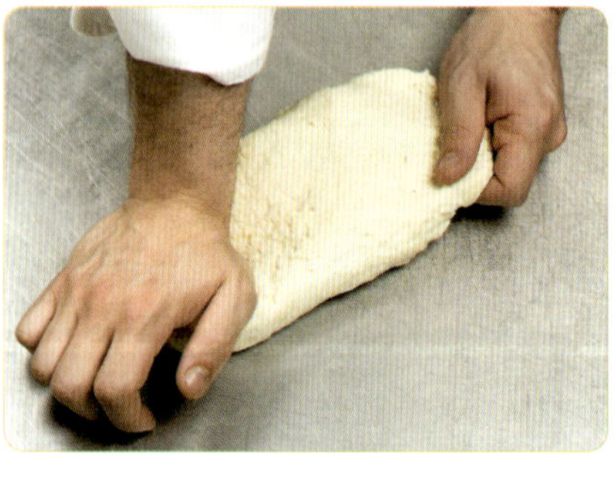

6 - Trabalhar a massa até que fique lisa e homogênea.

7 - Cortar a massa em pedaços pequenos e passá-la pela máquina de massas, para estender. (Pode-se usar também o rolo de massa.)

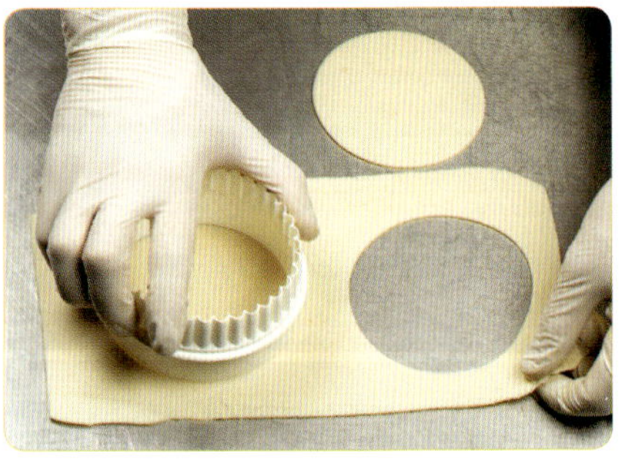

8 - Uma vez que a massa esteja na espessura desejada, cortar discos com um cortador redondo.

9 - Colocar o recheio escolhido no centro do disco.

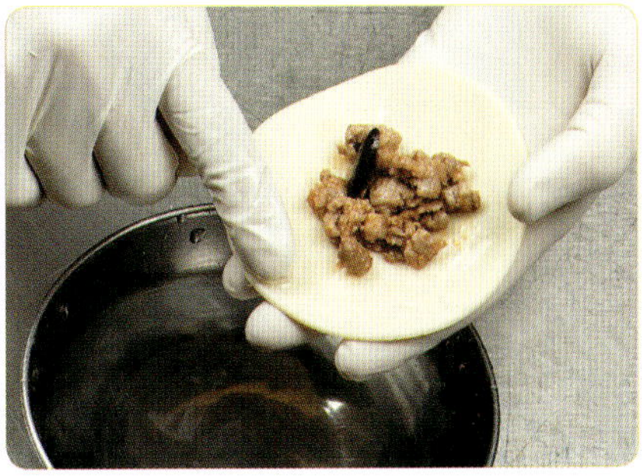

10 - Passar com o dedo um pouco de água na beirada da massa.

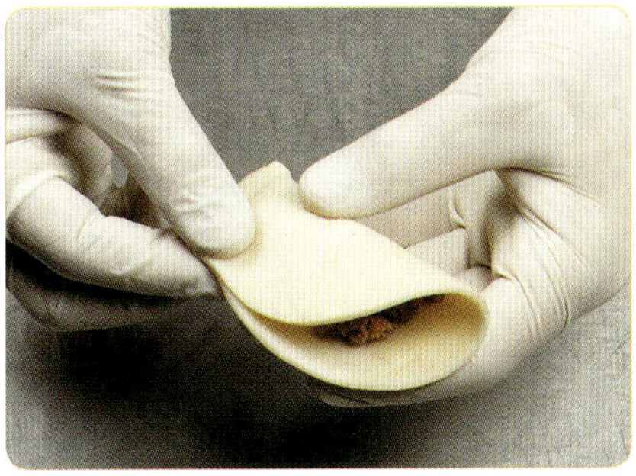

11 - Dobrar ao meio, pressionando bem as beiradas para fechá-las e para que o recheio não saia durante o cozimento da empanada.

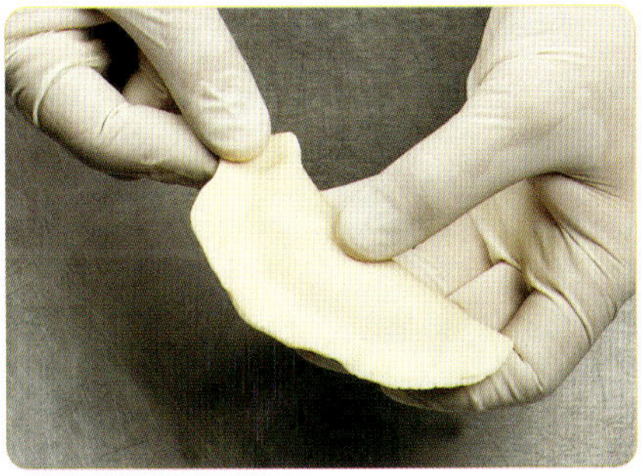

12 - Para melhor finalização, fazer uma borda com os polegares, começando em uma das extremidades.

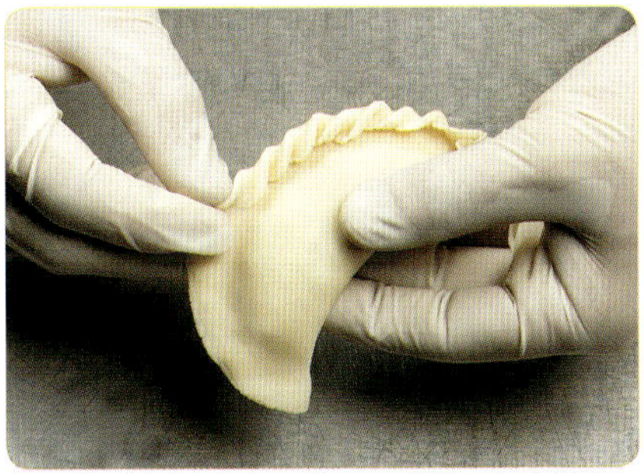

13 - Formar um cordão em torno da beirada.

14 - Fritar as empanadas em óleo ou gordura bovina entre 180ºC e 190ºC até que adquiram uma cor dourada uniforme. (As empanadas também podem ser assadas no forno.)

15 - Servir as empanadas quentes.

# Massas fermentadas

**As massas fermentadas utilizam fermento biológico fresco ou seco na sua elaboração. Para o correto crescimento da massa, certas precauções devem ser tomadas nas mais diversas etapas da preparação.**

As principais características desses tipos de massas são as grandes elasticidades e as texturas das cascas e dos miolos alveolados.
Ainda que os ingredientes possam variar um pouco, os métodos de preparação são praticamente os mesmos.
Existe o amassado direto e o amassado indireto.
O amassado direto apresenta certas vantagens, tais como: simplicidade no preparo e resultados bastante satisfatórios.
Este método é muito utilizado pelos padeiros, uma vez que a massa pode ser preparada com um dia de antecedência e ser mantida numa câmara refrigerada por períodos que podem variar de 6 a 24 horas.
Dessa maneira, a fermentação ocorre de uma forma mais lenta, fazendo com que as células das leveduras do fermento aumentem a acidez da massa, deixando-a esta mais firme e com um sabor melhor.
O amassado indireto, por sua vez, tem a vantagem de poder ser realizado quando não se tem muito tempo para desenvolver a fermentação.
O resultado final da massa é similar ao da massa feita pelo método anterior. Aqui se realiza uma mistura de fermento, farinha e água, e essa mistura (chamada de esponja) é então colocada para fermentar. Ao ser incorporada na massa que se queira preparar, a esponja já adiciona à massa a acidez necessária, sem a necessidade de longos períodos para fermentar a massa final.

# Massa de pizza de fôrma

1- Pôr o sal na farinha peneirada e misturar bem.

2 - Incorporar o fermento fresco no centro da farinha.

3 - Verter o azeite de oliva, ao lado do fermento.

4 - Acrescentar água morna.

5 - Misturar a massa com a ponta dos dedos, começando do centro para fora.

6 - Virar a massa na mesa de trabalho.

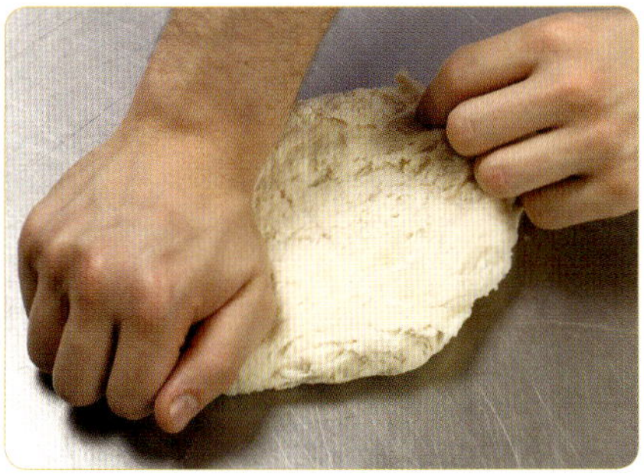

7 - Amassar bem até que a massa fique lisa e homogênea.

8 - Deixar a massa crescer, coberta com um filme plástico (para que o exterior não resseque), até duplicar de tamanho.

9 - Estender a massa com um rolo, ou com a mão, dando a ela uma forma circular.

10 - Untar levemente a fôrma de pizza com azeite.

11 – Colocar a massa dentro da fôrma.

12 - Cobrir com molho de tomate. Levar ao forno (220°C) para dar um cozimento prévio à massa. Em seguida retirar do forno, espalhar molho e, por cima, a cobertura da pizza.

13 - Polvilhar com queijo mozarela ralado (ou com o sabor desejado).

**Receita básica:**

| | |
|---|---|
| Farinha de trigo | 1 kg |
| Azeite de oliva | 0,020 litro |
| Fermento fresco | 0,050 kg |
| Água | aproximadamente 0,5 litro |
| Sal | a gosto |

*Calcular entre 0,280 kg e 0,350 kg de massa para uma fôrma grande e entre 0,180 kg e 0,250 kg de massa para uma fôrma pequena.*

14 - Levar outra vez ao forno, até que o queijo derreta. Servir quente.

# Massa de pizza na pedra

1 - Colocar o fermento na tigela junto com a farinha peneirada.

2 - Juntar o sal.

3 - Incorporar o azeite de oliva.

4 - Adicionar água.

5 - Misturar tudo com a ponta dos dedos, começando do centro para fora.

6 - Virar a massa na mesa de trabalho.

| Receita básica: | |
|---|---|
| Farinha de trigo | 1 kg |
| Azeite de oliva | 0,100 litro |
| Fermento fresco | 0,025 kg |
| Água | aproximadamente 0,5 litro |
| Sal | 0,020 kg |

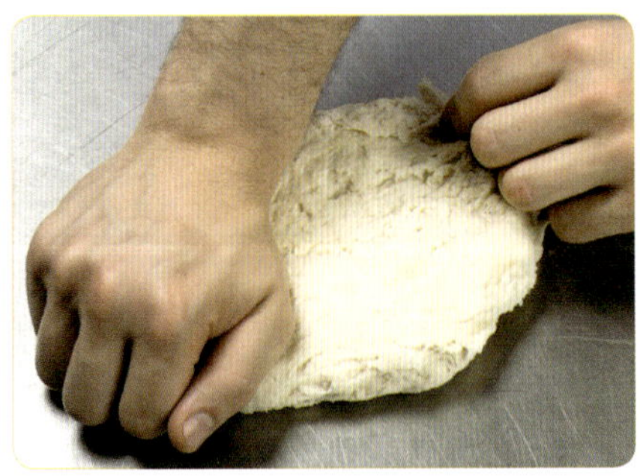

7 - Trabalhar a massa até que fique lisa e homogênea. Deixá-la crescer.

8 - Estender a massa bem fina com um rolo ou com a mão.

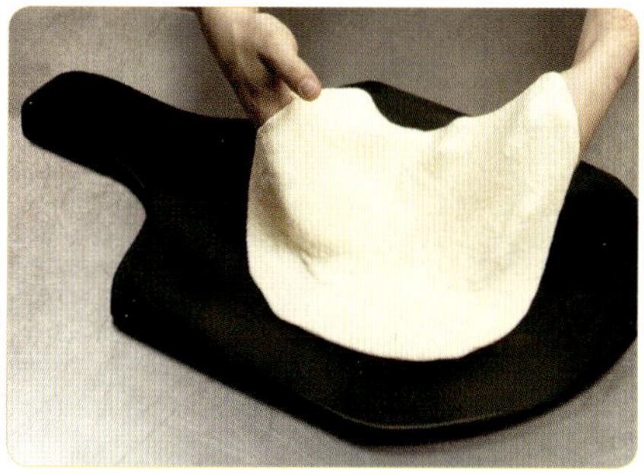

9 - Acomodar a massa sobre a pá de madeira e levá-la ao forno com base de pedra (220ºC).

10 - Retirar do forno assim que a base estiver ligeiramente dourada e pôr o molho de tomate.

11 - Espalhar o molho sobre toda a superfície com a concha.

12 - Cobrir com queijo mozarela (ou com o sabor desejado).

13 - Condimentar com um pouco de sal. Levar ao forno (220ºC) outra vez, para derreter o queijo.

14 - Retirar do forno e polvilhar com um pouco de orégano.

15 - Finalizar com algumas azeitonas. Cortar em porções e servir.

# *Calzone*

A massa utilizada para fazer o *calzone* pode ser tanto a de pizza de fôrma como a de pizza de pedra. *Calzone* era o nome utilizado para as calças usadas pelos homens da Sicília no século XVIII. A parte superior da calça tinha uma forma semicircular dos lados, enquanto que a parte inferior era ajustada à perna. Daí os *pizzaioli* sicilianos adotaram o nome e o formato para suas pizzas recheadas.

1 - Estender a massa na espessura desejada. Dar a ela uma forma circular. Pôr o recheio escolhido no centro.

2 - Condimentar com sal e pimenta, se for o caso.

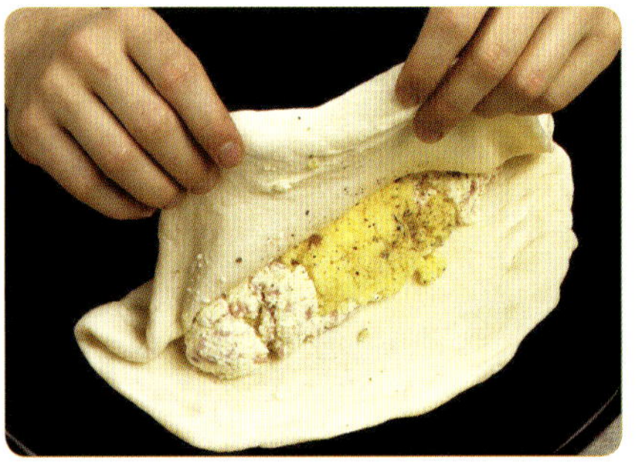

3 - Dobrar a massa ao meio, com o recheio em seu interior.

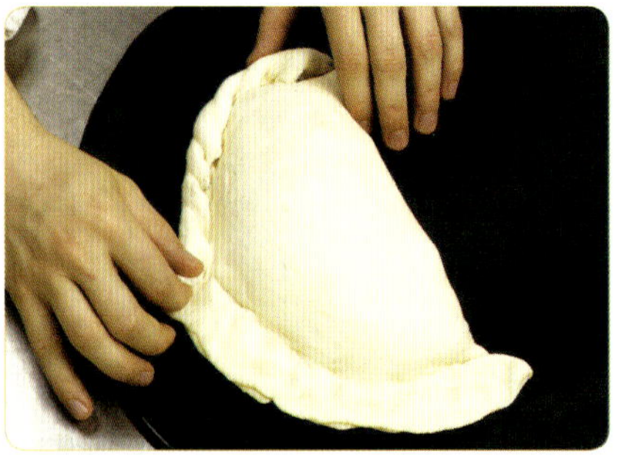

4 - Fechar, pressionando as beiradas da massa para dentro. Levar ao forno (220°C).

5 - Retirar do forno quando a massa tiver adquirido uma cor dourada uniforme.

# Lángos

São pães fritos típicos húngaros. Na Antiguidade, as famílias costumavam fazer pão todos os dias, e a massa que sobrava era cozida junto às chamas (*láng*, em húngaro), na boca do forno.
Hoje em dia, podem ser comidos na rua, nos postos ambulantes que fritam esses pães em óleo ou gordura e em seguida os servem acompanhados de recheios diversos ou simplesmente com creme azedo ou esfregado com alho, como em suas origens.

1 - Descascar as batatas já cozidas em água.

2 - Fazer um purê.

| Receita básica: | |
|---|---|
| Purê de batata | 0,300 kg |
| Farinha de trigo | 0,800 kg |
| Fermento fresco | 0,060 kg |
| Sal | 0,020 kg |
| Leite | 0,250 litro |
| Óleo para fritar | cerca de 1 litro |

3 - Incorporar a farinha peneirada.

4 - Juntar o fermento fresco no centro.

5 – Acrescentar o sal.

6 - Despejar o leite aos poucos no centro, até obter uma massa macia, que não fique pegajosa.

7 - Integrar os ingredientes do centro para fora, para que não se formem grumos.

8 - Virar a preparação na mesa de trabalho e amassar bem, até que os ingredientes estejam completamente unidos. Deixar a massa crescer até dobrar de volume.

9 - Repartir a massa em pedaços do mesmo tamanho.

10 - Estender as bolinhas de massa com um rolo, formando discos.

11 - Fritar em óleo quente.

12 - Assim que adquirirem uma cor dourada, retirar com uma escumadeira e secar sobre papel absorvente.

13 - Servir os *lángos* quentes.

**Dica**

*A massa também pode ser aromatizada com endro, presunto cozido, panceta frita, torresmos, entre outras opções.*

# Materiais

1. Frigideira
2. Tigela de aço inoxidável
3. Espátula de polietileno
4. Batedor de arame
5. Garfo

| Receita básica: | |
|---|---|
| Farinha de trigo | 0,100 kg |
| Ovos | 4 |
| Leite | 0,350 litro |
| Açúcar (se for panqueca doce) | 0,015 kg |
| Sal | 0,002 kg |
| Manteiga (derretida) | 0,020 kg |

**Dica**

*A quantidade de açúcar pode variar conforme o tipo de panqueca. A panqueca salgada não necessita de adição de açúcar.*

# Massas líquidas

# Panquecas

As primeiras menções às panquecas foram feitas pelo gastrônomo Apicius. Os romanos preparavam a massa utilizando uma mistura de ovos, leite, água e farinha de trigo; depois de fritas, as panquecas eram servidas com mel e pimenta-do-reino.

Ao longo dos anos, na Europa, as panquecas foram sempre associadas com a Páscoa, mas o ápice de seu consumo era no Mardi Gras, ou seja, na terça-feira de carnaval, o último dia antes do início da quaresma.

Hoje em dia, as panquecas (*crêpes*, em francês) são feitas com uma mistura de farinha de trigo, ovos e leite; a massa obtida é então cozida em uma frigideira plana ou em chapas próprias untadas com um pouco de gordura. Elas são consumidas polvilhadas com açúcar de confeiteiro ou servidas com recheios doces ou salgados.

1 - Juntar numa tigela o açúcar e o sal com a farinha peneirada.

2 - Incorporar os ovos aos poucos. Misturar com um batedor de arame.

3 - Acrescentar o leite, batendo sem parar para que não se formem grumos na preparação.

4 - Por último, acrescentar a manteiga derretida e unir a mistura.

5 - Pôr um pouco de manteiga derretida em uma frigideira antiaderente para panqueca.

6 - Verter a massa com uma concha sobre a frigideira. Espalhar bem por toda a superfície e cozinhar em fogo médio.

7 - Uma vez que a panqueca tenha adquirido cor na base, virá-la para cozinhar do outro lado.

8 - Retirar e pôr num prato.

9 - Podem ser servidas com recheios doces ou salgados, tanto frias como quentes.

# Massas semilíquidas

**Receita básica:**

| Opção 1 | |
|---|---|
| Fermento fresco | 0,012 kg |
| Leite morno | 0,150 litro |
| Açúcar | 0,005 kg |
| Farinha de trigo | 0,120 kg |
| Ovos | 2 |
| Manteiga (derretida) | 0,040 kg |
| Sal | 1 pitada |

| Opção 2 | |
|---|---|
| Fermento seco | 0,005 kg |
| Leite morno | 0,160 litro |
| Açúcar | 0,005 kg |
| Farinha de trigo | 0,070 kg |
| Farinha de trigo sarraceno | 0,050 kg |
| Ovos | 2 |
| Manteiga (derretida) | 0,050 kg |
| Sal | 1 pitada |

**Dica**

*O trigo sarraceno é assim chamado mas, na verdade, não é trigo. É um outro tipo de cereal, que pertence a uma família diferente da do trigo comum. Também é conhecido como* cashe *(*kashe*), sendo utilizado para fazer uma papa tradicional nas cozinhas polonesa e judaica.*

# Massa de *blini*

*Blini*, em russo, é o plural de *blin*, que significa pequena panqueca.Os *blini* são importantes no hábito alimentar russo e sua origem data da Idade Média. Durante o *Maslenitsa* (festival da manteiga), que se realiza uma semana antes da Quaresma, os *blini* são consumidos duas vezes por dia. Com10 cm de diâmetro e 1 cm de espessura são servidos quentes, acompanhados de manteiga, arenques defumados, ovos picados ou caviar com creme azedo.
A receita autêntica é feita com farinha de trigo sarraceno, mas hoje em dia, para que fiquem mais leves, essa farinha é misturada com farinha de trigo.

1 - Dissolver o fermento no leite morno.

2 - Pôr a farinha peneirada numa tigela com o açúcar, as gemas e o sal.

3 - Juntar o leite ainda morno, aos poucos, e continuar batendo, para que não se formem grumos.

4 - A mistura deverá ficar lisa e sem grumos.

5 - Cobrir com um filme plástico. Deixar descansar por 30 minutos.

6 - Uma vez crescida a massa, retirar o filme plástico.

7 - Incorporar a manteiga derretida, depois de fria. Misturar bem.

8 - Por último, acrescentar as claras batidas em neve, envolvendo delicadamente.

9 - A massa deverá ficar espessa e espumosa.

10 - Pôr a preparação numa frigideira pequena, antiaderente. Cozinhar em fogo médio.

11 - Virar o *blin* para cozinhar dos dois lados.

12 - Retirar da frigideira e passar para uma grade metálica. Servir quente.

# Massas para fritar

## Massa de *beignet*

**Essa massa pode ser utilizada para cobrir todo tipo de ingredientes, como verduras, carnes, aves, peixes, frutas, que em seguida serão fritos em óleo.**

| Receita básica: | |
|---|---|
| Farinha de trigo | 0,225 kg |
| Cerveja clara | 0,200 litro |
| Amido de milho | 0,007 kg |
| Gemas | 3 |
| Óleo neutro | 0,010 kg |
| Sal | 0,005 kg |
| Claras (em neve) | 3 |
| Óleo | 0,500 litro |

1 - Juntar o sal com a farinha peneirada e o amido de milho.

2 - Incorporar as gemas, aos poucos, no centro. Misturar com o batedor de arame. Em seguida acrescentar o óleo neutro.

3 - Juntar a cerveja à mistura. Bater bem, certificando-se de que não fiquem grumos.

4 - Por último, incorporar as claras batidas em neve, envolvendo delicadamente. (Ter o cuidado de não misturar demais, senão a preparação murcha.)

5 - Cobrir o ingrediente desejado com a mistura de *beignet* (neste caso, rodelas de maçã).

6 - Fritar em óleo entre 160ºC e 170ºC, até que adquiram uma cor dourada uniforme. Retirar e escorrer sobre papel absorvente.

7 - Caso os *beignets* sejam doces, passá-los em açúcar.

8 - Servir de preferência quentes ou mornos.

# *Massa de galette* (bolinho) de milho

O nome *galette* vem da palavra francesa *galet*, que significa "pedra plana", e daí também vem seu formato. Pode ser feito à base de cevada ou de milho.

| Receita básica: | |
|---|---|
| Ovos | 10 |
| Farinha de trigo | 0,500 kg |
| Leite | 0,500 litro |
| Milho cremoso | 0,300 kg |
| Milho em grãos | 0,100 kg |
| Sal | 0,01 kg |
| Pimenta | 1 pitada |
| Manteiga (para cozinhar) | quanto baste |

1 - Colocar os ovos dentro de uma tigela.

2- Incorporar a farinha peneirada.

3 - Unir os ingredientes com um batedor.

4 - Acrescentar o leite aos poucos, mexendo.

5 - Misturar os ingredientes.

6 - Acrescentar o milho cremoso.

**Dica**

*Milho cremoso é milho-verde batido no liquidificador, no processador ou ralado.*

7 - Juntar o milho em grãos.

8 - Temperar com sal e pimenta.

9 - Verter a mistura com a ajuda de uma concha numa frigideira pequena com manteiga derretida.

10 - Cozinhar em fogo médio.
Uma vez adquirida uma coloração dourada, virar e terminar o cozimento do outro lado.

11 - Podem ser servidos como guarnição de uma refeição ou como entrada ou aperitivo, junto com uma salada.

# Massa de bomba (*pâte à choux*)

| Receita básica: | |
|---|---|
| Água | 0,330 litro |
| Manteiga sem sal | 0,130 kg |
| Sal | 0,004 kg |
| Açúcar | 0,004 kg |
| Farinha de trigo | 0,200 kg |
| Ovos (de 50 g) | 4 a 6 |

### Bomba (*pâte à choux*)

Podemos explicar a técnica da massa de bomba da seguinte maneira:

- Durante a primeira parte do preparo (sobre o fogão), procura-se desidratar a mistura da massa de bomba (água, gordura, sal e farinha), extraindo uma parte do líquido e transformando o amido da farinha em um grude espesso.

Em seguida incorporam-se os ovos.

- Durante a segunda parte do preparo (no forno), a água contida na massa se transformará em vapor e os ovos começarão a coagular, formando uma camada externa impermeável sobre a massa, que manterá o vapor em seu interior.

O vapor tentará escapar da massa, empurrando as paredes internas e fazendo com que ela estufe.

1 - Pôr a água, a manteiga, o açúcar e o sal numa panela.

2 - Levar à ebulição.

3 - Incorporar a farinha peneirada de uma só vez.

4 - Misturar energicamente com o fogo apagado para a massa secar.

5 - Levar a massa outra vez ao fogo e mexer até que solte das paredes da panela.

6 - Verter a massa cozida dentro de uma tigela de aço inoxidável.

7 - Adicionar os ovos aos poucos, mexendo sem parar, para que se incorporem à preparação.

8 - A massa de bomba deverá ficar em ponto de fita.

9 - Dar a forma desejada, com um saco de confeiteiro com bico liso, sobre uma assadeira untada com manteiga.

10 - Alisar a superfície com ovo batido. Levar ao forno a 200°C. Assar até que tomem uma cor dourada uniforme.

11 - A massa de bomba pode ser servida com recheios doces ou salgados, conforme se queira.

# Materiais

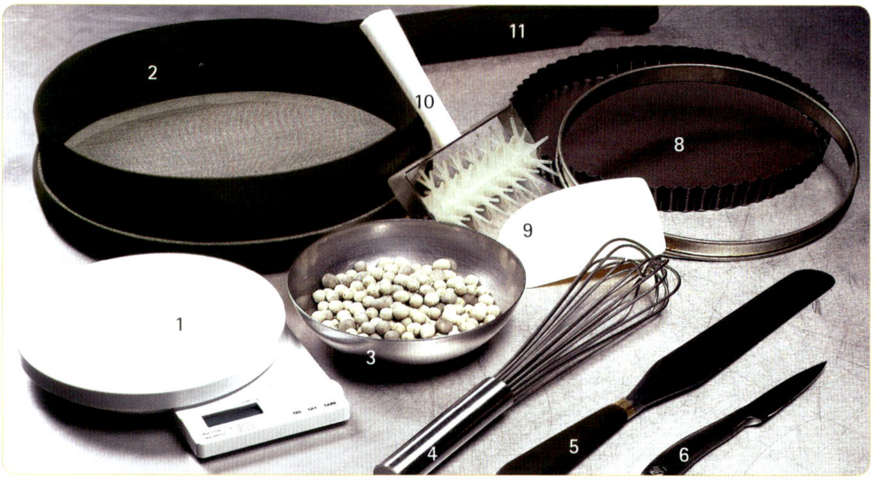


1. Balança
2. Peneira
3. Bolinhas de cerâmica
4. Batedor de arame
5. Espátula metálica
6. Faca de cozinha
7. Aro metálico
8. Fôrma de torta
9. Raspador plástico
10. Carretilha com espetos (*pique-vite*)
11. Rolo de massa

# Massas quebradiças

No grupo das massas quebradiças podemos destacar quatro variedades: a massa base, a massa *sablé*, a massa açucarada e a massa de torta Lintzer.Todas têm em comum a textura, podendo ser mais ou menos quebradiças conforme o teor de gordura e o método de elaboração.

Há dois métodos para se preparar uma massa quebradiça:
- Por *sablage*.
- Por *crémage*.

Por *sablage*:
A manteiga fria é misturada à farinha e se obtém um granulado semelhante a "areia" (*sable*). Desse modo, a farinha fica impermeabilizada e evita-se que ela absorva rapidamente os líquidos, dando mais consistência à massa final.

Por *crémage*:
Os líquidos são emulsionados com a gordura e o açúcar, juntando-se a farinha por último. Esse método é utilizado para massas doces, já que os líquidos não são absorvidos tão rapidamente pela farinha e pode-se evitar que as massas fiquem elásticas.

| Diâmetro do aro a ser utilizado | Peso da massa | Espessura da massa |
|---|---|---|
| 100 mm | 50 g | 2 mm |
| 120 mm | 70 g | 2 mm |
| 140 mm | 100 g | 2 mm |
| 160 mm | 120 g | 2 mm |
| 180 mm | 150 g | 2,5 mm |
| 200 mm | 200 g | 2,5 mm |
| 220 mm | 250 g | 3 mm |
| 240 mm | 300 g | 3 mm |
| 260 mm | 320 g | 3 mm |
| 280 mm | 350 g | 3 mm |
| 300 mm | 400 g | 3 mm |
| 320 mm | 450 g | 3 mm |
| 340 mm | 500 g | 3,5 mm |

# Massa podre ( *pâte brisée salée* )

## Método de *sablage*

| Receita básica para 1 disco de 28 cm de diâmetro: | |
|---|---|
| Farinha de trigo | 0,200 kg |
| Sal | 0,005 kg |
| Manteiga sem sal | 0,100 kg |
| Ovo | 1 |
| Água | 0,030 litro |

1 - Peneirar a farinha com o sal.

2 - Incorporar a manteiga fria cortada em cubos. Trabalhar com um raspador plástico.

3- Dar à massa uma textura arenosa com as mãos (devem permanecer grânulos pequenos)

4 - Acrescentar o ovo batido. Unir com o raspador. A água deve entrar aqui, batida com o ovo.

5 - Virar a preparação na mesa de trabalho e amassar com a palma da mão. Repetir a operação 2 a 3 vezes.

6 - Cobrir a massa com um filme plástico. Levar à geladeira por, no mínimo, 1 hora antes de utilizar.

7 - Untar com manteiga o aro que se vai utilizar.

8 - Trabalhar a massa gelada antes de abri-la.

# Massa açucarada

## Método de *crémage*

| Receita básica para 1 disco de 24 cm de diâmetro: | |
|---|---|
| Farinha de trigo | 0,125 kg |
| Sal fino (opcional) | 0,001 kg |
| Açúcar de confeiteiro | 0,060 Kg |
| Manteiga sem sal | 0,070 kg |
| Gemas | 2 |

1 - Bater a manteiga até obter uma consistência de creme.

2 - Peneirar o açúcar de confeiteiro sobre a manteiga e misturar bem com o batedor.

3 - Incorporar as gemas aos poucos, misturando bem após cada adição.

4 - Peneirar a farinha com o sal sobre a mistura.

5 - Unir os ingredientes com um raspador plástico.

6 - Verter a preparação sobre a mesa de trabalho.

7 - Sovar a massa com a palma da mão. Repetir a operação 2 ou 3 vezes. A massa deverá ficar lisa e homogênea.

8 - Envolver a massa com um filme plástico. Levar ao refrigerador. Deixar descansar por pelo menos 1 hora antes de utilizar.

# Como forrar o aro para tortas

1 - Abrir a massa com um rolo. Girar 1/4 de volta entre cada passada do rolo.

2 - Furar com a carretilha (ou com um garfo).

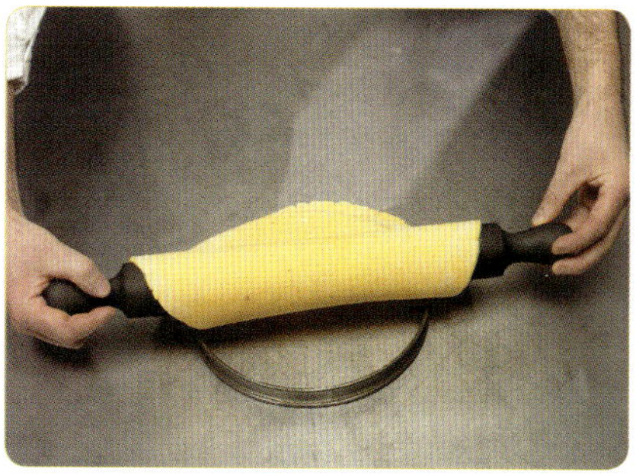

3 - Enrolar a massa em torno do rolo e ajeitá-la em cima do aro para tortas.

4 - Acomodar a massa no aro com as mãos (*foncer*).

5 - Cortar o excesso de massa, passando o rolo por cima do aro.

6 - Levar à geladeira por, no mínimo, 1 hora.

7 - Apoiar o aro com a massa sobre uma assadeira. Pôr dentro da massa um papel manteiga e cobrir com bolinhas de cerâmica ou leguminosas (feijão, lentilhas). Levar ao forno.

8 - Assar em branco (cozimento prévio sem recheio), caso se deseje utilizar algum recheio que deva ser cozido.

9 - Assar por completo, caso a torta seja recheada com ingredientes que não necessitem de cozimento posterior.

# 7

# Pastas

Pastas com ovos | Pastas multicoloridas | *Spätzle*

Nhoque | *Rondelli* | *Servietten knödel*

# Materiais

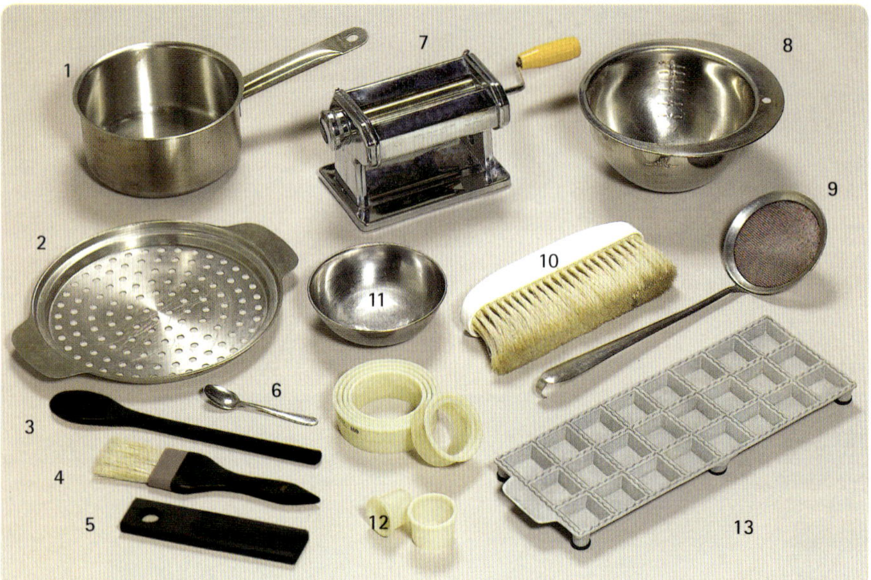


1. Panela
2. Dispositivo para *spätzle*
3. Colher de polietileno
4. Pincel
5. Tábua para nhoque
6. Colher
7. Máquina para abrir pastas
8. Tigela
9. Escumadeira
10. Escova
11. Tigela pequena
12. Cortadores
13. Fôrma metálica para ravióli

# Pastas com ovos e variantes

| Receita básica para 10 pessoas: | |
|---|---|
| Farinha de trigo | 1 kg |
| Ovos | 10 |
| Sal | 0,02 kg |
| Óleo | 0,05 litro |
| Água | 0,05 litro |

1 - Colocar os ovos no centro de uma tigela com a farinha peneirada.

2 - Incorporar a água e o óleo na preparação.

**Dica**

*No Brasil, é comum utilizar a denominação massa para designar as mais diversas preparações feitas à base de farinha. Pizza, macarrão, pastel – tudo para nós entra no grupo das massas. Já no exterior, em países da Europa ou mesmo nos vizinhos sul-americanos, por exemplo, há uma variação de nomenclatura e uma distinção entre massa e pasta. No grupo das pastas entram os diversos tipos de macarrão, lasanhas,* rondellis. *E como massas, são entendidas as preparações das famílias das pizzas e dos pastéis.*

*Obs.: Nesta edição, optou-se por manter a divisão adotada na versão original do livro, com um grupo de receitas de pastas e outro de massas.*

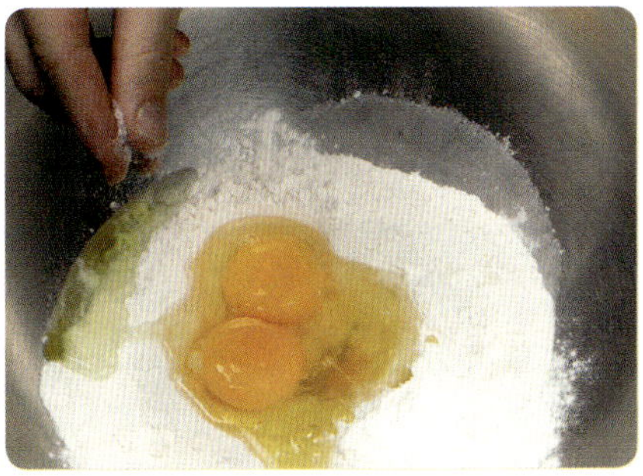

3 - Acrescentar o sal.

4 - Misturar bem todos os ingredientes com uma colher.

5 - Retirar a massa da tigela e transferi-la para a mesa de trabalho.

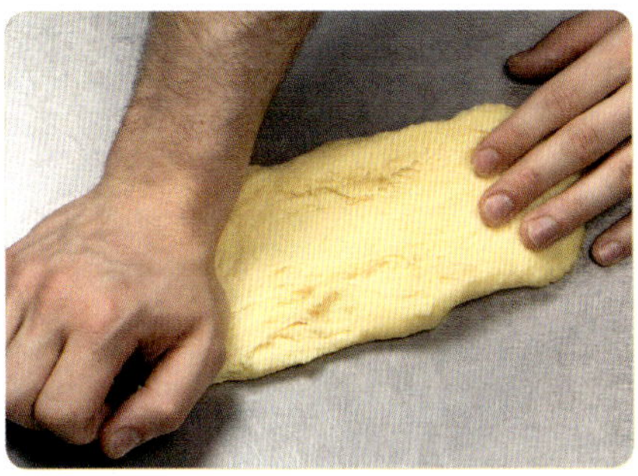

6 - Abrir a massa com a palma da mão.

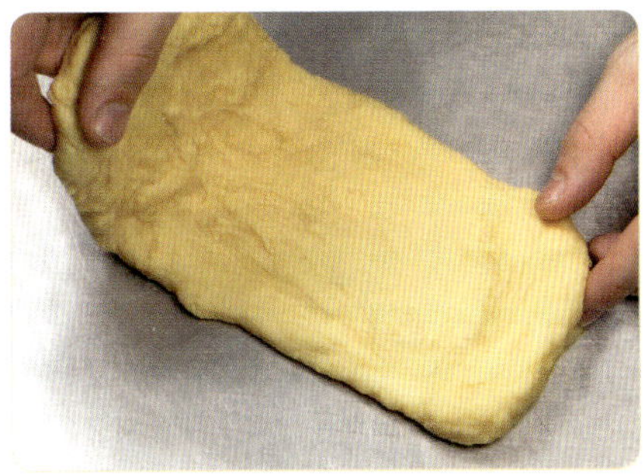

7 - Juntar a massa e repetir a operação.

8 - Sovar a massa até que ela fique lisa e homogênea. Deixar descansar por 20 minutos aproximadamente, coberta com um filme plástico.

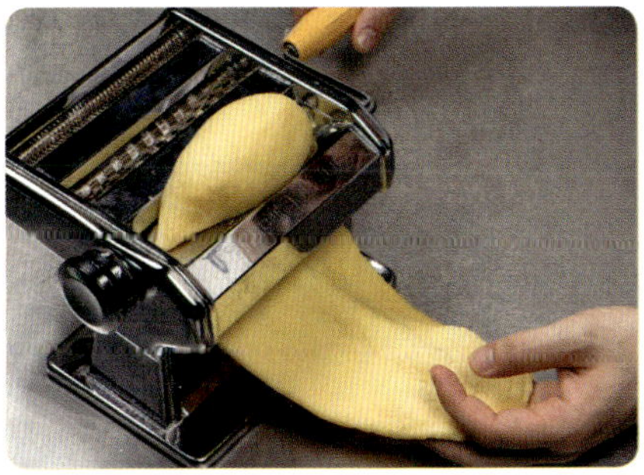

9 - Passar pela máquina de pastas.

10 - Abrir a massa até que fique bem fina. Em seguida dar a forma desejada.

**Dica**

*Caso se queira dar uma cor ou sabor especial à massa, podem-se acrescentar determinados elementos, como por exemplo:*

- *Pasta verde: clorofila, espinafre em pó, acelga.*
- *Pasta vermelha: extrato de tomate, purê de pimentão vermelho.*
- *Pasta amarela: açafrão em pó, açafrão em filamentos, cúrcuma.*
- *Pasta preta: tinta de lula.*

# Pasta com ovos aromatizada

1 - Juntar os ovos no centro de uma tigela contendo a farinha peneirada.

2 - Acrescentar o óleo e a água.

3 - Incorporar o aromatizante desejado (neste caso, extrato de tomate).

4 - Misturar os ingredientes com uma colher.

5 - Terminar de ligar a massa com a mão.

6 - Transferir a massa para a mesa de trabalho.

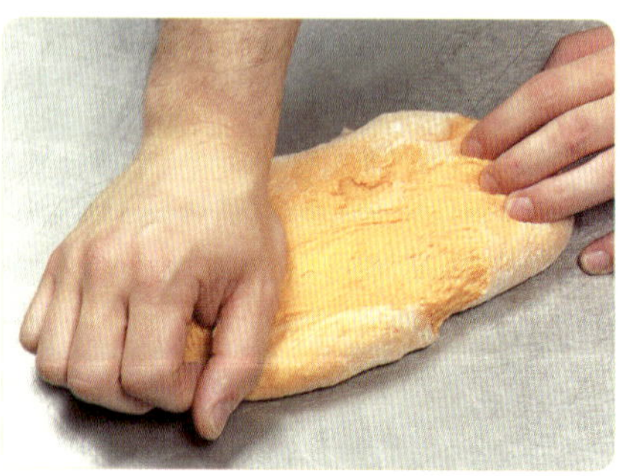

7 - Sovar bem.

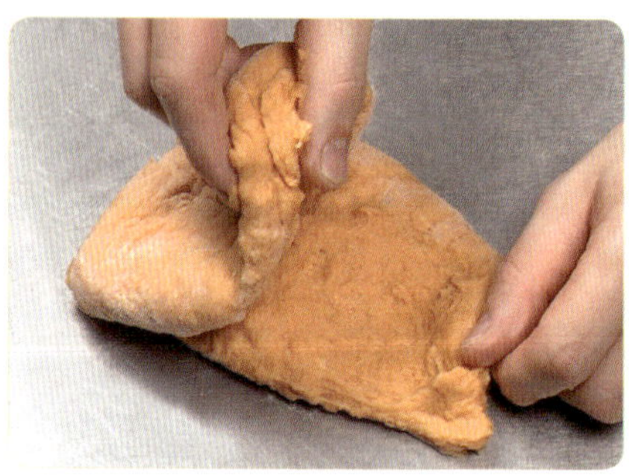

8 - Dobrar a massa ao meio. Abrir e tornar a dobrar. Repetir a operação até que fique lisa e homogênea.

9 - Uma vez que a massa esteja pronta, abri-la com o rolo ou com a máquina de pastas.

**Dica**

*Caso se incorporem corantes com alto grau de umidade, poderá se subtrair o peso correspondente dos ovos ou da água na receita de pasta.*

# *Tagliatelle*

1 - Enrolar a massa, partindo das extremidades para o centro.

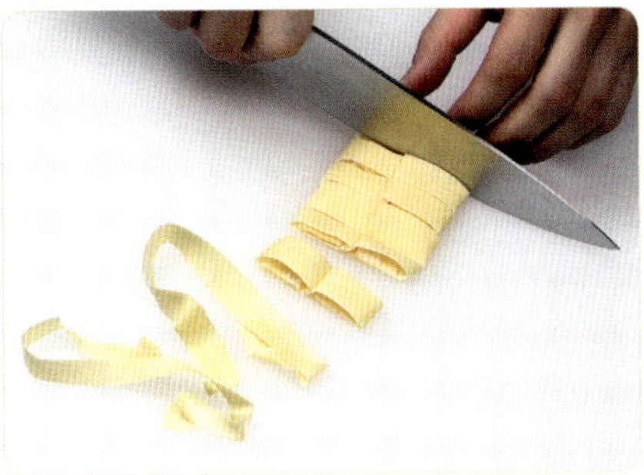

2 - Cortar em tiras de 1 cm de largura com uma faca.

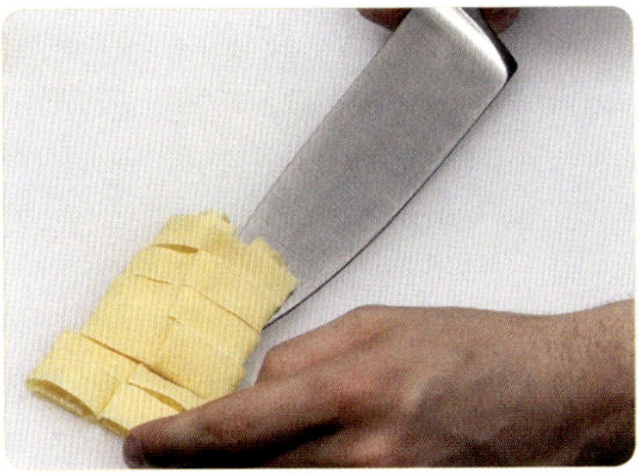

3 - Passar as costas da faca por baixo das tiras.

4 - Levantar a faca e sacudir delicadamente para desenrolar o *tagliatelle*.

# Gravatinha (*farfale*)

1 - Cortar as beiradas da massa com uma carretilha afiada.

2 - Passar uma carretilha com bordas onduladas sobre a massa, formando quadrados.

3 - Pressionar a massa, unindo-a no centro para formar a gravatinha. Deixar secar sobre uma tela em um lugar arejado antes de cozinhar.

# Sorrentino

1 - Polvilhar a fôrma para *sorrentinos* com farinha.

2 - Colocar um pedaço de massa já estendida sobre a fôrma.

3 - Dispor um pouco de recheio no centro de cada *sorrentino*.

4 - Pincelar com água a superfície da massa que vai servir de tampa.

5 - Cobrir a fôrma de *sorrentinos* com a massa.

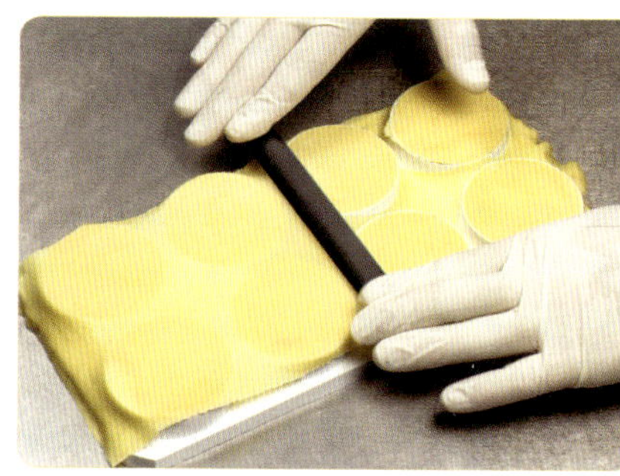

6 - Passar por cima um rolo de massa pequeno, fazendo uma leve pressão.

7 - Retirar o excedente de massa.

8 - Desenformar com uma pancada seca contra a mesa.

# Ravióli

1 - Apoiar uma lâmina de massa sobre a fôrma para raviólis, previamente polvilhada com farinha.

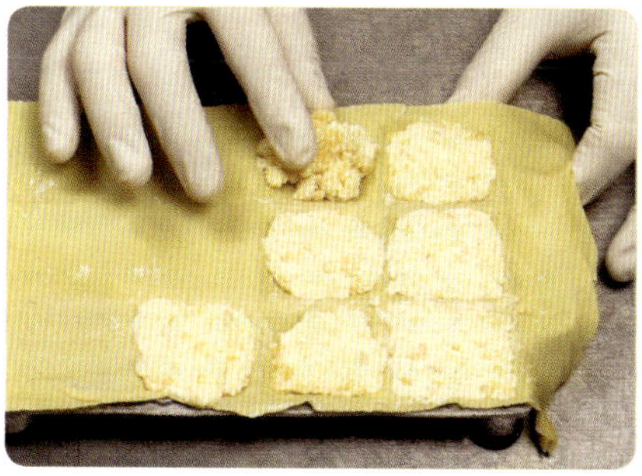

2 - Colocar o recheio desejado.

3 - Cobrir com uma lâmina de massa ligeiramente umedecida com água.

4 - Passar por cima um rolo de massa pequeno para cortar os raviólis.

5 - Desenformar dando pancadas sobre a mesa.

# Capeletti

1 - Cortar discos de massa (estendida fina) com um cortador redondo.

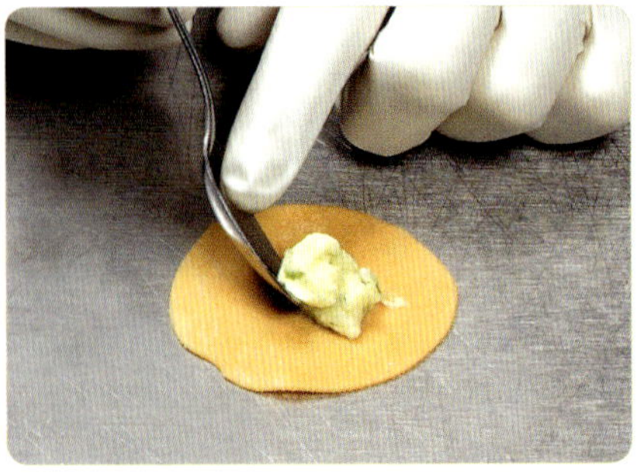

2 - Colocar um pouco de recheio no centro de cada disco.

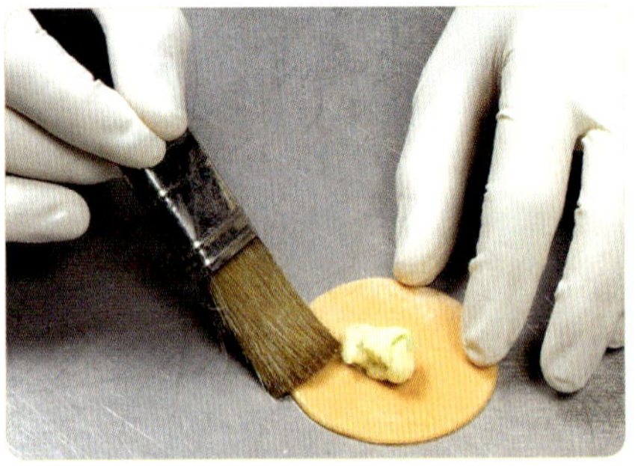

3 - Umedecer as bordas com água, usando um pincel.

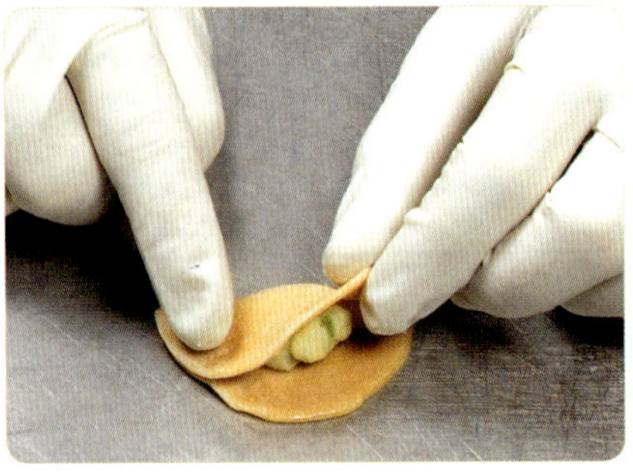

4 - Dobrar ao meio e pressionar bem as beiradas.

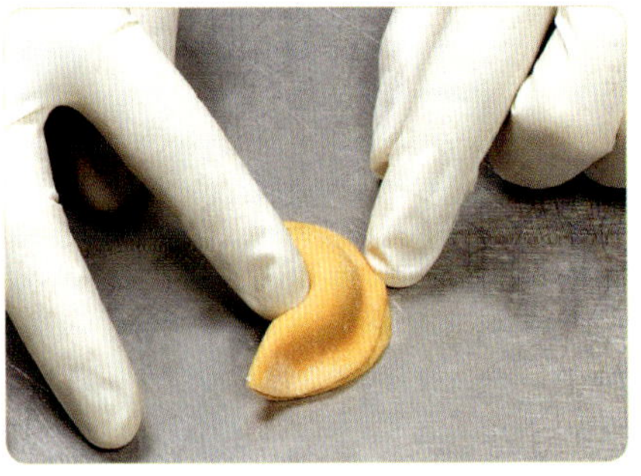

5 - Marcar o centro, para poder unir as extremidades mais facilmente.

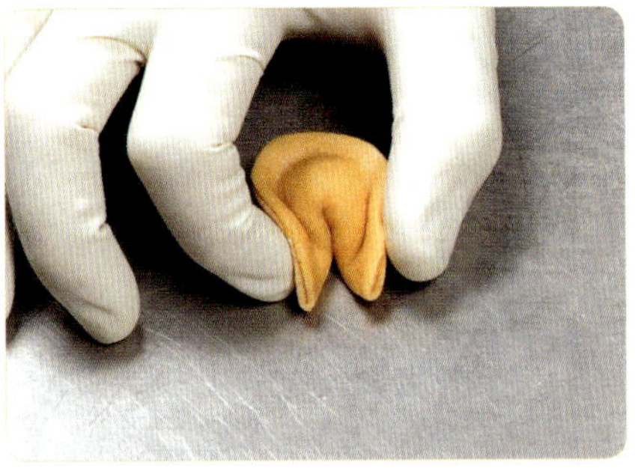

6 - Unir as extremidades.

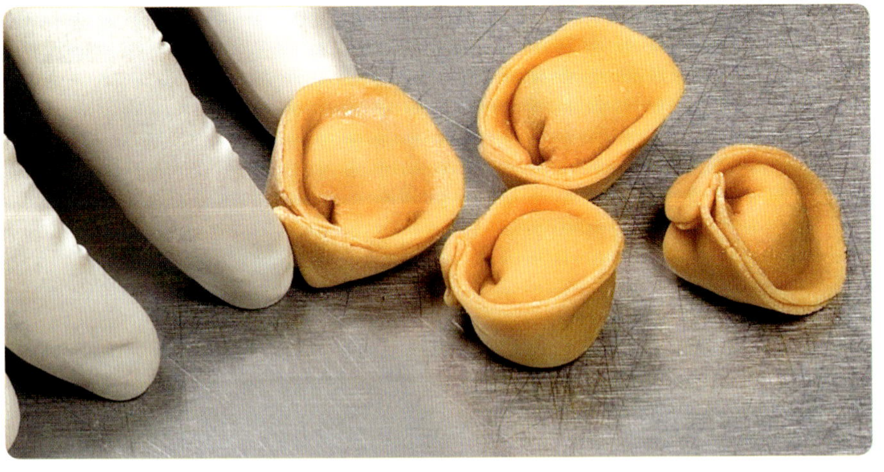

7 - Grudar as pontas e levá-los para ferver em água com sal por cerca de 6 a 10 minutos.

# *Tortelli*

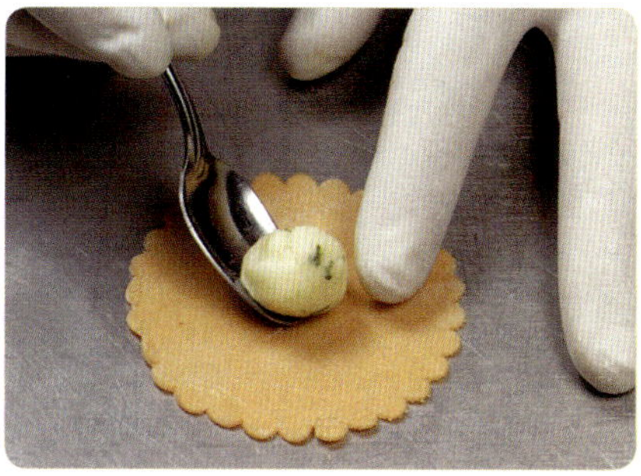

1 - Colocar o recheio no centro de um disco de massa, com as beiradas onduladas, cortadas com a carretilha.

2 - Pincelar as bordas com água.

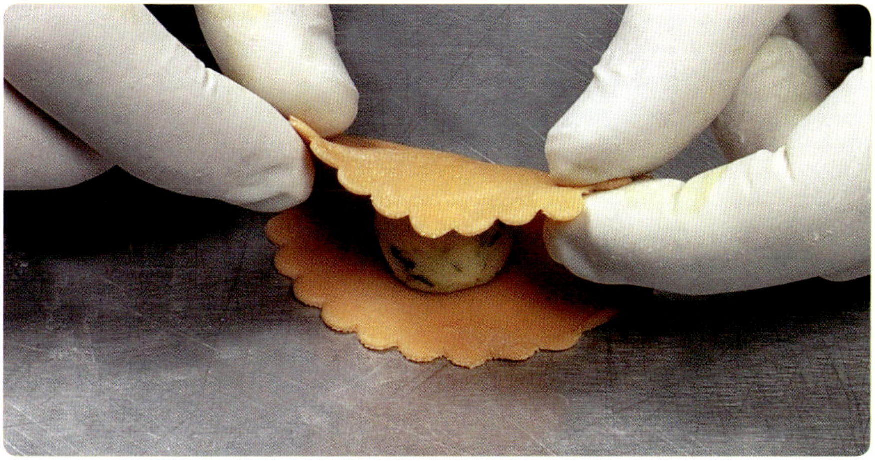

3 - Dobrar a massa ao meio.

4 - Pressionar bem as beiradas para que o recheio não escape.

# Pastas multicoloridas

## 1º método

1 - Cortar tiras de pastas de várias cores.

2 - Pincelar com água a pasta que servirá de base para grudar as tiras coloridas.

3 - Colar as tiras de cores diferentes, formando o desenho que se desejar.

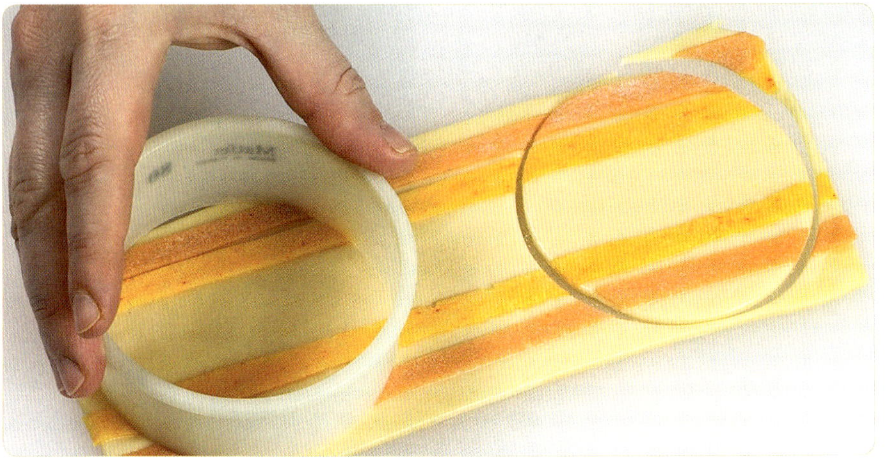

4 - Cortar a pasta na forma desejada.

5 - A massa pode ser utilizada para fazer raviòli, *sorrentino*, *capeletti* ou outras variedades de pastas.

## 2º método

1 - Pincelar com água uma tira larga de massa.

2 - Apoiar sobre ela uma massa de outra cor, do mesmo comprimento e largura. Pincelar com água.

3 - Colocar por cima outra massa colorida. Ir intercalando massas de cores diferentes, conforme o efeito final que se queira dar.

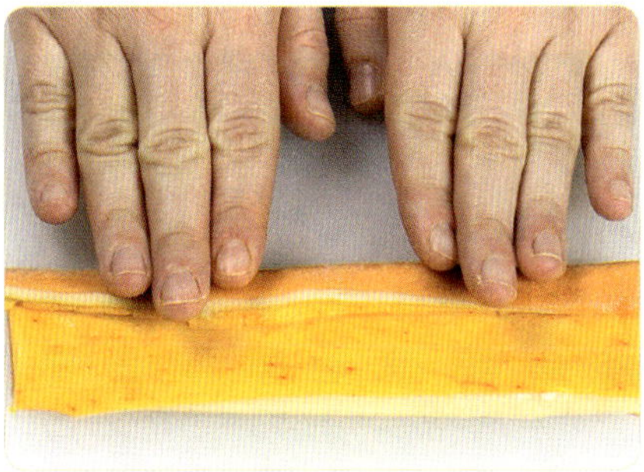

4 - Pincelar novamente com água e enrolar, certificando-se de que a massa fique bem unida.

5 - Cortar porções da espessura desejada.

6 - Abrir, deixando a massa bem fina. Essa variante pode ser cortada em seguida para receber a forma desejada. O efeito final será um marmorizado irregular.

# Spätzle

| Receita básica para 5 pessoas: | |
|---|---|
| Farinha de trigo | 1 kg |
| Ovos | 4 |
| Leite | 0,25 litro |
| Sal | 0,01 kg |
| Água | 5 litros |

1 - Colocar os ovos dentro de uma tigela com farinha peneirada e juntar o leite.

2 - Acrescentar o sal.

3 - Começar misturando os ingredientes do centro para as bordas. Se necessário, acrescentar um pouco de água.

4 - Bater bem com a mão. A massa estará pronta quando estiver lisa, sem estar pegajosa.

5 - Colocar o escorredor de *spätzle* em cima de uma panela com água fervendo e sal.

6 - Verter a massa sobre o escorredor.

7 - Passar uma espátula para que a massa caia na água.

8 - Assim que subirem à superfície, retire os *spätzle* com uma escumadeira. Refogar na manteiga ou servir com algum molho.

**Dica**

*A função do escorredor de spätzle é separar a massa em fios, ou seja, em formato de spätzle.*

# Nhoque de batata

| Receita básica para 5 pessoas: | |
|---|---|
| Batata | 1 kg |
| Farinha de trigo | 0,165 kg |
| Amido de milho | 0,080 kg |
| Ovo | 1 |
| Sal | 0,15 kg |
| Pimenta | quanto baste |
| Noz-moscada | quanto baste |

1 - Colocar o purê de batata frio em uma tigela e incorporar o ovo.

2 - Peneirar a farinha com o amido de milho dentro da tigela. Temperar com sal, pimenta e noz-moscada.

3 - Unir os ingredientes sem amassar demais (senão será necessária uma quantidade maior de farinha e os nhoques ficarão duros depois de cozidos).

4 - Transferir a massa para a mesa polvilhada com um pouco de farinha de trigo.

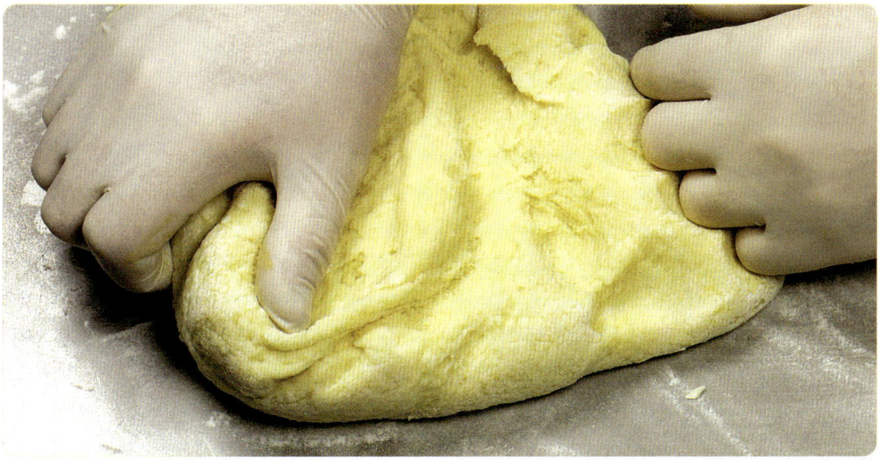

5 - Amassar durante alguns minutos.

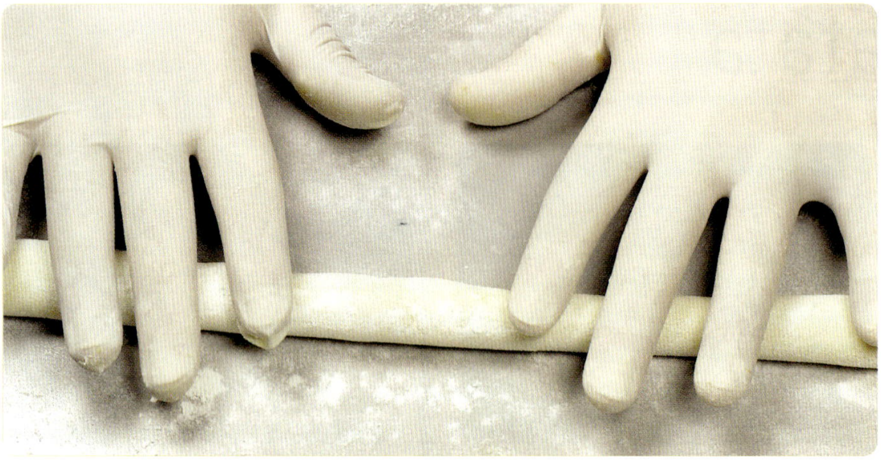

6 - Formar cilindros com a massa.

7 - Cortar cada cilindro em pedaços de 2 cm de comprimento.

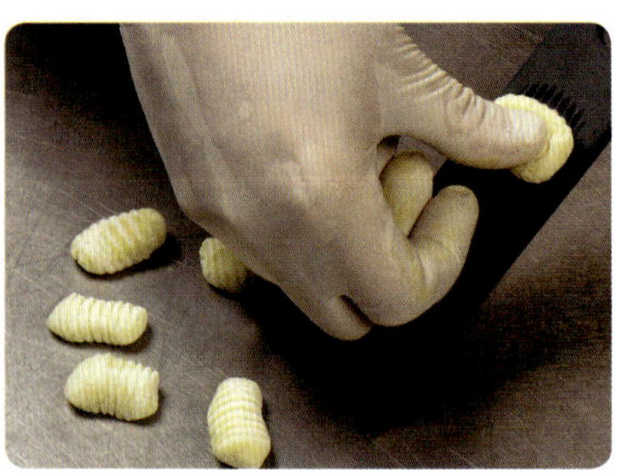

8 - Passar os nhoques pela chapa de fresagem, fazendo uma leve pressão com o polegar.

9 - Certificar-se de que ficou uma cavidade no interior deles.

# Nhoque suflê

O nhoque suflê é feito com uma base de massa *choux* ou massa de bomba, à qual se junta o sabor desejado (ver massa de bomba na página 140).

1 - Incorporar o aromatizante desejado na massa de bomba (neste caso, queijo ralado).

2 - Pôr a massa em um saco de confeiteiro com bico redondo liso. Pressionar o saco e ir cortando a massa de bomba em seções de 2 cm com uma faca, sobre uma panela com água fervendo.

3 - Assim que subirem à superfície, retirar com uma escumadeira. Pôr em um recipiente refratário. Encher apenas até a metade, uma vez que o volume aumentará no forno.

4 - Cobrir com o molho desejado.

5 - Polvilhar com um pouco de queijo ralado e levar ao forno para gratinar.

6 - Assim que tenham dobrado de tamanho, retirar do forno e servir.

# *Rondelli*

## Recheio

Apresentamos aqui um exemplo de recheio, para que se possa entender melhor como fazer um *rondelli*. Os rocamboles podem ser recheados com vários ingredientes, de acordo com a criatividade de cada cozinheiro.

| Receita básica para 5 pessoas: | |
|---|---|
| Massa de pasta com ovos | 0,300 kg |
| Recheio | |
| Espinafre | 0,500 kg |
| *Panceta* defumada | 0,100 kg |
| Queijo mozarela | 0,150 kg |
| Queijo parmesão ralado | 0,200 kg |
| Ovos | 3 |
| Presunto cozido | 10 fatias |
| Sal e pimenta | quanto baste |

1 - Pôr o espinafre já ferventado em uma tigela.

2 - Incorporar a *panceta* cortada e previamente passada por uma fritura rápida em pouca gordura e fogo forte.

**Dica**

*Panceta é um termo italiano que dá nome a um tipo de bacon, o toucinho da parte da barriga do porco.*

3 - Juntar o queijo mozarela.

4 - Acrescentar o queijo parmesão ralado.

5 - Adicionar um ovo para unir todos os ingredientes.

6 - Temperar com sal e pimenta. Mexer bem a mistura.

## Como armar

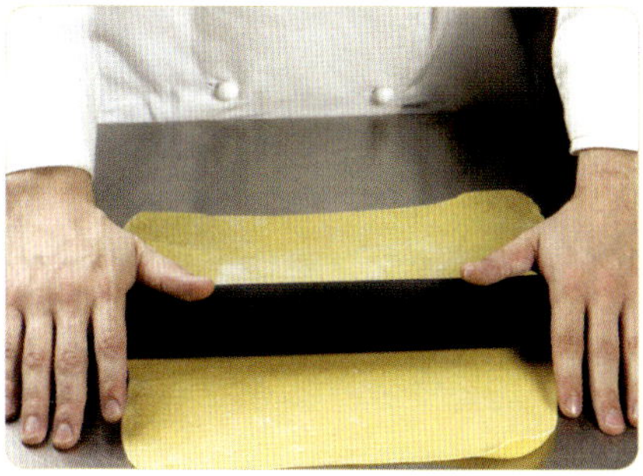

1 - Estender a massa com um rolo até ficar bem fina.

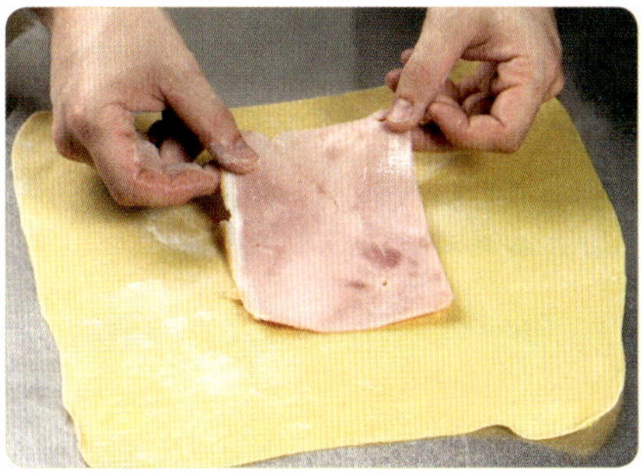

2 - Dispor em cima da massa uma fatia de presunto cozido.

3 - Virar o recheio em cima do presunto.

4 - Espalhar bem o recheio.

5 - Enrolar a massa para a frente.

6 - Manter o recheio bem no centro da massa.

7 - Pincelar a extremidade final com água, para garantir que a massa grude e que o recheio não vá sair durante o cozimento.

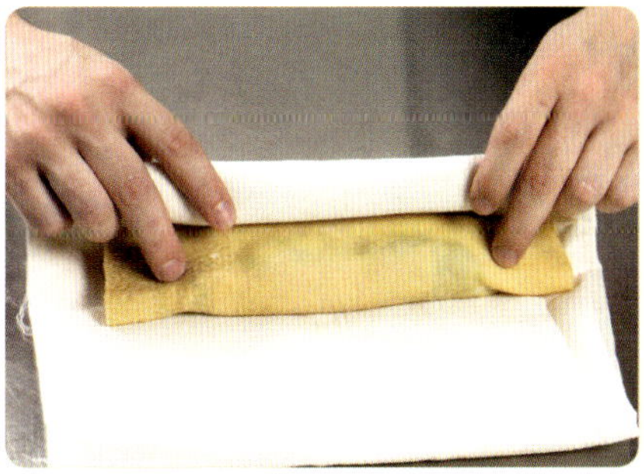

8 - Envolver o *rondelli* num pano de algodão.

9 - Amarrar as duas extremidades do pano com um fio de algodão. Mergulhar numa panela com água fervendo e cozinhar durante 20 minutos, aproximadamente.

10 - Uma vez passado o tempo de cozimento, retirar o *rondelli* da água com uma escumadeira.

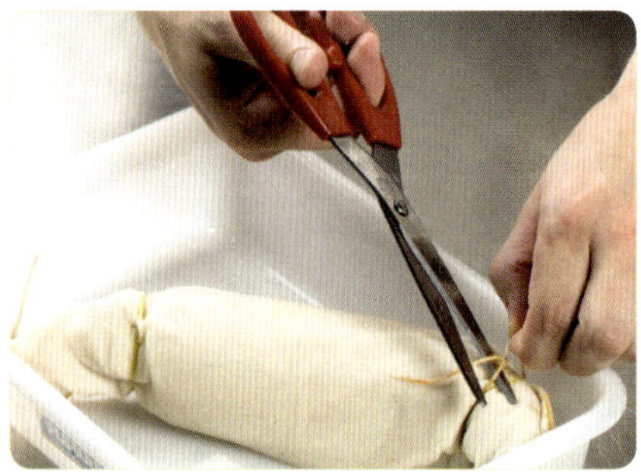

11 - Cortar o fio que segura o pano e retirar o *rondelli* de dentro.

12 - Cortar em porções para servir. Pode ser acompanhado de uma grande variedade de molhos.

# Servietten knödel

Esta é uma pasta típica alemã, em geral servida com carnes guisadas ou ensopadas. Sua tradução literal seria "almôndegas de guardanapo", e esse nome é dado por causa do seu modo de cozimento.

| Receita básica para 5 pessoas: | |
|---|---|
| Manteiga sem sal | 0,050 kg |
| Cebola | 0,300 kg |
| Baguete | 0,750 kg |
| Farinha de trigo | 0,050 kg |
| Ovos | 10 |
| Leite | 0,700 litro |
| Salsa picada | 0,030 kg |
| Cebolinha | 0,030 kg |
| *Panceta* defumada | 0,150 kg |
| Sal e pimenta | a gosto |

1 - Cortar a baguete em rodelas.

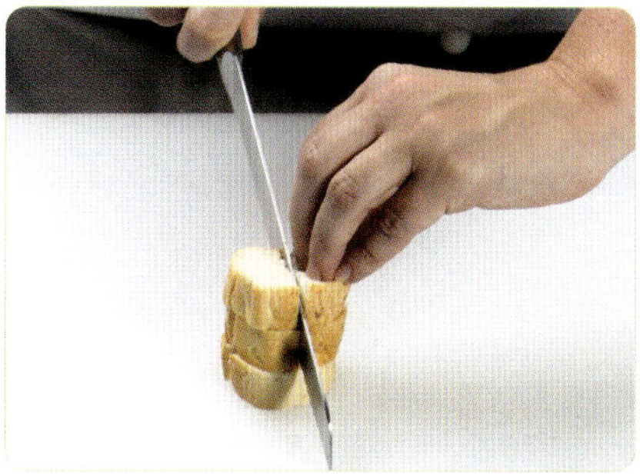

2 - Cortar as rodelas em quatro.

3 - Colocar o pão dentro de uma tigela e despejar o leite.

4 - Juntar os ovos.

5 - Acrescentar a cebola refogada.

6 - Refogar a *panceta* em cubos e incorporá-la à preparação.

7 - Juntar a farinha de trigo peneirada.

8 - Incorporar a manteiga amaciada.

9 - Para dar cor e sabor, juntar salsa e cebolinha picadas.

10 - Mexer bem para unir os ingredientes. Temperar com sal e pimenta.

11 - Transferir a mistura para cima de um pano de algodão.

12 - Repartir uniformemente a preparação com uma colher.

13 - Envolver com o pano, formando um cilindro.

14 - Apertar bem para que a preparação fique bem distribuída.

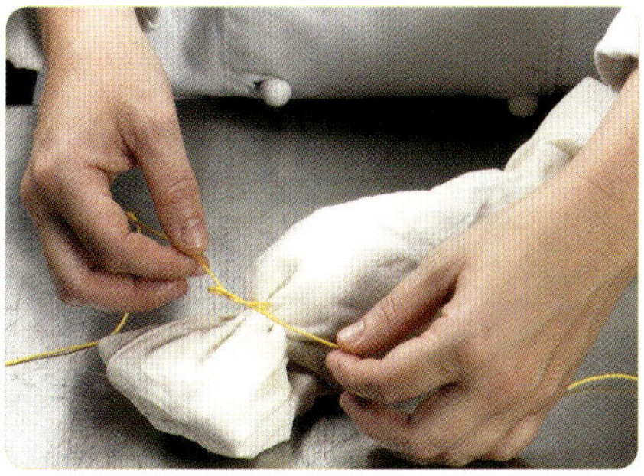

15 - Amarrar as duas extremidades do pano com um fio de algodão.

16 - Colocar dentro de uma panela com água fervendo e cozinhar por 20 a 25 minutos. Retirar do pano e cortar em porções para servir. É ideal para acompanhar carnes guisadas ou ensopadas no forno.

# 8 Grãos e Cereais

Diversos tipos de arroz | Polenta | *Couscous*

Cevada perolada | Quinoa | Trigo

# Arroz branco (*pilaf*)

| Receita básica para 10 pessoas: | |
|---|---|
| Arroz de grão longo | 0,500 kg |
| Manteiga sem sal | 0,100 kg |
| Cebola | 0,150 kg |
| Água ou caldo claro ou *fumet* | 1 a 1,5 litro |
| *Bouquet garni* | 1 |
| Sal | quanto baste |

1 - Refogar a cebola bem picada com a manteiga derretida em fogo baixo até que fique translúcida.

2 - Juntar o arroz. Mexer sem parar até que os grãos fiquem soltinhos e ligeiramente translúcidos.

3 - Acrescentar o líquido escolhido, fervendo (água, caldo claro ou *fumet*), o sal e o *bouquet garni*.

4 - Quando entrar em ebulição, tampar a panela e cozinhar em fogo médio no fogão, sem mexer, até que o arroz tenha absorvido todo o líquido. Outra opção é terminar o cozimento no forno, com o recipiente tapado, entre 190°C e 200°C por 20 minutos, aproximadamente.

5 - Destampar e passar um garfo para soltar o arroz.

# Arroz *créole* (fervido)

1 - Salgar a água de cozimento (calcula-se o volume de água como sendo 6 vezes o do arroz).

2 - Jogar o arroz em forma de chuva sobre a água fervendo. (Lembrar de lavar o arroz em água fria antes de utilizar.) Mexer continuamente até entrar em ebulição.

| Receita básica para 10 pessoas: | |
|---|---|
| Arroz de grão longo | 0,500 kg |
| Água | 3 litros |
| Manteiga sem sal | 0,180 kg |
| Sal | quanto baste |

3 - Cozinhar em fogo médio durante 15 minutos e escorrer.

**Dica**

*Para finalizar, passar o arroz escorrido para uma assadeira. Dispor uns pedacinhos de manteiga por cima. Soltar o arroz com um garfo. Tampar a assadeira com papel-manteiga e deixar secar em forno brando por alguns instantes antes de servir.*

# Risoto

| Receita básica para 10 pessoas: | |
|---|---|
| Arroz *vialone nano*, *carnaroli* ou arbóreo | 0,800 kg |
| Manteiga sem sal (para cozinhar) | 0,100 kg |
| Água ou caldo claro ou escuro, ou *fumet* | 3 litros |
| Manteiga sem sal (para finalização) | 0,040 kg |
| Cebola | 0,300 kg |

1 - Refogar a cebola picada finamente com manteiga derretida, em fogo baixo, até que fique translúcida.

2 - Incorporar o arroz. Mexer bem para refogar o grão.

3 - Nesse momento, pode-se juntar aromatizantes ao arroz, já que ele os irá absorvendo à medida que o grão vai cozinhando. Como exemplo, juntamos açafrão.

4 - Mexer bem sobre o fogo, até que o arroz comece a mudar de cor.

5 - Incorporar o líquido fervendo aos poucos com uma concha, à medida que se cozinha o arroz.

6 - Mexer sem parar para que não grude no fundo da panela.

7 - Continuar hidratando o arroz com o líquido fervendo, até que o risoto fique cremoso e o grão do arroz, *al dente*.

8 - Por último, incorporar um pouco de manteiga para dar brilho e cremosidade ao arroz.

# Arroz-doce

| Receita básica para 10 pessoas: | |
|---|---|
| Arroz de grão redondo | 0,200 kg |
| Leite | 1 litro |
| Açúcar | 0,150 kg |
| Aromatizantes (canela, casca de limão, baunilha) | opcional |

1 - Pôr o leite para ferver numa panela. Juntar o açúcar e os aromatizantes desejados (neste caso, casca de limão e canela em pau).

2 - Escaldar o arroz durante 1 a 2 minutos em água fervendo. Escorrer e refrescar com água e gelo.

## 1º método de cozimento

3 - Incorporar o arroz escaldado ao leite fervendo.

4 - Terminar de cozinhar o arroz sobre o fogão, mexendo sem parar.

## 2º método de cozimento

4a - Outra opção é tampar e terminar de cozinhar no forno entre 190ºC e 200ºC durante 20 a 25 minutos.

5 - Servir gelado, em taças.

# Polenta

| Receita básica para 10 pessoas: | |
|---|---|
| Fubá de milho pré-cozido* | 1 kg |
| Água ou leite, ou caldo claro ou escuro | 3 litros |
| Sal | a gosto |
| Pimenta | a gosto |

* Supõe-se que a farinha de milho (polenta) já seja pré-cozida.

1 - Pôr o leite para ferver com o sal.

2 - Assim que o leite tiver entrado em ebulição, jogar a farinha de milho em chuva.

3 - Mexer energicamente para que a polenta não grude no fundo.

4 - Cozinhar durante alguns minutos, até que a farinha engrosse e tenha se hidratado bem. Acrescentar a pimenta.

5 - A polenta deverá ficar cremosa.

# Couscous

*Couscous* é o termo usado para denominar tanto o grão formado como o prato típico nacional de países do norte da África, como Tunísia, Marrocos e Argélia. O *couscous* tradicionalmente é feito à mão, regando-se a sêmola de trigo com água salgada e azeite de oliva, antes de pressionar ou enrolar para a obtenção de pequenos grânulos. O modo clássico de prepará-lo é numa cuscuzeira (panela dupla), no vapor. O *couscous* pré-cozido exige muito pouco tempo de cozimento.

| Receita básica para 5 pessoas: | |
|---|---|
| Sêmola de trigo | 0,500 kg |
| Água salgada para hidratar | 0,5 litro |
| Azeite de oliva | 0,020 litro |
| Água para vapor | 2 litros |

1 - Pôr a sêmola de trigo numa tigela.

2 - Hidratar a sêmola com um pouco de água salgada.

3 - Trabalhar a sêmola passando-a suavemente entre as mãos. Regar com um pouco de azeite e continuar amassando.

4 - Deverão se formar pequenos grânulos.

5 - Pôr a sêmola hidratada dentro de um escorredor tampado e cozinhar no vapor durante uns 15 minutos (também pode-se usar uma panela para cozimento a vapor ou uma cuscuzeira).

6 - Uma vez decorridos 15 minutos, passar a sêmola para uma tigela.

7 - Umedecer outra vez com água salgada e regar com azeite. Trabalhar a sêmola, esfregando-a entre as mãos com cuidado. Tornar a cozinhar no vapor.

8 - Depois de terminado o tempo de cozimento, deixar o *couscous* repousar 5 minutos e soltar com um garfo.

**Dica**

*A sêmola mais adequada para se fazer couscous é a de tipo médio. Nos mercados se encontram três variedades de trigo: o fino, o médio e o grande. Também se pode fazer couscous de outros cereais, como o milho ou a cevada.*

## *Couscous* pré-cozido

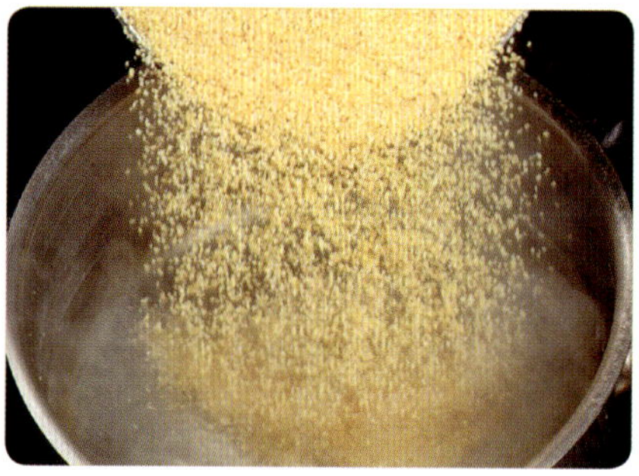

1 - Jogar o *couscous* pré-cozido numa panela com água salgada fervendo. (O mesmo volume de água e de *couscous*.) Mexer, tampar e deixar hidratar.

2 - Afofar com um garfo. Regar com um pouco de azeite de oliva e suco de limão.

# Cevada perolada (*orzotto*)

**Esta é uma preparação típica italiana, semelhante ao risoto, sendo seu nome derivado da palavra *orzo*, que significa cevada.**

1 - Derreter a manteiga numa panela.

2 - Juntar a cebola bem picada e cozinhar com um pouco de sal até ficar transparente.

3 - Incorporar a cevada perolada.

4 - Levar ao fogo e mexer até que os grãos fiquem nacarados.

5 - Juntar o vinho branco (é opcional, sendo utilizado para aromatizar). Colocar a pimenta.

6 - Acrescentar o caldo escolhido ou água aos poucos, com uma concha, sobre o fogo, mexendo sem parar.

| Receita básica: | |
|---|---|
| Cevada perolada | 0,800 kg |
| Manteiga (p/ cozinhar) | 0,100 kg |
| Água ou caldo claro ou escuro, ou *fumet* | 3 litros |
| Manteiga sem sal (p/ finalização) | 0,040 kg |
| Cebola | 0,300 kg |
| Creme de leite (opcional) | 0,100 litro |
| Vinho branco (opcional) | 0,100 litro |
| Queijo parmesão ralado (opcional) | 0,200 kg |
| Sal e pimenta | a gosto |

**Dica**

*O orzotto pode ser hidratado com água comum ou diversos tipos de caldo, tais como caldo de galinha, carne, legumes, peixes etc.*

7 - Cozinhar por aproximadamente 20 minutos.

## Cevada

A cevada é um dos cereais cultivados mais antigos da história.

Acredita-se que date de mais de 10 mil anos, sendo cultivada nos desertos do sudoeste asiático, embora hoje em dia vários estudos apontem suas origens nas regiões montanhosas da Etiópia e do sudeste asiático.

A farinha de cevada e seus grãos são bastante utilizados em inúmeras preparações em diversos países da Ásia, do Oriente Médio e norte da África, enquanto no hemisfério ocidental são utilizados principalmente na alimentação animal, na preparação de pães, na elaboração da cerveja e em destilarias de uísque. A cevada perolada leva de cinco a seis operações de polimento. Depois é processada para extrair o gérmen e criar grãos regulares, do mesmo tamanho.

8 - No final do cozimento, incorporar a manteiga para dar untuosidade.

9 - Juntar também creme de leite para a terminação (dá mais leveza à textura final).

10 - Mexer delicadamente com uma colher para que os ingredientes fiquem bem ligados.

11 - Para realçar o sabor, pode-se acrescentar um pouco mais de vinho branco no final.

12 - Finalizar colocando um pouco de queijo parmesão ralado (opcional).

13 - Deve ser servido imediatamente, uma vez que pode passar do ponto de cozimento com o calor da panela.

**Dica**

*Pode-se fazer o orzotto com vários tipos de aromatizantes. Pode-se juntar verduras e hortaliças, vários tipos de bebidas alcoólicas, especiarias, mariscos, peixes, aves, carnes, para citar alguns exemplos. De preferência, cozinhar o orzotto e servi-lo imediatamente. Pode-se utilizar as sobras para fazer croquetes.*

# Quinoa

| Receita básica: | |
|---|---|
| Quinoa | 1 kg |
| Água ou caldo, à escolha | 2 litros |
| Cebola (opcional) | 0,300 kg |
| Manteiga sem sal (opcional) | 0,100 kg |
| Sal | a gosto |

1 - Derreter manteiga numa panela.

2 - Despejar a quinoa dentro de um escorredor e lavar bem sob água corrente, até que a água saia limpa, sem a aparência de água com sabão.

3 - Colocar a cebola bem picada dentro da caçarola com a manteiga derretida. Cozinhar até que fique transparente.

4 - Incorporar a quinoa lavada à panela.

5 - Mexer com uma colher.

6 - Juntar a água ou o caldo fervendo com sal.

## Quinoa

A quinoa é a fruta de uma planta, embora seja comumente confundida com um cereal. É cultivada desde o sul da Colômbia até o norte do Chile e noroeste da Argentina.

Sua planta chega a alcançar 160 cm de altura e sua folha é semelhante à do espinafre ou da beterraba (pertencem à mesma família) e pode ser consumida do mesmo modo.

Seu cultivo data de mais de 5 mil anos e suas frutas eram vistas pelos incas como "sementes sagradas".

Dependendo da variedade, as sementes podem ser transparentes, rosadas, vermelhas ou violetas, ou mesmo pretas.

A maior parte dos nutrientes está no gérmen da quinoa, e a qualidade da proteína que ela contém é semelhante à do leite, pela grande concentração de aminoácidos.

As sementes de quinoa são cobertas por uma camada de saponina, uma resina amarga que, ao entrar em contato com a água, fica feito sabão, por isso se recomenda lavá-las sob água corrente, esfregando-as com a mão, até que tenha sido eliminado qualquer traço da substância.

Uma boa maneira de se testar é provando uma semente crua; se ainda se sentir um sabor amargo, é porque a resina continua presente.

A quinoa estará pronta para ser utilizada quando a água não apresentar aspecto saponiforme.

Comercialmente, a quinoa é tratada com uma solução alcalina para extrair todos os compostos amargos, aparentemente tóxicos.

7 - Deixar cozinhar até que a quinoa absorva toda a água.

8 - Depois de cozidas, as sementes devem ficar ligeiramente crocantes, sem grudar.

### Dica

*As folhas da quinoa podem ser servidas como as do espinafre ou da beterraba. Deve-se armazenar a quinoa em um recipiente hermético, em um lugar fresco e seco. Para conseguir um tempo de conservação maior, guardar dentro da geladeira, onde se manterá em condições ótimas por três a seis meses. A quinoa moída pode ser utilizada na preparação de pães, pastas ou tortas, para citar alguns exemplos.*

# Trigo

1 - Picar cebola finamente e colocá-la dentro de uma panela com manteiga derretida. Cozinhar até que a cebola esteja translúcida.

2 - Juntar o trigo previamente hidratado em água durante 12 horas.

| Receita básica: | |
|---|---|
| Trigo sem casca | 1 kg |
| Água ou caldo | 4 litros |
| Vinho branco (opcional) | 0,500 litro |
| Queijo ralado (opcional) | 0,200 kg |
| Manteiga sem sal (opcional) | 0,100 kg |
| Cebola (opcional) | 0,400 kg |
| Sal | a gosto |

3 - Despejar a água ou o caldo de cozimento fervendo com sal. Levar ao fogo para que o trigo se hidrate.

4 - Antes de terminar o cozimento, juntar o vinho branco (opcional) para aromatizar o trigo.

5 - O prato estará pronto quando o trigo estiver macio e a preparação cremosa.

6 - Juntar um pouco de queijo parmesão ralado.

### Trigo

As origens exatas do trigo são incertas, embora estudos tenham revelado que na Mesopotâmia e no sudoeste da Ásia os seres humanos já o consumiam há mais de 12 mil anos.

Do mesmo modo que o arroz é a base da alimentação na Ásia, o trigo constitui a base da alimentação na Europa, África, Américas e Oceania; cerca de um terço da população mundial depende do trigo como sustento.

7 - Terminar a preparação acrescentando um pouco de manteiga, para dar brilho e untuosidade.

8 - Mexer com uma colher. Retificar o tempero.

#### Dica

*Caso se queira aromatizar o trigo, pode-se juntar purê de diversas verduras e hortaliças ao caldo de cozimento, no início da preparação. Também é possível variar o tipo de bebida alcoólica utilizada de acordo com o ingrediente principal do prato que será servido.*

9 - Pode ser servido dentro de uma tulipa de queijo parmesão.

# 9

# Batata

Purê de batata duquesa (*duchesse*) | Tortilha | Batata *rösti* |

Batata "rolha" *(Pomme bouchon)* | Batata gratinada | Batata *dauphine*

# Batata

A batata é o tubérculo comestível de uma planta cultivada na região andina. Seu cultivo data de 4 mil a 7 mil anos. Começou a ser conhecida na Europa no século XVI, quando os colonizadores a transportavam em seus navios para evitar o escorbuto. A batata é colhida quando a planta já floresceu e as folhas começam a ficar amareladas. Cerca de 20% da batata é constituída de um amido não digerível, que se transforma em açúcar quando a batata é cozida. Em seguida veremos diversas técnicas para prepará-la.

# Purê de batata duquesa (*duchesse*)

| Receita básica: | |
|---|---|
| Purê de batata | 1 kg |
| Manteiga sem sal | 0,100 kg |
| Ovo | 1 |
| Gemas | 4 |
| Sal, pimenta e noz-moscada | quanto baste |

1 - Fazer um purê de batata com a manteiga. Juntar o ovo e as gemas.

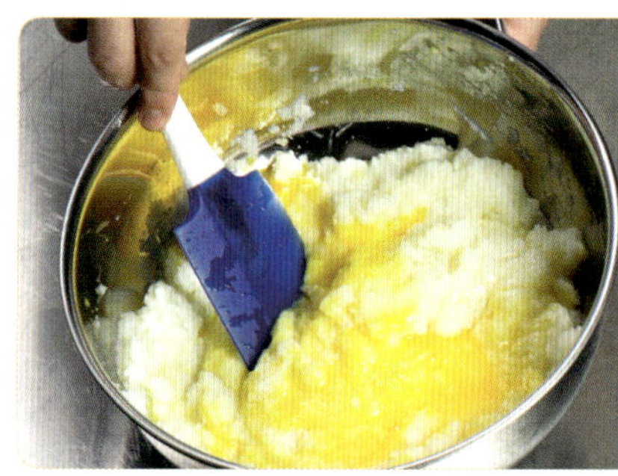

2 - Temperar com sal, pimenta e noz-moscada. Misturar tudo com uma espátula de silicone.

3 - Colocar a preparação dentro de um saco de confeiteiro com bico ondulado.

4 - Formar cachos sobre uma placa forrada com uma folha siliconada ou untada com manteiga. Dar o formato desejado.

# Cestas

1 - Fazer uma espiral com o saco de confeitar, começando do centro para a borda do que servirá de base para a cesta.

2 - Formar as paredes da cesta completando a beirada externa da espiral.

3 - Terminar depois de dar duas ou três voltas na beirada externa da espiral.

4 - Pincelar com ovo batido para que adquiram uma coloração dourada durante o cozimento. Levar ao forno a 200°C por alguns minutos.

5 - Servir quentes, como guarnição de carnes, aves ou peixes.

# Tortilha

| Receita básica: | |
|---|---|
| Batata | 1 kg |
| Ovos | 6 |
| Azeite de oliva | quanto baste |
| Toucinho (*panceta*, bacon) | 0,200 kg |
| Cebola (opcional) | 0,400 kg |
| Sal e pimenta | a gosto |

1 - Descascar as batatas e cortá-las em rodelas com um mandolim.

2 - Fritar as batatas em azeite quente.

3 - Retirar quando tiverem adquirido uma cor dourada e secar sobre papel absorvente.

4 - Colocar os ovos dentro de uma tigela de aço inoxidável.

5 - Bater com um batedor de arame.

6 - Adicionar as batatas-fritas em azeite.

7 - Incorporar o toucinho (*lardons*) previamente frito, e as cebolas cortadas em aros e refogadas em um pouco de azeite.

8 - Temperar com sal e pimenta e misturar bem com uma colher todos os ingredientes.

9 - Verter a preparação dentro de uma frigideira com azeite quente.

10 - Achatar bem com uma colher e levar ao fogo médio para cozinhar.

11 - Virar a tortilha com a ajuda de um prato.

12 - Pôr a tortilha novamente na frigideira.

13 - Levar outra vez ao fogo para que termine de cozinhar.

**Dica**

*Hoje em dia existe uma grande variedade de tortilhas, às quais se podem adicionar diversos ingredientes para aromatizar, como aspargos, espinafre e salame vermelho.*

14 - Servir depois de pronta.

# Batata *rösti*

| Receita básica: | |
|---|---|
| Batata | 1 kg |
| Cebola (opcional) | 0,500 kg |
| Queijo *gruyère* (opcional) | 0,200 kg |
| Outros temperos (opcional) | quanto baste |
| Sal e pimenta | quanto baste |
| Óleo para fritar | quanto baste |

1 - Descascar as batatas e ralá-las.

2 - Descascar as cebolas e ralá-las.

3 - Ralar o queijo *gruyère* (pode-se utilizar outra variedade de queijo para aromatizar).

4 - Juntar a cebola e a batata.

5 - Misturar bem com uma colher. Temperar com sal e pimenta.

6 - Verter metade da preparação dentro de uma frigideira com um pouco de óleo quente.

**Dica**

*Caso se vá pôr algum recheio na batata rösti, é aconselhável que, se for adicionado cru, seja um ingrediente de cozimento rápido; caso contrário, recomenda-se utilizar ingredientes previamente cozidos.*

7 - Achatar bem com uma colher.

8 - Pode-se também adicionar outros ingredientes no centro da batata *rösti* para aromatizar (por exemplo: queijo ralado, alfavaca, tomate). Caso não se acrescente nenhum aromatizante, põe-se a mistura de batata ralada até a borda da frigideira.

9 - Cobrir o recheio com a batata ralada restante. Levar para cozinhar em fogo médio.

10 - Assim que adquirir uma cor dourada, virar sobre um prato para facilitar a mudança de posição e garantir o cozimento uniforme dos dois lados da batata *rösti*.

11 - Retirar da frigideira e servir.

# Batata "rolha" (*Pomme bouchon*)

A batata recebe esse nome por causa da semelhança com as rolhas das garrafas de vinho. É ideal para servir como guarnição de carnes, aves ou peixes.

| Receita básica: | |
|---|---|
| Batata | 1 kg |
| Manteiga sem sal | 0,200 kg |
| Água | quanto baste |
| Sal e pimenta | quanto baste |

1 - Cortar ao longo de um lado da batata.

2 - Cortar o outro lado da batata para formar um plano.

3 - Pressionar um cortador metálico redondo sobre a batata.

4 - Obtém-se um cilindro de batata. Repetir a operação.

5 - Dispor as batatas dentro de uma frigideira e encher de água até a metade da altura das batatas.

6 - Juntar a manteiga, o sal e a pimenta, e levar ao fogo médio para cozinhar.

7 - As batatas estarão prontas quando a base adquirir uma cor amarronzada e ficar crocante. O resto da batata deve ficar com uma coloração clara e textura macia.

8 - As batatas são servidas com o lado crocante para cima.

# Batata gratinada

1 - Cortar a batata em rodelas finas com o mandolim.

2 - Verter um pouco do creme de leite misturado com alho picado dentro de uma assadeira para forno, funda.

| Receita básica: | |
|---|---|
| Batata | 1 kg |
| Creme de leite | 0,500 litro |
| Queijo *gruyère* (ralado) | 0,200 kg |
| Sal e pimenta | quanto baste |
| Noz-moscada | quanto baste |
| Alho (opcional) | 2 dentes |

3 - Temperar com sal, pimenta e noz-moscada.

4 - Colocar uma camada fina de batatas dentro do recipiente.

5 - Cobrir com creme.

6 - Repetir a operação até completar a travessa, terminando com creme.

7 - Colocar queijo *gruyère* ralado por cima. Levar ao forno a 160°C durante 45 a 60 minutos.

8 - As batatas deverão ficar macias sem desmanchar, e o queijo da superfície deverá adquirir uma cor marrom pronunciada.

# Batata *dauphine*

| Receita básica: | |
|---|---|
| Purê de batata | 1 kg |
| Massa de bomba (ver página 142) | 1 kg |
| Óleo p/ fritar | quanto baste |

1 - Colocar o purê de batata dentro de uma tigela.

2 - Adicionar a massa de bomba.

3 - Ligar bem os ingredientes, mexendo energicamente. A massa deve ficar ligeiramente elástica.

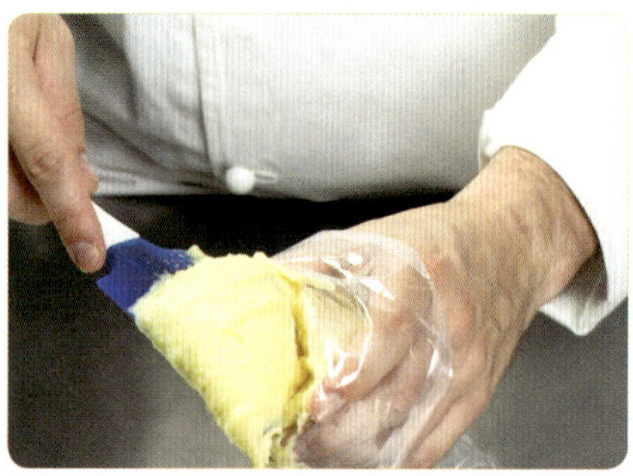

4 - Encher um saco de confeitar com bico liso com a preparação, isto é, com a massa.

5 - Pressionar o saco e cortar a massa do comprimento que se queira sobre uma caçarola com óleo quente. O tamanho das batatas pode variar de acordo com o bico a ser usado.

## Dicas

- *Para que a batata* dauphine *fique bem feita, é importante que o peso do purê de batatas seja igual ao da massa de bomba.*
- *Pode-se aromatizar a batata* dauphine *incorporando ervas picadas, queijos, toucinho defumado previamente frito rapidamente em fogo forte, para citar alguns exemplos.*
- *É importante que o óleo de cozimento não esteja quente demais, senão as batatas vão ficar douradas por fora e cruas por dentro.*

6 - Depois de dobrarem o tamanho e tomarem uma coloração dourada, retirar com uma escumadeira e secar sobre papel absorvente. Salgar.

7 - A batata *dauphine* pode ser servida como guarnição de carnes, aves ou peixes.

# 10 Molhos

Caldos de cozimento | Molhos básicos e derivados | Vinagrete

Agridoce | *Barbecue* | Picante | Ligações | Marinadas | Deglaçar

# Materiais

1. *Mixer* manual
2. Concha
3. Escumadeira
4. Faca de *chef*
5. Tabuleiro / assadeira
6. Recipiente plástico
7. Pinças metálicas
8. Espátula de borracha
9. Escorredor
10. Passador de malha fina (*étamine*)
11. *Chinois*
12. Panela
13. Frigideira
14. Caçarola
15. Tigela pequena de aço inoxidável
16. Tigela média de aço inoxidável
17. Batedor de arame
18. Colher metálica
19. Colher de polietileno
20. Tábua para picar

# Caldo de cozimento claro

Os caldos claros servem de base para diversas preparações. Podem ser usados na elaboração de molhos, sopas, no cozimento de carnes em líquidos, em guisados, ensopados a branco, preparações com arroz, para citar alguns exemplos. Em geral são utilizados ossos bovinos ou de ave, além de verduras, para aromatizar.

| Receita básica: | |
|---|---|
| Osso bovino ou de ave (dependendo do caldo que se queira elaborar) | 1 kg |
| Cebola | 0,100 kg |
| Alho-poró | 0,100 kg |
| Cenoura | 0,100 kg |
| Rama de aipo | 0,100 kg |
| *Bouquet garni* | 1 |
| Água fria | 1,5 a 2 litros |
| Sal grosso | 0,010 kg |
| Pimenta branca em grãos | quanto baste |
| Cravo-da-índia | 2 |

**Dica**

*Deve-se usar sal grosso, pois ele turva menos os caldos do que o sal refinado.*

1 - Pôr os ossos numa panela. Cobrir com água fria.

2 - Levar à ebulição. Retirar as impurezas da superfície, usando a escumadeira continuamente.

3 - Acrescentar todas as verduras limpas, a pimenta em grãos, o *bouquet garni* e o cravo-da-índia (guarnição aromática). Cozinhar em fogo brando durante 1 hora, se for caldo de aves, e por 3 horas, caso seja caldo de carne, escumando as impurezas continuamente durante o cozimento. Ao final do cozimento, acrescentar o sal grosso.

4 - Passar o caldo por um *chinois*, sem mexer o líquido da panela. O caldo claro deverá ser translúcido. Esfriar rapidamente.

# Caldo de cozimento escuro

Os caldos escuros podem ser feitos com osso bovino, de ave ou de caça. Ao contrário dos caldos claros, para que tomem uma cor mais acentuada, os ossos e a guarnição aromática são previamente cozidos no forno e depois fervidos. Os caldos escuros podem ser utilizados no preparo de molhos escuros, sopas, ensopados, guisados, entre alguns exemplos.

| Receita básica: | |
|---|---|
| Osso bovino ou de ave | 1 kg |
| Cebola | 0,100 kg |
| Cenoura | 0,100 kg |
| Alho | 0,020 kg |
| Tomate | 0,200 kg |
| *Bouquet garni* | 1 |
| Água fria | 1,5 a 2 litros |
| Extrato de tomate | 0,010 kg |
| Sal e pimenta | quanto baste |

1 - Dourar os ossos no forno. Quando adquirirem uma coloração acentuada, acrescentar a guarnição aromática e o extrato de tomate. Assar durante mais alguns minutos, para dourar as verduras.

2 - Passar os ossos e a guarnição aromática para uma panela. Juntar o *bouquet garni*, o sal e a pimenta. Cobrir com água.

3 - Acrescentar o extrato de tomate. Cozinhar durante 4 a 5 horas, escumando continuamente as impurezas que possam aparecer na superfície.

4 - Passar o caldo por um *chinois*, sem mexer o líquido da panela. Esfriar rapidamente. Juntar o sal e a pimenta.

# *Fumet* de peixe

O *fumet* de peixe é feito com cabeças, rabos e espinhas de peixes não gordurosos. É usado na elaboração de sopas, molhos ou em preparações que não exijam muito tempo de cozimento.

1 - Refogar a guarnição aromática com manteiga.

2 - Acrescentar as cabeças, espinhas e os rabos de peixes, cortados e bem lavados. Cozinhar durante alguns minutos.

3 - Juntar o vinho branco.

4 - Acrescentar a água e o *bouquet garni*. Cozinhar durante uns 20 minutos em fogo brando. No final, adicionar sal e pimenta.

5 - Retirar continuamente as impurezas da superfície.

6 - Passar o *fumet* de peixe por um *chinois*. O *fumet* deverá estar translúcido. (Os fatores que poderão deixá-lo turvo são uma ebulição muito prolongada ou demasiadamente rápida.) Esfriar rapidamente.

| Receita básica: | |
|---|---|
| Cabeças (sem os ossos), espinhas e rabos de peixes não gordurosos | 0,500 kg |
| Manteiga | 0,030 kg |
| *Échalote* (ou cebolinha) | 0,300 kg |
| Cenoura | 0,050 kg |
| Cebola | 0,080 kg |
| Aparas de *champignon* | 0,050 kg |
| *Bouquet garni* | 1 |
| Água | 1 litro |
| Vinho branco | 0,100 litro |
| Sal e pimenta | quanto baste |

# *Fumet* de peixe ao vinho tinto

Fazer um *fumet* com a receita básica, substituindo o vinho branco por 0,40 litro de vinho tinto. O procedimento é igual ao anterior.

**Dicas**

- *Cozinhar os caldos escumando as impurezas continuamente (caso contrário, o caldo ficará turvo).*
- *Esfriar rapidamente os caldos, depois de seu cozimento, para evitar a proliferação de bactérias.*
- *Ferver os caldos durante alguns minutos antes de sua utilização.*
- *Conservá-los por, no máximo, 3 dias em câmara frigorífica a 3°C.*

# Clarificação de um caldo

A clarificação de um caldo ou *fumet* é feita para se poder obter uma gelatina ou um consomê. Acrescenta-se a um caldo ou a um *fumet* uma mistura de carne picada (bovina, de ave, de peixe ou a que corresponda ao caldo), clara de ovos e verduras, para que subtraiam as impurezas contidas no líquido por intermédio de suas proteínas. O resultado é um produto com sabores reforçados e cor translúcida.

1- Colocar todos os ingredientes da clarificação numa tigela e mexer bem.

2 - Colocar o caldo numa panela junto com os ingredientes para a clarificação. Mexer lentamente e cozinhar em fogo baixo até que comece a coagulação.

3 - Uma vez que o líquido entre em ebulição, parar de mexer. Facilitar a formação de uma "chaminé" e deixar ferver por aproximadamente 1 hora.

| Receita básica: | |
|---|---|
| Carne picada (de acordo com o caldo que se utilize, pode ser bovina, de ave, peixe ou outra) | 0,200 kg |
| Clara | 1 |
| Cenoura | 0,050 kg |
| Rama de aipo | 0,050 kg |
| Salsa | 0,030 kg |
| Tomate | 0,100 kg |
| Extrato de tomate (opcional) | 0,010 kg |
| Caldo ou *fumet* | 1,5 litro |
| Sal | quanto baste |
| Pimenta em grãos | quanto baste |

4 - Colocar a salsa e os grãos de pimenta dentro de um pano fino. Pôr esse pano dentro de um *chinois*. Usar uma concha para passar o consomê pelo *chinois*, com muito cuidado para que não fique turvo.

**Dica**

*A coagulação é um processo que elimina as partículas que ficam em suspensão, turvando os caldos. Para que ocorra com sucesso, o ideal é que se usem proteínas como ingredientes, já que elas são capazes de absorver as substâncias que turvam os caldos.*

# Molhos básicos e derivados

## Molho espanhol

| Receita básica: | |
|---|---|
| Caldo escuro de carne | 1,5 litro |
| Bacon (*panceta* defumada) | 0,50 kg |
| Cebola | 0,050 kg |
| Cenoura | 0,050 kg |
| *Champignon* | 0,050 kg |
| Alho | 0,010 kg |
| Tomate | 0,350 kg |
| Extrato de tomate | 0,030 kg |
| *Bouquet garni* | 1 |
| Manteiga sem sal | 0,070 kg |
| Farinha de trigo | 0,070 kg |
| Sal e pimenta | quanto baste |

1 - Refogar o bacon com a manteiga numa caçarola.

2 - Incorporar a guarnição aromática e cozinhar alguns minutos. Polvilhar com a farinha até obter um *roux* marrom-escuro (*roux brun*).

3 - Acrescentar o tomate junto com o extrato. Deixar que cozinhem para que percam um pouco da acidez.

4 - Despejar o caldo escuro fervendo, aos poucos, mexendo para que não se formem grumos. Por último, colocar o *bouquet garni*, o sal e a pimenta. Cozinhar tampado durante 1 hora e 30 minutos a 2 horas.

5 - Passar o molho por um *chinois* assim que adquirir uma consistência espessa e aveludada. Esfriar rapidamente.

**Dica**

*O molho demi-glace é uma redução do molho espanhol, ao qual se adiciona vinho Madeira ou do Porto. É utilizado para reforçar molhos escuros ou como acréscimo aromático dentro das diversas preparações.*

# Glace

A *glace* (de carne, de ave, de animais de caça ou de peixes) é obtida reduzindo-se um caldo claro, sem ser ligado e sem condimentos, até se obter um concentrado muito forte em sabor e cor.

1 - Reduzir um caldo claro, mexendo continuamente o fundo da panela.

2 - À medida que o líquido vai se reduzindo, passar para uma caçarola menor, para evitar que as beiradas queimem e o molho adquira um sabor amargo.

3 - A consistência deve ser espessa. Esfriar rapidamente.

# Molho *velouté*

O molho *velouté* serve de base para muitos molhos e sopas. Pode-se acrescentar a ele desde reduções até guarnições aromáticas, criando assim um grande número de molhos e sopas diversas.

| Receita básica: | |
|---|---|
| Caldo claro de ave ou de carne ou *fumet* de peixe | 1 litro |
| *Roux* branco | |
| Farinha de trigo | 0,070 kg |
| Manteiga sem sal | 0,070 kg |
| Manteiga sem sal (para terminação) | 0,020 kg |
| Sal e pimenta | quanto baste |

1 - Fazer um *roux* branco com a manteiga e a farinha.

2 - Despejar o caldo de cozimento aos poucos, ao mesmo tempo que mexe com um batedor para que não se formem grumos. Levar à ebulição.

3 - Uma vez espesso, temperar o molho com sal e pimenta. Passar por um *chinois*.

4 - Colocar pequenos pedaços de manteiga para que a superfície do molho não resseque. Esfriar rapidamente ou manter em uma temperatura acima de 63°C em banho-maria, se for utilizado em seguida.

# Molho *béchamel*

1 - Fazer um *roux* branco com manteiga e farinha. Deixar esfriar.

2 - Despejar o leite fervendo aos poucos sobre o *roux* e mexer com um batedor de arame continuamente para que não se formem grumos.

| Receita básica: | |
|---|---|
| Leite | 1 litro |
| *Roux* branco | |
| Farinha de trigo<br>Manteiga sem sal | 0,050 a 0,070 kg<br>0,050 a 0,070 kg |
| Sal | quanto baste |
| Pimenta branca moída | quanto baste |
| Noz-moscada | quanto baste |

3 - Levar à ebulição. Temperar com o sal, a pimenta e a noz-moscada. Cozinhar durante cerca de 5 minutos. Verificar a consistência do molho observando o fundo da concha. Por último, passar por um *chinois* e esfriar.

# Molhos derivados do *béchamel*

**A partir do molho *béchamel* é possível obter-se uma ampla gama de molhos derivados, acrescentando alguns ingredientes à preparação. Abaixo veremos alguns exemplos.**

| Receita básica: | |
|---|---|
| Molho *béchamel* | 1 litro |
| Ingredientes adicionais | |
| Gemas | 4 |
| Queijo *gruyère* ralado | 0,100 kg |

## Molho *mornay*

Incorporar o queijo *gruyère* ralado ao molho *béchamel* quente, para que ele derreta bem. Fora do fogo, acrescentar as gemas. É importante que o molho não ferva depois da adição das gemas para que não se formem grumos.

| Receita básica: | |
|---|---|
| Leite | 0,80 litro |
| Creme de leite | 0,20 litro |
| *Roux* branco | |
| Manteiga sem sal<br>Farinha de trigo | 0,050 a 0,070 kg<br>0,050 a 0,070 kg |
| Finalização | |
| Creme de leite<br>Suco de limão | 0,20 litro<br>0,020 litro |
| Sal | quanto baste |
| Pimenta | quanto baste |
| Noz-moscada | quanto baste |

## Molho ao creme

Fazer um molho *béchamel* com o leite e o creme de leite. Incorporar o creme para a finalização (0,20 litro) fervendo, junto com o suco de limão. Temperar com o sal, a pimenta e a noz-moscada. Passar por um *chinois* antes de utilizar.

# Molho holandês

Molho emulsificado estável, quente. O molho holandês e seus derivados em geral são utilizados para acompanhar preparações como verduras cozidas no vapor ou em líquido fervendo, peixes e ovos. É preferível que seja elaborado no momento do serviço, ao ser pedido, e não com antecedência, uma vez que em determinadas temperaturas o molho pode talhar e estragar.

1 - Reduzir o vinho branco com o vinagre e os grãos de pimenta numa caçarola sobre o fogo.

2 - Passar as gemas por um escorredor e incorporar uma colher de sopa de água para cada gema. Depois adicionar a redução de vinho branco e vinagre.

| Receita básica: | |
|---|---|
| Manteiga clarificada | 1 kg |
| Gemas | 15 a 16 |
| Suco de limão | 0,150 litro |
| Água | 0,100 litro |
| Sal e pimenta | quanto baste |
| Redução opcional para aromatizar | |
| Vinho branco | 0,100 litro |
| Vinagre | 0,100 litro |
| Pimenta em grãos | 12 grãos |

3 - Bater as gemas em banho-maria até que aumentem de volume e comecem a espumar.

4 - Quando, ao bater, começar a se ver o fundo da tigela (60°C), incorporar a manteiga clarificada aos poucos sob a forma de fio, continuando a bater energicamente.

5 - Finalizar acrescentando o suco de limão, o sal e a pimenta. Passar por um *chinois*. Manter a uma temperatura entre 40°C e 50°C .

O molho holandês pode servir de base para a elaboração de diversos molhos, como por exemplo:

- **Molho maltês**
  Molho holandês + suco de laranja e juliana de cascas de laranja.

- **Molho de mostarda**
  Molho holandês + mostarda.

- **Molho *mousseline***
  Molho holandês + creme batido.

# Molho bearnês (*sauce béarnaise*)

O molho bearnês é servido principalmente para acompanhar peixes, carnes e verduras grelhadas. É feito do mesmo modo que o molho holandês, com o acréscimo de uma redução à base de *échalotes*, vinagre, vinho branco, pimenta em grãos, salsa e estragão.

| Receita básica: | |
|---|---|
| Manteiga | 1 kg |
| Gemas | 15 a 16 |
| Sal | quanto baste |
| Pimenta branca moída | quanto baste |

| Redução | |
|---|---|
| Vinagre de álcool | 0,15 litro |
| Vinho branco | 0,15 litro |
| *Échalotes* (picadas) | 0,15 kg |
| Pimenta em grãos | 0,005 kg |
| Estragão | 0,010 kg |
| Salsa | 0,005 kg |

| Finalização | |
|---|---|
| Passar por um *chinois* e incorporar: | |
| Estragão (finamente picado) | 0,010 kg |
| Salsa (finamente picado) | 0,005 kg |

O molho bearnês pode servir de base para a elaboração de diversos molhos, como por exemplo:

- **Molho tirolês**
  Molho bearnês acrescido de óleo + purê de tomate.

- **Molho *choron***
  Molho bearnês (sem as ervas da terminação) + purê de tomate.

# Molho de tomate

1 - Cozinhar a cebola e o alho (finamente picados) com a manteiga em uma caçarola.

2 - Acrescentar o extrato de tomate e cozinhar durante mais alguns minutos para que perca a acidez.

3 - Em seguida incorporar o tomate cortado em *concassé* (sem pele e sem sementes).

4 - Juntar o *bouquet garni*. Temperar com sal e pimenta. Mexer bem.

5 - Cozinhar tampado com um papel, em fogo baixo, até que o tomate se desmanche por completo.

6 - Retificar o tempero. (Acrescentar um pouco de açúcar, se ficar muito ácido.) Passar por um *chinois*. Esfriar ou reservar a uma temperatura acima de 63°C.

| Receita básica: | |
|---|---|
| Tomate (*concassé*) | 1 kg |
| Cebola | 0,200 kg |
| Alho | 0,020 kg |
| *Bouquet garni* | 1 |
| Manteiga sem sal | 0,050 kg |
| Extrato de tomate | 0,100 kg |
| Sal | quanto baste |
| Pimenta branca moída | quanto baste |
| Açúcar | quanto baste |

# Molho americano

O molho americano é em geral servido acompanhando peixes ou crustáceos que foram cozidos em água quente.

| Receita básica: | |
|---|---|
| *Fumet* de peixe | 1,5 litro |
| Carcaças de crustáceos | 1 kg |
| Óleo | 0,100 litro |
| Cenoura | 0,150 kg |
| Tomate | 0,500 kg |
| *Échalote* (ou cebolinha) | 0,050 kg |
| Alho | 0,015 kg |
| *Bouquet garni* | 1 |
| Extrato de tomate | 0,050 kg |
| Salsa | 0,020 kg |
| Conhaque | 0,05 litro |
| Vinho branco | 0,05 litro |
| *Beurre manié* | |
| Manteiga sem sal | 0,050 kg |
| Farinha de trigo | 0,050 kg |

1 - Colocar óleo numa frigideira.

2 - Colocar as carcaças dos crustáceos e cozinhar durante alguns minutos.

3 - Incorporar a salsa, a guarnição aromática e fazer as verduras suarem.

4 - Flambar com o conhaque. Depois incorporar o vinho branco e esperar que o volume se reduza a 1/3 do total.

5 - Acrescentar o extrato de tomate e cozinhar durante alguns minutos para retirar a acidez.

6 - Cobrir com o *fumet* de peixe.

7 - Por último, juntar o tomate em *concassé*, os dentes de alho achatados e o *bouquet garni* e a salsa. Deixar cozinhar por cerca de 15 minutos, destampado, escumando continuamente.

8 - Achatar as carcaças dos crustáceos para extrair bem seus sucos. Cozinhar mais por 15 a 20 minutos.

9 - Passar o molho por um *chinois* para uma panela menor.

10 - Ligar o molho americano com o *beurre manié*. Escumar continuamente as impurezas da superfície.

11 - Reduzir o molho até obter uma consistência espessa e aveludada. Passar outra vez por um *chinois*.

12 – Acertar o tempero.

# Manteiga branca (*beurre blanc*)

Molho emulsificado quente, instável. A manteiga branca é um molho utilizado em geral para acompanhar todo tipo de peixes, ovos e verduras cozidas em água quente ou no vapor. O acréscimo de creme ao molho dá uma textura mais aveludada, mas sua utilização não é obrigatória.

| Receita básica: | |
|---|---|
| Manteiga | 1 kg |
| Creme de leite (opcional) | 0,20 litro |
| Suco de limão | 0,020 litro |
| **Redução de:** | |
| Vinho branco seco | 0,250 litro |
| Vinagre branco | 0,050 litro |
| *Échalote* (ou cebolinha finamente picada) | 0,100 kg |
| Sal e pimenta | quanto baste |

1 - Reduzir numa caçarola o vinho branco com o vinagre e a *échalote* picada.

2 - Juntar o creme de leite (opcional).

3 - Acrescentar a manteiga aos poucos, batendo energicamente fora do fogo.

4 - Passar o molho por um *chinois*. Finalizar juntando o suco de limão. Retificar o tempero. Manter entre 45°C e 50°C.

# Maionese

Molho emulsificado frio, estável. A maionese é um molho utilizado em geral para acompanhar preparações frias; entre elas podemos mencionar as carnes, os peixes, os mariscos, os crustáceos, as verduras, as saladas (como adorno) e os ovos.

1- Colocar as gemas em uma tigela de aço inoxidável.

2 - Acrescentar sal às gemas.

| Receita básica: | |
|---|---|
| Óleo neutro | 1 litro |
| Gemas | 6 a 8 |
| Mostarda | 0,050 kg |
| Vinagre branco | 0,050 litro |
| Suco de limão | 0,025 litro |
| Sal | quanto baste |
| Pimenta branca moída | quanto baste |

3 - Bater até que comece a espumar.

4 - Juntar o óleo aos poucos, sob a forma de fio, continuando a bater energicamente.

5 - Bater até tomar uma consistência espessa, mas suave.

6 - Por último, acrescentar o suco de limão, o vinagre branco e a mostarda.

7 – Acertar o tempero. Conservar na geladeira até o momento de utilizar.

O molho maionese pode servir de base para a elaboração de diversos molhos, como por exemplo:

- **Molho *cocktail***

Maionese + *ketchup* + conhaque + molho inglês + tabasco.

- **Molho tártaro**

Maionese + alcaparras + pepinos em picles + cebolas picadas + salsa picada + estragão picado.

- **Molho verde**

Maionese + corante verde natural (clorofila) + ervas picadas.

- **Molho *aïoli***

Maionese + purê de batatas + alho picado + suco de limão + pimenta caiena.

# Vinagrete

Molho emulsificado frio, instável. Os vinagretes são utilizados para temperar saladas de todos os tipos, tanto frias como mornas. São compostos de dois elementos: um elemento graxo (óleo, creme, queijo cremoso, gordura de bacon, manteiga) e um elemento ácido ou aquoso (vinagres, vinhos, suco de cítricos etc.). Podem-se acrescentar aromatizantes à preparação do vinagrete, como mostarda, ervas finas picadas, queijos, picles, ovos duros, para citar alguns exemplos. Em seguida apresentamos uma tabela comparativa com algumas opções de vinagretes.

1 - Colocar o vinagre em uma tigela de aço inoxidável.

| Tabela comparativa com opções de vinagretes (quantidades em xícaras) | | | | |
|---|---|---|---|---|
| Vinagre | 1 | + | Óleo | 3 |
| Aceto balsâmico | 2 | + | Óleo | 3 |
| Suco de limão | 3 | + | Óleo | 3 |

Exemplo: 1/4 xícara de vinagre + 3/4 de xícara de óleo.

2 - Juntar o sal.

3 - Em seguida, juntar pimenta.

## Emulsão

A emulsão é uma mistura de dois líquidos na qual um deles forma gotículas que se dispersam de modo uniforme no segundo líquido. A mistura encontrada em uma emulsão culinária em geral contém um óleo (ou substância graxa) e água (ou uma substância aquosa).

Existem dois modos pelos quais os líquidos podem se combinar. O óleo pode formar gotículas que ficam suspensas na água, ou a água pode formar gotículas que ficam suspensas no óleo. (O líquido que forma as gotículas chama-se fase dispersa e o líquido que as contém, meio de dispersão.)

A emulsão se forma por meio de um trabalho mecânico (por exemplo, bater para fazer uma maionese). Para estabilizar uma emulsão pode-se adicionar um emulsificante. Muitos ingredientes possuem essa capacidade de estabilizar, como é o caso das gemas, que contêm um emulsificante muito poderoso, chamado lecitina, e outro mais suave, o colesterol.

4 - Despejar o óleo progressivamente, batendo a preparação até que fique emulsificada.

5 - Os ingredientes do vinagrete se mantêm unidos durante um certo espaço de tempo, para depois voltar a se separarem; nesse caso, é preciso bater outra vez.

# Molho agridoce

| Receita básica: | |
|---|---|
| Molho de tomate | 0,250 litro |
| Vinagre de álcool | 0,050 litro |
| Açúcar | 0,080 kg |
| Molho de soja | 0,025 litro |
| Amido de milho | quanto baste |
| Água | quanto baste |

1 - Colocar o molho de tomate dentro de uma caçarola.

2 - Juntar o vinagre de álcool e o açúcar.

3 - Adicionar o molho de soja. Levar ao fogo para cozinhar até que o açúcar fique bem dissolvido.

4 - Diluir um pouco de amido de milho com água e despejar dentro do molho para espessar. Levar ao fogo até que entre em ebulição, mexendo sem parar.

5 - Uma vez espesso, o molho estará pronto para ser usado.

**Dicas**

*Esse é um molho típico chinês, ideal para servir com aves, carnes ou peixes.*
*Em lugar de utilizar açúcar, pode-se adicionar polpa de abacaxi, em calda ou fresco, para adoçar.*

*Para que o molho fique mais brilhante, no momento de servir recomenda-se verter um pouco de óleo quente dentro do mesmo, no final do cozimento, mexendo rapidamente. O óleo formará uma película que manterá o molho brilhante e quente durante mais tempo.*

# Molho *barbecue*

O molho *barbecue* é uma preparação típica dos Estados Unidos da América. É utilizado para pincelar as carnes que estão na grelha e desse modo realçar-lhes o sabor.

Há até competições em que os participantes tentam superar-se a cada ano, melhorando sua técnica para assar e o preparo do molho que acompanha o churrasco. Os participantes provêm em geral dos estados que formam o "*barbecue belt*" (ou cinturão do churrasco), entre os quais se encontram Louisiana, Mississippi, Tennessee, Alabama, Geórgia, Carolina do Norte e do Sul. Embora o Texas e Kentucky sejam também conhecidos por seus famosos churrascos e estejam no sul, não fazem parte oficial do "*barbecue belt*".

A carne mais utilizada para esse molho é a de porco, mas hoje em dia a carne bovina e a de frango também são consumidas (em menor escala) com o *barbecue*. Existe uma infinidade de receitas desse molho. Em seguida mostramos uma básica.

| Receita básica: | |
|---|---|
| Cebola | 0,200 kg |
| Óleo | quanto baste |
| Açúcar mascavo | 0,100 kg |
| Molho de tomate | 0,300 litro |
| Suco de limão | 0,010 litro |
| Molho de soja | 0,020 litro |
| Vinagre | 0,020 litro |
| Molho *worcestershire* (molho inglês) | 0,020 litro |
| Fumaça líquida (opcional) | quanto baste |
| Sal e pimenta | quanto baste |
| Pimentão doce | 0,010 kg |

1 - Aquecer o óleo numa frigideira. Adicionar a cebola picada. Cozinhar a cebola até ficar transparente.

2 - Acrescentar o açúcar mascavo.

3 - Juntar o molho de tomate, o sal e a pimenta.

4 - Adicionar o suco de limão e o molho de soja.

5 - Em seguida incorporar o vinagre e o molho inglês.

6 - Por último juntar o pimentão e a fumaça líquida.

7 - Levar o molho ao fogo e mexer até ficar espesso. Temperar com sal e pimenta.

**Dica**

*A fumaça líquida é um aromatizante que dá um sabor de defumado ao molho. É utilizada no preparo do molho que será servido sobre carnes que não foram cozidas na brasa ou na lenha, e portanto não adquiriram o sabor de defumado diretamente do método de cozimento. Para obter um molho de textura lisa, depois de cozido, processar a preparação.*

8 - Colocar dentro de um recipiente e pincelar as carnes que estejam na churrasqueira, enquanto cozinham.

# Molho picante

Esse molho é indicado para acompanhar a feijoada, encontrando-se dentro da classificação dos molhos emulsificados frios, instáveis.

| Receita básica: | |
|---|---|
| Cebola | 0,200 kg |
| Cebolinha | 0,100 kg |
| Salsa picada | 0,200 kg |
| Suco de limão | 0,100 litro |
| Vinagre | 0,020 litro |
| Óleo | quanto baste |
| Pimenta-malagueta | a gosto |
| Sal e pimenta | a gosto |

1 - Colocar a cebola bem picada dentro de uma tigela.

2 - Juntar a cebolinha picada.

3 - Acrescentar a salsa.

4 - Juntar o suco de limão.

5 - Adicionar o vinagre.

6 - Acrescentar o óleo para emulsificar.

7 - Temperar com sal e pimenta-malagueta a gosto. Mexer bem.

8 - Servir para acompanhar feijoada.

# Ligações

A principal propriedade de uma ligação é a de mudar a consistência dos molhos e sopas. Quando se incorporam diferentes tipos de ligações podemos obter molhos ou sopas mais espessas, mais aveludadas, com cor ou sabor diferentes.

# *Roux*

Os *roux* são preparações nas quais se utilizam as mesmas proporções de gordura (manteiga, óleo, banha etc.) e de farinha (ou amido de milho). Para dar uma consistência mais espessa ou mais líquida a um molho ou sopa, utilizar entre 40 e 160 g de *roux* por litro. (Em geral, calcula-se entre 60 e 80 g de *roux* por litro de sopa e entre 130 e 160 g de *roux* por litro de molho.)

1 - Derreter a manteiga em uma caçarola. Incorporar a farinha peneirada. Mexer continuamente para que cozinhe de maneira uniforme.

2 - *Roux* branco (*roux blanc*): cozinhar no fogo durante 3 a 4 minutos.

3 - *Roux* louro (*roux blond*): cozinhar no fogo durante 4 a 6 minutos.

4 - *Roux* escuro (*roux brun*): cozinhar no fogo durante 6 a 8 minutos. Tomar um cuidado especial com este *roux* porque, se passar do ponto de cozimento, fica com gosto de queimado e amargo.

| Receita básica: | |
|---|---|
| Manteiga sem sal (ou outra gordura) | 0,020 a 0,080 kg |
| Farinha de trigo (ou amido de milho) | 0,020 a 0,080 kg |

**Dica**

*Para evitar a formação de grumos, utilizar o* roux *quente e um líquido frio para pequenas quantidades de molho; ou um* roux *frio e um líquido quente, para grandes quantidades de molho (a manteiga do* roux *impermeabiliza a farinha, o que ajuda a evitar a formação de grumos). Nos dois casos, mexer sem parar até que a preparação entre em ebulição. (Durante o cozimento, há a produção de uma explosão de moléculas de amido, o que faz com que o molho engrosse.)*

# *Beurre manié*

O *beurre manié* é utilizado para dar uma consistência mais espessa, de modo rápido, a um líquido, por meio da adição de manteiga e farinha (nas mesmas proporções) cruas.

1- Utilizar manteiga sem sal amolecida e farinha de trigo em quantidades iguais.

2 - Amolecer a manteiga, mexendo com uma colher.

3 - Acrescentar a farinha peneirada (dependendo da cor do molho, é aconselhável torrar a farinha antes de usar).

4 - Combinar os ingredientes, misturando até obter uma pasta.

5 - Colocar o *beurre manié* aos poucos no molho fervendo, até a obtenção da consistência desejada.

# Ligação com amido

A ligação de molhos com amido (de milho, arroz ou batata) garante uma mudança de consistência imediata, graças à dispersão do produto no líquido fervendo.

1 - Diluir o amido em um líquido frio.

2 - Despejar sob a forma de fio sobre o líquido fervendo. Mexer sem parar para que não se formem grumos.

**Receita básica:**

| | |
|---|---|
| Amido de milho ou de arroz ou de batata | 0,050 a 0,100 kg (dependendo da consistência desejada) |
| Líquido (água) | 1 litro |

3 - Verificar a consistência desejada.

# Ligação com farinha torrada

Os líquidos obtêm uma ligação estável e durável quando se dispersa farinha de trigo torrada sobre eles. Esse método é utilizado principalmente em guisados, já que se polvilha a carne com farinha e depois se adiciona o líquido.

| Receita básica: | |
|---|---|
| Farinha de trigo | 0,050 a 0,100 kg |
| Carne | 1 kg |
| Líquido | 1 a 2 litros |

1 - Colocar a farinha em uma frigideira.

2 - Levar ao fogo e mexer continuamente para torrar a farinha. (Isso também pode ser feito no forno.)

3 - Polvilhar a carne (do guisado) com farinha e despejar o líquido por cima. (Caso se polvilhe com farinha crua, não mexer e levar ao forno para tostar. Depois retirar e adicionar o líquido desejado.) Levar à ebulição para a preparação engrossar.

**Dica**

*Uma segunda opção é diluir a farinha torrada em um líquido frio (como para o amido) e verter sob forma de fio sobre as preparações.*

# Ligação com farinha de mandioca

Esse método é utilizado em uma preparação típica brasileira conhecida como pirão. O pirão é um molho cremoso de peixe, engrossado com farinha de mandioca, e que pode ser aromatizado com azeite de dendê. Em geral serve de acompanhamento para peixes, carnes e para um prato tradicional brasileiro chamado moqueca de peixe.

1 - Colocar a cebola picada dentro de uma frigideira com um pouco de óleo. (Pode-se acrescentar azeite de dendê para aromatizar, se desejar.) Cozinhar até a cebola ficar translúcida.

2 - Adicionar a farinha de mandioca.

| Receita básica: | |
|---|---|
| Cebola | 0,200 kg |
| Farinha de mandioca | 0,100 kg |
| Caldo de guisado de peixe, carne ou verdura | 1 litro |
| Azeite de dendê (opcional) | quanto baste |
| Óleo | 0,100 litro |

3 - Cozinhar a farinha no fogo, mexendo continuamente.

4 - Juntá-la ao caldo do guisado de peixe, carne ou verdura. Mexer no fogo.

5 - O molho, ou pirão, deve ficar bem espesso e cremoso.

# Ligação com sangue

O sangue tem uma capacidade de coagulação que dá consistência e sabor particulares aos molhos escuros (como a clássica preparação de *civet* ou molho pardo).

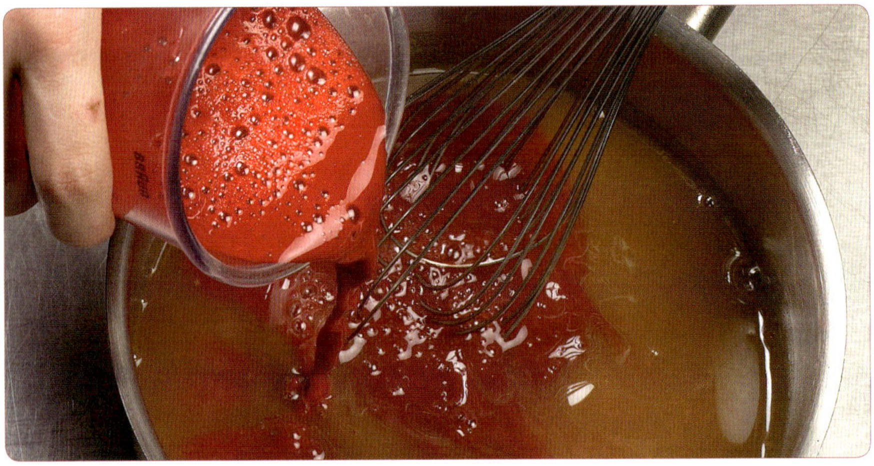

1 - Despejar o sangue aos poucos, fora do fogo. Cozinhar em cima do fogão sem deixar ferver. Mexer continuamente para que não se formem grumos.

2 - Assim que o molho recobrir as costas da colher, passar imediatamente por um *chinois* para outro recipiente limpo. Retificar o tempero e utilizar.

**Dicas**

- *Pode-se utilizar o sangue do animal correspondente ao molho que se está preparando (por exemplo, sangue de ave para frango ao vinho tinto).*
- *A quantidade de sangue que se junta a um molho vai depender da consistência que se quer obter.*

# Ligação com frutas

A ligação dos molhos pode ser complementada pela utilização de um purê de frutas (de preferência, ricas em pectina e amido).

1 - Colocar pedaços de frutas dentro de um liquidificador.

2 - Bater até que se desmanchem.

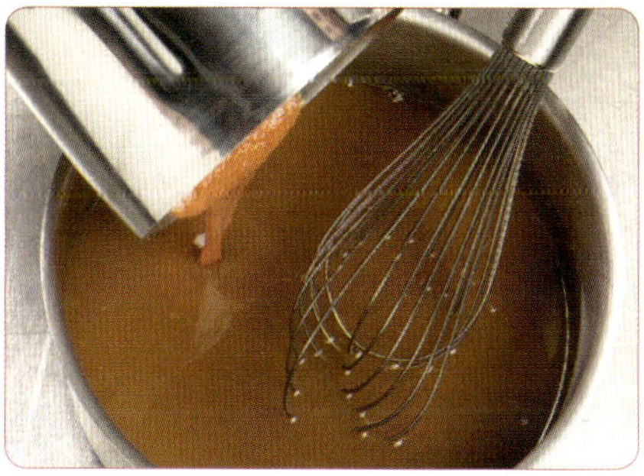

3 - Verter o purê de frutas dentro do molho e engrossar no fogo, mexendo sem parar. Neste caso, o espessamento do molho está sendo feito com purê de frutas, e não com farinhas e outros amiláceos.

4 - Passar o molho por um *chinois* para outro recipiente ao obter a consistência desejada.

# Ligação com creme e/ou gemas

**Os molhos ou *veloutés* podem ser ligados com creme de leite, com gemas ou com uma mistura dos dois, se for desejada uma untuosidade maior na preparação.**

1 - As gemas e o creme de leite podem ser utilizados tanto em separado como juntos.

2 - Em qualquer dos casos, incorporar um pouco do molho *velouté* morno sobre as gemas ou o creme, ou a união dos dois, para temperar a preparação.

3 - Verter a mistura na caçarola com o restante do molho e levar ao fogo. Mexer continuamente.

4 - Verificar se o molho recobre as costas de uma colher.

5 - Passar o molho por um *chinois* para um recipiente limpo.

# Ligação com fígado

A ligação com fígado costuma ser empregada para molhos escuros, conferindo uma consistência aveludada e um sabor especial. Em geral são utilizados fígados de frango, embora também se usem outros tipos de fígado.

1 - Colocar o fígado no liquidificador.

2 - Bater até que se desmanche por completo.

3 - Verter para uma caçarola com o molho escuro quente, fora do fogo.

4 - Mexer continuamente sobre o fogo, sem deixar ferver, até recobrir as costas de uma colher.

5 - Passar o molho por um *chinois* para outro recipiente ao obter a consistência desejada.

# Amanteigar um molho

É possível amanteigar os molhos depois de terminado o cozimento, acrescentando-se pedaços pequenos de manteiga gelada. A incorporação da manteiga ao molho suaviza levemente seu sabor e confere um aspecto liso e brilhante.

| Receita básica: | |
|---|---|
| Manteiga | 0,050 a 0,100 kg |
| Molho | 1 litro |

**Dica**

*Este procedimento serve para engrossar qualquer tipo de molho quente.*

1 - Acrescentar pedaços pequenos de manteiga sobre o molho.

2 - Unir, revolvendo a caçarola em movimentos circulares. É importante não mexer nem bater para não incorporar ar ao molho, o que mudaria sua cor.

# Marinadas

**As marinadas são misturas de líquidos e guarnições aromáticas, utilizadas para amaciar carnes, peixes, aves, crustáceos, miúdos, para citar alguns exemplos, e ao mesmo tempo aromatizá-los.**

Existem quatro tipos de marinadas:

- Marinadas cruas.
- Marinadas para cozimento a frio (*carpaccio*).
- Marinadas instantâneas.
- Marinadas cozidas.

# Marinada crua

**Em geral, é utilizada para aves ou peças de carne de animais jovens.**

1 - Cortar a guarnição aromática em pedaços grandes.

2 - Colocar a carne que se queira marinar em um recipiente de aço inoxidável, junto com a guarnição aromática e o *bouquet garni*. Acrescentar o vinho e o conhaque e também o sal e a pimenta.

3 - Juntar o vinagre e o óleo, os grãos de pimenta preta, os cravos-da-índia e o sal. Levar à câmara frigorífica a 3°C durante 24 horas. Virar as peças de vez em quando para que fiquem marinados de modo uniforme.

| Receita básica: | |
|---|---|
| Vinho branco ou tinto | 1 litro |
| Vinagre | 0,100 litro |
| Conhaque | 0,050 litro |
| Óleo | 0,050 litro |
| Cenoura | 0,100 kg |
| *Échalote* | 0,050 kg |
| Cebola | 0,100 kg |
| Rama de aipo | 0,050 kg |
| Alho | 0,020 kg |
| *Bouquet garni* | 1 |
| Pimenta preta em grãos | 0,005 kg |
| Cravo-da-índia | 2 |
| Sal | quanto baste |

# Marinada instantânea

Em geral, é utilizada para peças pequenas de carne, aves, peixes, crustáceos ou verduras.

| Receita básica: | |
|---|---|
| Para carnes grelhadas | |
| Óleo | 0,2 litro |
| Tomilho | 0,010 kg |
| Louro | 0,050 kg |
| Salsa | 0,005 kg |
| Para peixes grelhados | |
| Óleo | 0,2 litro |
| Limão (suco) | 1 |
| Tomilho | 0,010 kg |
| Louro | 0,005 kg |

1 - Colocar a carne que se deseja marinar dentro de um recipiente plástico. Depois incorporar o óleo, as ervas e o suco de limão (no caso de peixes). Deixar marinar em câmara frigorífica a 3°C entre 5 e 30 minutos, dependendo da espessura da carne.

# Marinada para cozimento a frio

Esse tipo de marinada é utilizado para a elaboração de *carpaccio* (tanto de carne como de peixe).

| Receita básica: | |
|---|---|
| Óleo | 0,25 litro |
| Limão (suco) | 1 1/2 |
| Ervas aromáticas | 0,30 kg |
| Sal | quanto baste |
| Pimenta | quanto baste |

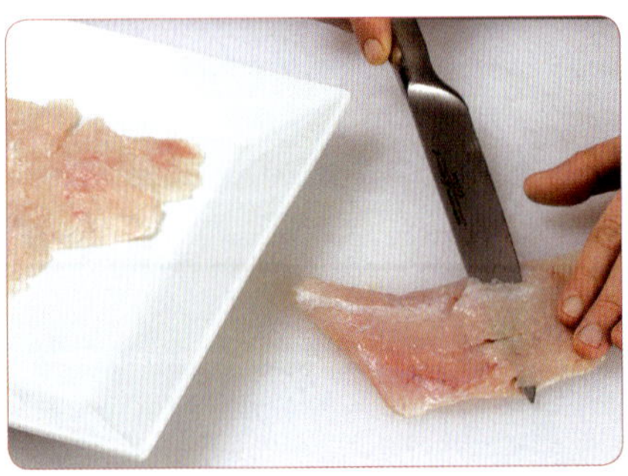

1- Cortar o alimento desejado em escalopes muito finos e arrumá-los separadamente em um prato.

2 - Temperar com sal e pimenta. Polvilhar com as ervas aromáticas.

3 - Regar com o suco de limão.

4 - Por último, colocar o óleo. Deixar marinar dentro de uma câmara frigorífica a 3°C por 5 a 20 minutos.

# Marinada cozida

**Essa marinada é utilizada para amaciar e aromatizar pedaços grandes de carne, de animais velhos ou carnes de caça com sabor pronunciado.**

1 - Ferver todos os ingredientes da marinada numa caçarola, escumando continuamente todas as impurezas da superfície. Cozinhar por 25 a 30 minutos. Esfriar a preparação por completo.

2 - Cobrir as peças de carne escolhidas com a marinada.

3 - Marinar na câmara frigorífica a 3°C por 24 horas.

| Receita básica: | |
|---|---|
| Vinho branco ou tinto | 1,2 litro |
| Vinagre | 0,2 litro |
| Conhaque | 0,1 litro |
| Óleo | 0,050 litro |
| Cebola | 0,100 kg |
| Cenoura | 0,100 kg |
| *Échalote* | 0,030 kg |
| Rama de aipo | 0,050 kg |
| Alho | 0,20 kg |
| *Bouquet garni* | 1 |
| Pimenta preta em grãos | 0,005 kg |
| Cravo-da-índia | 2 |
| Sal | quanto baste |

# Deglaçar

Deglaçar significa soltar os sucos de cozimento dos alimentos que ficam grudados no fundo de uma frigideira, caçarola ou recipiente para forno, derramando um líquido frio contra a superfície quente.

Os sucos de cozimento soltos desse modo se dissolvem dentro do líquido incorporado ao recipiente. O líquido obtido é utilizado para realçar o sabor dos molhos que acompanham o item anteriormente cozido.

1 - Despejar um líquido frio dentro da frigideira quente com os sucos de cozimento grudados no fundo.

2 - Terminar de soltar os sucos de cozimento mexendo com uma colher. Passar por um passador antes de utilizar.

# 11

# Sopas

Sopas de verduras frescas | Sopas cremosas | *Bisque*

# Materiais

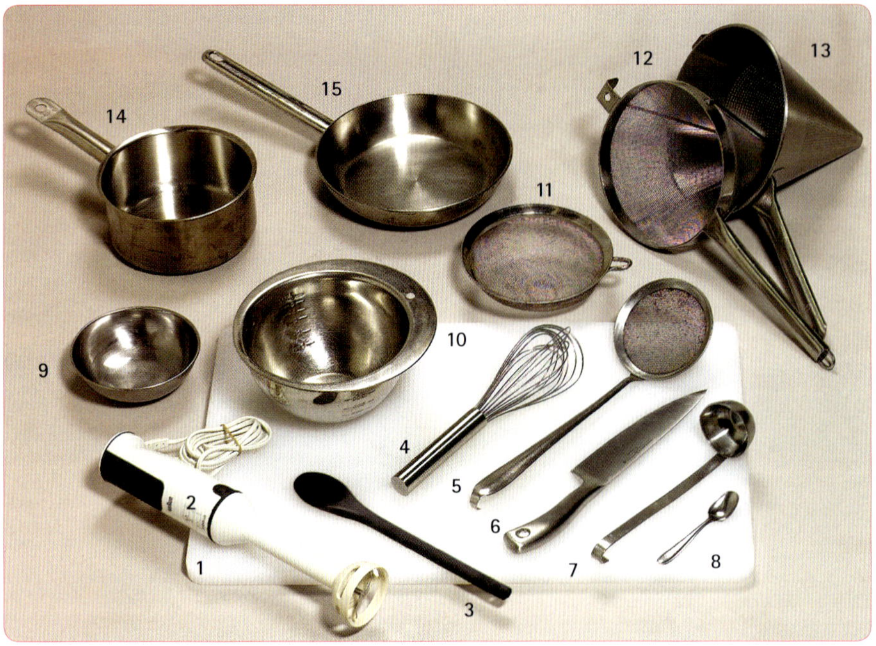


1. Tábua
2. *Mixer*
3. Colher
4. Batedor de arame
5. Escumadeira
6. Faca de cozinha
7. Concha
8. Colher
9. Tigela de aço inoxidável pequena
10. Tigela de aço inoxidável grande
11. Coador
12. *Chinois* de malha fina
13. *Chinois*
14. Caçarola
15. Frigideira

# Sopas

As sopas se dividem em dois grandes grupos:

• Sopas ligadas: têm uma consistência espessa, graças ao acréscimo de alguma ligação (como as descritas no capítulo 10).

• Sopas claras: não contêm qualquer tipo de ligação ou espessante. São feitas a partir de um caldo que pode ser de carne, de ave, de peixe ou de verdura (por exemplo, consomê).

# Sopas de verduras frescas

As sopas de verduras frescas são compostas de um purê de diversas verduras. Podem ser consumidas tanto frias como quentes. Utilizam como base a parte branca de alho-poró e batata (como espessante), para em seguida acrescentar-se o sabor principal da sopa (por exemplo: tomate, no caso de sopa de tomate; aspargo, no caso de sopa de aspargo etc.)

# *Vichyssoise*

(à base de verduras cozidas)

1 - Derreter manteiga em uma caçarola.

2 - Juntar alho-poró (parte branca) picado.

3 - Acrescentar sal, para fazer a verdura suar.

4 - Juntar caldo claro. Levar à ebulição.

5 - Acrescentar a batata cortada em cubos e cozinhar até que se desfaça.

6 - Processar a sopa para que fique lisa e homogênea.

7 - Juntar creme de leite para ligar a sopa e dar a ela uma textura aveludada.

8 - Passar a sopa por um *chinois* para outro recipiente.

9 - Refrigerar a 3°C até o momento de servir. Deve ser consumida fria.

# Gazpacho

(à base de verduras cruas)

1 - Colocar no liquidificador tomate e pepino cortados em cubos.

2 - Juntar pimentão vermelho cortado.

3 - Acrescentar cebola cortada.

4 - Adicionar dentes de alho.

5 - Despejar vinagre de vinho tinto.

6 - Juntar extrato de tomate.

7 - Adicionar molho de pimenta ardida.

8 - Bater no liquidificador até que todas as verduras estejam desfeitas por completo.

9 - Por último, juntar miolo de pão branco, que servirá de espessante. Temperar com sal e pimenta.

10 - Servir acompanhado de uma *brunoise* de verduras frescas e, se quiser, alguns *croutons*.

# Sopa de leguminosas secas

As sopas de leguminosas em geral são compostas de leguminosas secas (grão-de-bico, lentilha, feijão) e de uma guarnição aromática fresca. São finalizadas com um pouco de creme de leite ou manteiga para dar uma textura mais suave ao paladar.

1 - Pôr a leguminosa de molho em água para que hidrate durante cerca de 12 horas. Manter refrigerado e mudar a água a cada 4 horas.

2 - Derreter manteiga em uma caçarola.

3 - Juntar uma guarnição aromática composta de cebola, alho-poró, cenoura e alho.

4 - Pôr um pouco de sal, para facilitar a transpiração das verduras.

5 - Acrescentar a leguminosa, previamente hidratada e escorrida.

6 - Juntar um caldo de cozimento. Ferver até a leguminosa ficar macia.

7 - Processar bem a sopa, até obter um creme liso e homogêneo.

8 - Passar a sopa por um *chinois* para outro recipiente. Ajustar o tempero.

9 - Servir quente.

# Sopa cremosa ou *velouté*

É feita sobre a base de um *velouté* ou de um molho *béchamel* ao qual se acrescenta o sabor desejado (por exemplo, *velouté* de tomate, *velouté* de aspargo). As sopas cremosas são ligadas somente com creme de leite, no final de sua preparação, enquanto um *velouté* é ligado com uma mistura de creme de leite e gemas.

1 - Pôr manteiga numa caçarola.

2 - Juntar cebola e a parte branca do alho-poró.

3 - Polvilhar com farinha de trigo. Cozinhar alguns minutos.

4 - Juntar leite (ou caldo).

5 - Adicionar o aromatizante principal (neste caso, couve-flor, mas pode ser outra verdura). Cozinhar até a couve-flor ficar macia.

6 - Processar para dar uma consistência lisa e homogênea.

# Finalização

## Opção 1

1 - Passar a sopa por um *chinois* para outra caçarola limpa.

2 - Pressionar bem com uma concha para extrair o máximo de líquido.

3 - Se for uma sopa cremosa, adicionar creme de leite. Levar à ebulição. Temperar.

## Opção 2

Juntar uma mistura de creme de leite e gemas, se for um *velouté*. Nesse caso, é importante que a preparação não seja aquecida acima de 85ºC.

# Sopa de purê de verduras

Essa variedade de sopa é feita cozinhando diferentes tipos de verdura com um caldo de cozimento. Em seguida é colocada num *chinois* ou processada, finalizando com um pouco de manteiga e creme de leite para dar uma textura aveludada.

1 - Derreter manteiga numa caçarola.

2 - Juntar a variedade de verduras que se desejar.

3 - Adicionar sal para ajudar as verduras a desprenderem seu líquido.

4 - Acrescentar caldo claro.

5 - Levar à ebulição e cozinhar as verduras até que se desmanchem.

6 - Processar bem ou verter em um *chinois*.

7 - Passar por um *chinois* para outro recipiente.

8 - Servir quente, em uma sopeira.

# Sopa de verduras cortadas

As sopas de verduras cortadas são feitas com verduras frescas cortadas em *paysanne* ou em cubos pequenos, além da adição de um caldo claro.

1 - Cortar as verduras em cubos pequenos ou em *paysanne*.

2 - Derreter manteiga em uma caçarola.

3 - Pôr as verduras cortadas dentro da caçarola.

4 - Acrescentar um pouco de sal para ajudar as verduras a desprenderem seu líquido.

5 - Juntar caldo claro. Levar à ebulição.

6 - Quando estiver na metade do cozimento, juntar as batatas cortadas em cubos pequenos ou em *paysanne*. É importante que o tempo de cozimento não seja ultrapassado para que as verduras não se desmanchem.

7 - Servir a sopa quente, em uma sopeira.

# Bisque

Os *bisques* são sopas preparadas de maneira semelhante ao molho americano, utilizando-se carapaças de crustáceos, uma guarnição aromática, vinho ou conhaque. São ligadas com um purê ou amido de arroz. Em geral, são finalizadas juntando-se um pouco de manteiga e creme de leite, o que lhes dá uma textura mais aveludada.

1 - Refogar as carapaças dos crustáceos (neste caso, camarões) rapidamente, em fogo forte, com um pouco de manteiga.

2 - Juntar a guarnição aromática. Cozinhar durante alguns minutos.

3 - Adicionar o extrato de tomate. Cozinhar durante alguns instantes para retirar a acidez.

4 - Achatar bem as carapaças para extrair o máximo de suco de seu interior.

5 - Flambar com conhaque.

6 - Juntar tomate *concassé* e cozinhar até que se desfaça por completo.

7 - Adicionar vinho branco. Reduzir até quase secar. Cobrir com água.

8 - Juntar o *bouquet garni* e cozinhar por 20 a 30 minutos.

9 - Em seguida passar o *fumet* de crustáceos por um *chinois* para outra caçarola.

10 - Pôr arroz branco dentro do *fumet* e cozinhar até desmanchar.

11 - Processar bem, para que fique liso e homogêneo.

12 - Passar o *bisque* por um *chinois*, pressionando com a concha para extrair o máximo de líquido.

13 - Por último, acrescentar um pouco de creme de leite para dar um acabamento mais suave.

14 - Servir regado com um pouco de conhaque ou champagne e uma pitada de pimenta caiena.

# 12

# Ovos

Preparações diversas

# Materiais

1. Frigideira
2. Caçarola
3. Recipiente de porcelana para servir ovos quentes
4. Prato fundo pequeno
5. *Ramequin* (forminhas de porcelana refratária)
6. Caçarola de porcelana
7. Agulha para espetar ovos
8. Tigela pequena de aço inoxidável
9. Descascador de ovos
10. Faca de uso geral
11. Colher
12. Escumadeira
13. Colher de polietileno
14. Pincel

# Ovos

Os ovos contêm o gérmen de um embrião e suas reservas nutritivas. Podem ser provenientes de fêmeas de aves ou de répteis. Em geral, na culinária, quando se usa a palavra "ovo", refere-se a ovo de galinha.

O ovo se compõe de quatro partes principais:

- Casca.
- Membranas da casca.
- Albumina (clara).
- Gema.

**Casca:**

A cor da casca é uma característica genética que depende da raça da galinha, mas não é uma indicação do valor nutricional ou do sabor do ovo. Seu tamanho varia segundo fatores hereditários da galinha e de sua dieta.

Quanto maior a quantidade de ovos postos pela galinha, mais fina será sua casca. Como as galinhas que põem ovos brancos são mais férteis do que as que põem ovos marrons, as cascas dos ovos brancos tendem a ser mais fracas e mais finas.

A casca é a cobertura frágil e porosa que protege o ovo. São os poros que permitem que o ovo absorva cheiros, água ou ar indesejados.

Outro problema é que, assim que o ovo é posto pela galinha, ele começa a formar dióxido de carbono, que é liberado através dos poros. A perda do dióxido de carbono aumenta a alcalinidade e provoca uma ligeira diminuição das proteínas contidas no ovo. Por esse motivo, as cascas dos ovos são muitas vezes mergulhadas em um óleo mineral inodoro, que tampa parcialmente os poros, prolongando assim seu frescor, mantendo a umidade dos ovos e evitando a absorção de cheiros indesejados.
A casca de um ovo médio tem entre 6 mil e 8 mil poros e representa entre 9% e 12% do peso total do ovo.

**• Membranas da casca:**
São constituídas por duas ou três camadas finas de fibras proteicas aderidas à casca. Elas dão uma proteção adicional contra elementos indesejados, como por exemplo bactérias e mofo. O conteúdo do ovo, ao ser posto pela galinha, preenche completamente a casca. Com a passagem do tempo e com a queda da temperatura, seu conteúdo diminui, e se forma uma camada de ar na parte mais redonda das extremidades. O tamanho da câmara de ar aumenta com a perda de umidade, sendo que, quanto maior, menos fresco é o ovo.

**• Albumina:**
Também conhecida como "clara", consiste em 87,77% de água e 12,5% de albumina (substância proteica), representando 2/3 do peso total do ovo. As chalaças são duas cordas de albumina, com natureza de membrana, em forma de espiral, que mantêm a gema no lugar. A proteína na clara do ovo começa a coagular a uma temperatura entre 55°C e 60°C e se coagula definitivamente a 65°C (ou um pouco menos).

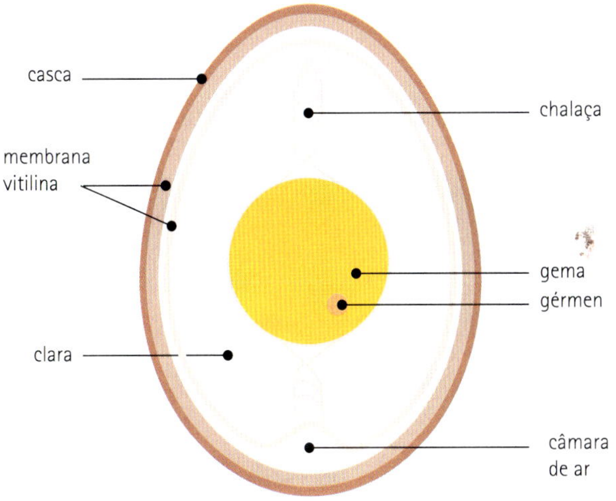


**• Gema:**
A cor da gema varia de acordo com a dieta das galinhas. Uma dieta rica em trigo vai gerar gemas amarelo-pálidas, enquanto uma dieta rica em milho produz gemas amarelo-escuras. A gema é composta de 49% de água e 16,7% de proteínas. As proteínas das gemas começam a espessar a uma temperatura de 65°C, mas coagulam acima de 70°C.

**Dicas**

- *Ao comprar ovos, certifique-se de que as cascas não estejam rachadas. De preferência escolha sempre ovos que estejam refrigerados, já que ovos mantidos à temperatura ambiente se deterioram 7 vezes mais rapidamente do que os refrigerados.*
- *Quebrar os ovos em um recipiente diferente do que se vai utilizar para a preparação, desse modo se pode verificar o frescor dos ovos.*
- *Não separar as claras das gemas com as mãos, porque as mãos contêm muitas bactérias.*
- *Não guardar ovos descascados há mais de 24 horas.*
- *É preferível utilizar ovos à temperatura ambiente para bater (uma vez que irão aumentar mais rapidamente o volume) e para servir (os ovos gelados, postos em água fervendo, racham).*
- *Não apoiar ovos sobre bandejas ou travessas de prata, porque as oxidam.*
- *Lavar as mãos antes de utilizar ovos.*

# Ovo quente

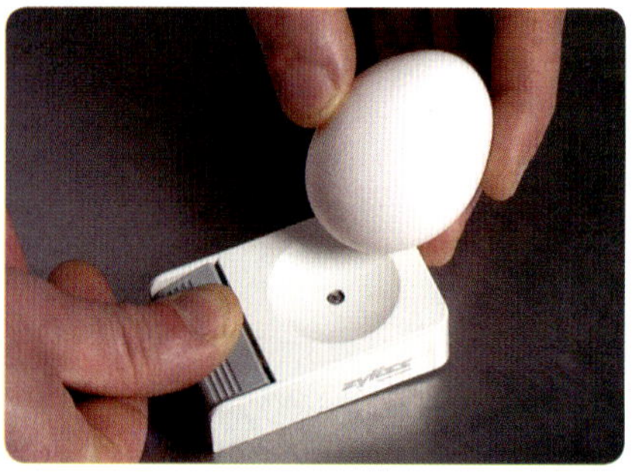

1 - Furar a casca do ovo com uma agulha fina. Isso evitará que ele rache durante o cozimento.

2 - Pôr delicadamente o ovo numa caçarola com água fervendo. Cozinhar durante 2 a 3 minutos (contados a partir do momento em que a água entrar novamente em ebulição).

3 - Retirar o ovo com uma escumadeira e esfriar durante apenas alguns segundos numa tigela com água e gelo.

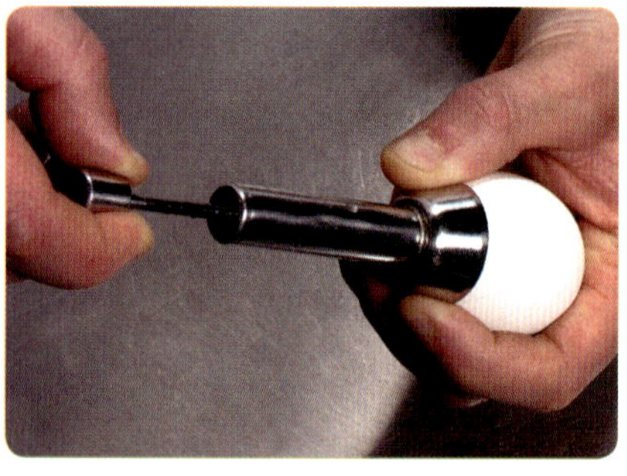

4 - Dar uma batida seca com o descascador de ovo (ou com as costas da lâmina de uma faca) em uma das extremidades. Retirar a tampinha.

5 - A clara deve ficar semicoagulada e a gema, líquida.

# Ovo *mollet*

1 - Furar a casca do ovo com uma agulha fina para que ele não rache durante o cozimento.

2 - Pôr delicadamente o ovo em uma caçarola com água fervendo. Cozinhar durante 5 a 6 minutos (contados a partir do momento em que a água entrar novamente em ebulição).

3 - Retirar o ovo com uma escumadeira e colocá-lo em uma tigela com água e gelo.

4 - Retirar a casca do ovo debaixo d'água (assim ela se desprende mais facilmente).

5 - Ao pressionar o ovo, este deverá estar flexível.

6 - A clara deve ficar coagulada e a gema, cremosa.

# Ovo duro

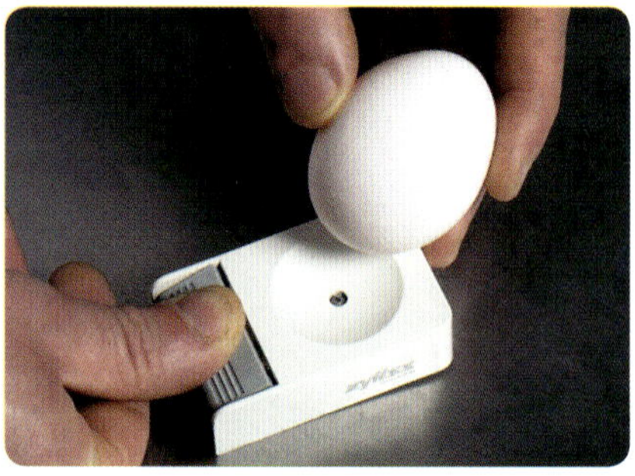

1 - Furar a casca do ovo com uma agulha fina. Isso evitará que o ovo rache durante o cozimento.

2 - Colocar o ovo numa caçarola com água fervendo. Cozinhar por 9 a 11 minutos (contados a partir do momento em que a água entrar novamente em ebulição).

3 - Retirar o ovo com uma escumadeira e colocá-lo numa tigela com água e gelo.

4 - Retirar a casca do ovo debaixo d'água. (Assim ela se desprende mais facilmente.)

5 - A clara e a gema devem ficar coaguladas.

# Ovo escalfado (*poché*)

1 - Levar a água à ebulição e juntar vinagre de álcool (50 ml de vinagre de álcool para cada litro d'água).

2 - Descascar o ovo em um recipiente e colocá-lo com cuidado dentro da água em fervura branda. Cozinhar durante 3 minutos.

3 - A clara deve envolver a gema. Retirar o ovo com cuidado, com uma escumadeira, e mergulhá-lo em água fria, ligeiramente salgada.

4 - Cortar qualquer possível excesso de clara, para dar uma terminação mais esmerada.

5 - A clara deve ficar coagulada e a gema, cremosa.

# Ovo *cocotte*

1 - Pincelar fôrmas de cerâmica com manteiga derretida ou clarificada. Temperar com sal e pimenta.

2 - Descascar um ovo em um recipiente à parte e transferi-lo cuidadosamente para dentro da forma de porcelana refratária. Cozinhar no forno (a 160°C) em banho-maria durante 5 a 6 minutos.

3 - A clara deve ficar semicoagulada e a gema, líquida.

# Ovo *cocotte* ao creme

1 - Pincelar uma fôrma de porcelana refratária com manteiga derretida ou clarificada. Temperar com sal e pimenta. Descascar um ovo em um recipiente à parte e transferi-lo cuidadosamente para a fôrma de porcelana refratária. Despejar um pouco de creme de leite por cima.

2 - Cozinhar no forno (a 160°C) em banho-maria por 5 a 6 minutos.

3 - A clara deve ficar semicoagulada e a gema, líquida.

# Ovos cozidos no prato

1 - Pincelar um prato fundo pequeno com manteiga derretida ou clarificada. Temperar com sal e pimenta.

2 - Descascar 2 ovos em um recipiente à parte e colocá-los delicadamente dentro da fôrma untada.

3 - Os ovos podem ser cozidos no forno, em banho-maria, ou no fogão, em fogo brando.

4 - As claras devem ficar coaguladas e as gemas, líquidas.

# Ovo frito

1 - Aquecer o óleo entre 180°C e 190°C. Descascar o ovo em um recipiente à parte e transferi-lo cuidadosamente para dentro do óleo.

2 - Virar o ovo com a ajuda de duas colheres de pau, para que a clara envolva a gema e adquira uma cor uniforme em toda a volta.

3 - Deixar passar 1 minuto de cozimento. Quando o ovo adquirir uma cor dourada uniforme, retirá-lo com uma escumadeira. Escorrer sobre uma placa com papel absorvente. Salgar.

4 - A clara deve ficar coagulada e ligeiramente crocante, e a gema, líquida.

# Ovo *à la diable*

1 - Pôr manteiga numa frigideira antiaderente. Deixar que adquira uma cor de avelã clara.

2 - Descascar o ovo em um recipiente à parte. Colocar um aro metálico untado com manteiga por cima da frigideira e derramar o ovo dentro, com cuidado.

3 - Salgar só a clara. (O sal sobre a gema faz com que esta se rompa.)

4 - Quando a clara começar a coagular, retirar o aro metálico. Virar o ovo com uma espátula para que cozinhe do outro lado.

5 - A clara deve ficar coagulada e ligeiramente crocante, e a gema, cremosa.

# Ovo estalado (ou estrelado)

1 - Pôr manteiga em uma frigideira antiaderente. Deixar que tome uma cor de avelã clara.

2 - Descascar 2 ovos em um recipiente à parte. Entorná-los cuidadosamente na frigideira.

3 - Salgar somente a clara. (O sal sobre a gema faz com que esta se rompa.)

4 - A clara deve ficar coagulada e a gema, líquida.

# Omelete

1 - Bater os ovos em um recipiente. Temperar com sal e pimenta.

2 - Aquecer um pouco de óleo ou manteiga em uma frigideira antiaderente. Despejar os ovos batidos e mexer sem parar.

3 - Acrescentar o aromatizante desejado (neste caso, champignons refogados com alho e salsa).

4 - Retirar a frigideira do fogo. Incliná-la para a frente e dobrar uma extremidade da omelete na direção do centro.

5 - Dar umas pancadinhas com o cabo da frigideira, para que a outra extremidade se dobre para o centro.

6 - Pressionar o meio da omelete com uma espátula, para ligar as duas extremidades e dar uma boa forma arredondada.

7 - Virar a omelete sobre um prato ligeiramente untado com manteiga. Se precisar, terminar de dar a forma pressionando com um papel absorvente.

8 - A omelete pode ser servida tanto com recheio como simples.

# Ovos mexidos

1 - Pôr os ovos dentro de uma caçarola. Juntar um pouco de manteiga.

2 - Mexer sem parar sobre o fogão, em fogo brando, para evitar que a coagulação seja brusca e granulosa. (Isso também pode ser feito em banho-maria.)

3 - Levar o ovo coagulado para o centro da caçarola.

4 - Retirar do fogo e incorporar creme de leite ou manteiga, para deter o cozimento.

5 - Os ovos mexidos devem ter uma textura cremosa.

# 13 Cozimentos

Diversos tipos de cozimento |

Conservação a vácuo | Cozimento a vácuo

# Aferventar cascas de cítricos

Começa-se a aferventar a casca do cítrico com água fria. Assim que a água entrar em ebulição, deve--se escorrer a casca e repetir a operação. Esse procedimento é feito para tirar o sabor amargo.

1 - Colocar numa caçarola: água fria, uma pitada de sal e a casca do cítrico escolhido.

2 - Levar à ebulição em fogo brando.

3 - Assim que entrar em ebulição, retirar imediatamente do fogo e passar por um *chinois*.

4 - Repetir a operação mais 4 a 5 vezes (a pitada de sal é posta na primeira água de ebulição).

# Cozimento branco (claro)

Cozinhar em fogo forte o alimento (em geral, *champignon*) com suco de limão, manteiga e pouca água.

| Receita básica: | |
|---|---|
| Limão (suco) | 1 |
| Manteiga sem sal | 0,100 kg |
| Sal fino | quanto baste |
| Pimenta | quanto baste |

1 - Colocar numa caçarola o *champignon*, o suco de limão e a manteiga. Temperar.

2 - Juntar um pouco d'água, se for necessário, e cozinhar em fogo forte, coberto com papel manteiga, por (no máximo) 5 minutos.

# Cozimento em um caldo branco

Cozinhar um alimento em uma mistura ácida e na presença de amido, para que não escureça.

| Receita básica para 1kg de verduras em um caldo branco: | |
|---|---|
| Água | 2 litros |
| Óleo | 0,005 litro |
| Limão (suco) | 2 |
| Farinha de trigo | 0,050 kg |

| Receita básica para 1kg de miúdos: | |
|---|---|
| Água | 2 litros |
| Óleo | 0,002 litro |
| Vinagre | 0,010 litro |
| Farinha de trigo | 0,050 kg |
| *Bouquet garni* | 1 |
| Cebola | 0,150 kg |
| Cenoura | 0,150 kg |

1 - Espremer o suco de limão dentro de uma caçarola com água e juntar as cascas.

2 - Colocar uma peneira dentro da água da caçarola e juntar a farinha (desse modo evita-se a formação de grumos). Regar com o óleo.

3 - Acrescentar o ingrediente desejado (neste caso, alcachofras) e levar ao fogo para que cozinhe. Manter o ingrediente dentro do caldo branco até que esfrie, para conservá-lo melhor.

# Cozimento à inglesa

**O cozimento à inglesa é um método pelo qual se submerge um alimento para ser cozido, seja em água fervendo com sal grosso ou em um caldo de cozimento, em vinho, em uma calda ou em leite.**

1 - Colocar sal grosso em uma caçarola com água fervendo.

2 - Mergulhar o alimento desejado dentro da água com uma escumadeira.

3 - Cozinhar por completo o alimento. Passar para uma tigela com água e gelo para interromper o cozimento.

**Dica**

*Ao cozinhar batatas, que não perdem a cor durante o cozimento, pode-se começar a cocção utilizando água fria e, depois que esta entrar em ebulição, cozinhar por mais alguns minutos até que fiquem macias e cozidas por completo.*

# Glaçado a branco

O glaçado a branco é usado para cozinhar pequenos legumes, dando brilho à sua camada externa.

| Receita básica para glaçar a branco 1,5 kg de legumes: | |
|---|---|
| Manteiga sem sal | 0,100 kg |
| Açúcar | 0,040 kg |
| Água | quanto baste |
| Sal | 1 pitada |

1 - Colocar numa caçarola os legumes escolhidos, a manteiga, o açúcar e água que baste apenas para cobrir. Levar ao fogo médio.

2 - Cobrir com uma tampa de papel-manteiga. Cozinhar tampado até que quase toda a água tenha evaporado.

3 - Retirar o papel no final do cozimento. Deixar evaporar o líquido restante. Colocar uma pitada de sal.

4 - Os legumes estarão prontos quando ficarem brilhantes, mas sem adquirir cor.

# Glaçado caramelizado

O método de cozimento é idêntico ao do glaçado a branco. Utiliza-se esta técnica quando se deseja que os alimentos adquiram uma coloração amarronzada brilhante.

1 - Colocar, em uma panela, as cebolinhas (ou o ingrediente que se desejar), a manteiga, o açúcar, o sal e água até cobrir.

2 - Tampar com papel-manteiga. Deixar que quase todo o líquido evapore, em fogo médio.

| Receita básica para 1,5 kg de legumes: | |
|---|---|
| Manteiga sem sal | 0,100 kg |
| Açúcar | 0,040 kg |
| Água | quanto baste |
| Sal | 1 pitada |

3 - Retirar o papel. Deixar que o líquido termine de evaporar e o açúcar comece a caramelizar.

4 - A cebolinha estará pronta quando tiver adquirido uma cor dourada-escura.

# Guisar (*étuver*)

Cozinhar um alimento (em geral, legumes) tampado, em sua própria água e com um pouco de gordura.

1 - Pôr manteiga numa caçarola para que derreta.

2 - Juntar os legumes.

3 - Temperar com sal e pimenta.

4 - Cozinhar tampado, em fogo forte, até que comece a soltar vapor e, em seguida, terminar o cozimento em fogo baixo.

# Refogar

Este método de cozimento é utilizado para peças pequenas, que são cozidas em um recipiente baixo (frigideira), com gordura, e sem tampar. Os alimentos que não tomam cor com facilidade devem ser passados por farinha de trigo antes do cozimento.

1 - Colocar manteiga e óleo em uma frigideira.

2 - Juntar o alimento que se deseja cozinhar.

3 - Mexer para que os alimentos adquiram cor por igual.

4 - Temperar no final do cozimento.

# Estufar

No estufado, em geral, se cozinham peças inteiras ou cortadas em pedaços grandes, em fogo baixo e muito devagar, "selando-as" primeiro. Os alimentos ficam cobertos até a metade de sua altura com um caldo (ligado ou não) e um conjunto de guarnição aromática e vinho. O resultado é uma carne macia e um molho perfumado.

## Estufado de verduras

| Receita básica para 10 pessoas: | |
|---|---|
| Manteiga sem sal | 0,050 kg |
| Caldo de carne ligado | 1 litro |
| Vinho branco ou tinto | 0,150 litro |
| Cenoura | 0,100 kg |
| Cebola | 0,100 kg |
| Tomate | 0,100 kg |
| Talo de aipo | 0,050 kg |
| Alho | 0,010 kg |
| *Bouquet garni* | 1 |
| Sal e pimenta | a gosto |

1 - Colocar um pouco de manteiga numa caçarola.

2 - Refogar a guarnição aromática. Em seguida juntar o tomate e o *bouquet garni*.

3 - Acrescentar o talo de aipo limpo, para estufar. (Se for alface, aferventar antes.) Regar com o vinho branco.

4 - Temperar com sal e pimenta.

5 - Cobrir com caldo de carne ligado até a metade da altura do ingrediente escolhido.

6 - Tampar e levar ao fogo para cozinhar até que a verdura fique macia.

7 - No final do cozimento, retirar as verduras e o *bouquet garni*. Processar o molho, passá-lo por um *chinois* e servir acompanhando as verduras.

## Estufado de carnes

1 - Colocar manteiga em uma panela grande e baixa (*rondeau*).

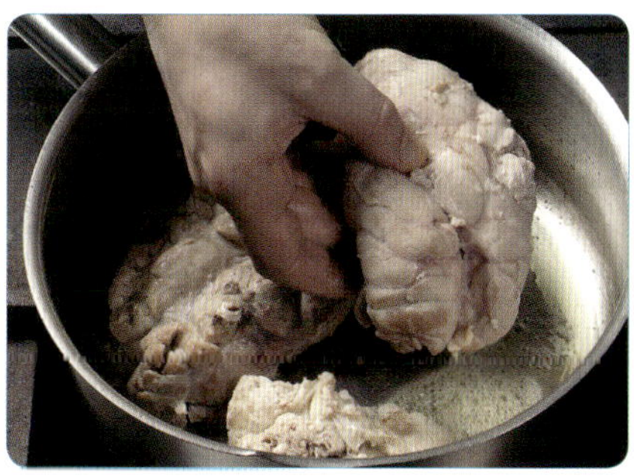

2 - Selar a peça de carne até que tome uma cor dourada.

3 - Temperar com sal e pimenta.

4 - Adicionar a guarnição aromática e refogar.

5 - Mexer para misturar bem.

6 - Juntar o tomate em *concassé*.

7 - Deglaçar com vinho e reduzir até quase secar. Acrescentar o *bouquet garni*.

8 - Juntar o caldo escuro, cobrindo a peça até 3/4 de sua altura.

9 - Tampar e levar ao fogo até que a carne fique macia.

10 - Retirar a carne. Processar o molho, passá-lo por um *chinois* e servir acompanhando a carne.

# *Confit*

O *confit* é a técnica na qual se cozinha carne de porco, ganso ou pato dentro de sua própria gordura, para obter como resultado uma carne muito macia.

1 - Colocar a peça cujo *confit* se quer preparar dentro de sua própria gordura clarificada, quente.

2 - Cozinhar muito lentamente em fogo brando, durante várias horas, escumando continuamente as impurezas que subam à superfície. Depois do cozimento, dourar a peça sob a salamandra ou no forno.

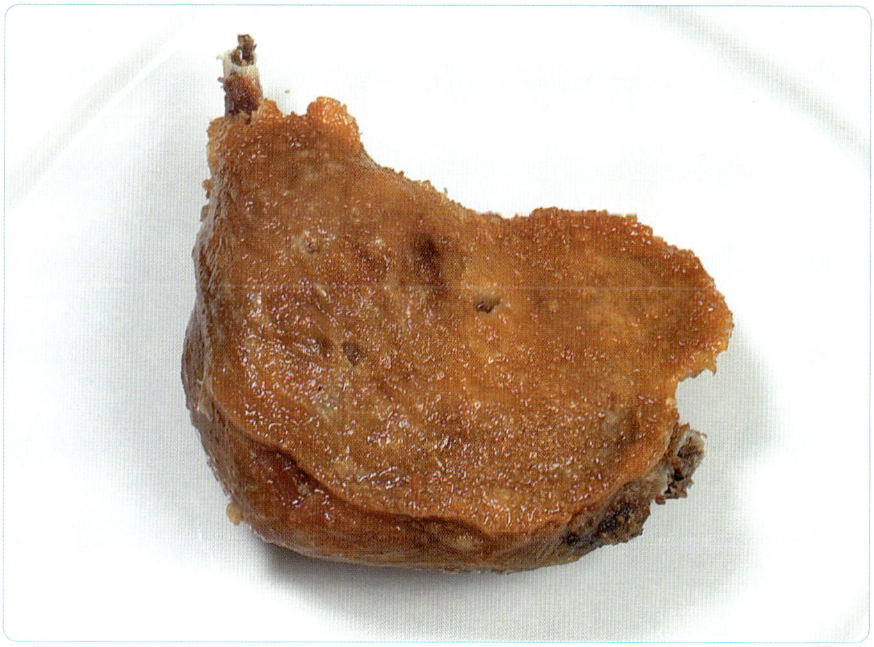

3 - O resultado será uma carne macia e dourada do lado de fora.

# *Confit* de tomate

O *confit* de tomate é feito de forma diferente do de carnes. Os tomates são postos numa assadeira e são regados com óleo. O cozimento deve ser feito a uma temperatura baixa (100ºC) durante aproximadamente 4 horas. Como resultado, os tomates ficam macios, mas com uma textura firme, sem desmanchar. Esta técnica pode ser utilizada com as hortaliças que se desejar.

1 - Arrumar os tomates inteiros, enfileirando-os sobre uma assadeira. Regá-los com óleo.

2 - Acrescentar por cima um pouco de sal grosso. Levar para cozinhar no forno a 100ºC durante aproximadamente 4 horas.

3 - Os tomates ficarão macios, mas não devem se desfazer.

**Dicas**

- *Pode-se variar o tipo de óleo utilizado à vontade, para conferir outro sabor aos tomates, como por exemplo azeite de oliva, óleo de gergelim ou óleo de nozes.*
- *Pode-se também acrescentar ervas frescas ao* confit. *É muito comum combinar os tomates com tomilho, alecrim, alfavaca ou sálvia.*

# Cozimento à grega

No cozimento à grega, cozinham-se legumes dentro de uma emulsão feita com suco de limão, vinho branco, óleo e coentro em grão. Geralmente esses legumes são servidos como entrada.

1 - Fazer com que a cebola e o alho picados transpirem em azeite de oliva.

2 - Acrescentar os legumes. Refogar.

| Receita básica para 10 pessoas: | |
|---|---|
| *Champignon* | 2 kg |
| Cebola (picada) | 0,200 kg |
| Alho | 0,060 kg |
| Azeite de oliva | 0,10 litro |
| Vinho branco | 0,25 litro |
| Limão (suco) | 2 |
| Coentro em grão | 0,020 kg |
| Sal e pimenta | a gosto |

3 - Temperar com sal e pimenta. Juntar o vinho branco e o suco de limão. Adicionar o coentro envolvido numa gaze.

4 - Tampar com papel-manteiga e cozinhar em fogo forte.

5 - Próximo ao final do cozimento, retirar o papel. Deixar o líquido reduzir mais (deve ficar pouca quantidade na caçarola). Deixar esfriar e servir como entrada.

# Fritar

Nesta técnica de cozimento, os alimentos são mergulhados em um banho de óleo, empregando-se gorduras que suportem altas temperaturas (como óleo de girassol, de milho ou de amendoim). Recomenda-se utilizar temperaturas entre 155ºC e 160ºC para branquear batatas, que em seguida serão fritas a 180ºC. Os alimentos empanados devem ser cozidos a 170ºC, para tomarem uma cor dourada uniforme.

## Fritar com pouco óleo

1 - Colocar o alimento coberto com uma crosta de ovos e farinha de rosca, tipo à milanesa, dentro da frigideira com óleo fervente a uma temperatura de 170ºC.

2 - Cozinhar até que tome uma cor dourada uniforme dos dois lados.

3 - Passar para um tabuleiro com papel absorvente.

**Dica**

*Os alimentos que são fritos com pouca quantidade de gordura geralmente são empanados. Isso forma um selo, que mantém a umidade dos alimentos em seu interior e previne a absorção excessiva de gordura.*

# Fritar em óleo abundante

1 - Colocar a batata ou o ingrediente que se deseja fritar em óleo a 180°C.

2 - Certificar-se de que haja bastante espaço para o alimento flutuar durante o cozimento.

3 - Retirar com uma escumadeira quando estiver cozido.

**Dica**

*Os alimentos a serem fritos em óleo abundante devem ter tamanho e forma adequados, para poderem flutuar dentro da gordura. Devem ficar completamente cozidos, tomando uma coloração dourada intensa.*

4 - O resultado final deve ser um produto com a camada externa crocante e uma cor dourada.

# Branquear com óleo

Usa-se branquear com óleo um alimento que em seguida terminará de cozinhar em um banho de fritura em temperatura mais elevada (como é o caso da batata *pont neuf*). Os alimentos vão ficar completamente cozidos no interior, sem que a parte exterior se queime.

1 - Colocar a batata (ou o produto desejado) no óleo a uma temperatura entre 155°C e 160° C.

2 - Retirar com uma escumadeira assim que começar a tomar uma cor leve.

3 - Terminar o cozimento a uma temperatura de 180°C.

4 - Desse modo nos certificamos de que o interior do alimento esteja cozido por completo e que seu exterior fique crocante, sem queimar.

# Cozimento em banho-maria

Em geral, usa-se essa técnica de cozimento com alimentos ou preparações delicadas, que não suportam o contato direto com o calor e por isso são postos sobre um recipiente com água em ebulição. (Seu cozimento será mais lento, mas bem mais controlado.)

Pôr o recipiente contendo a preparação dentro de uma frigideira ou tabuleiro com papel no fundo (isso evitará que a água entre em ebulição e que o recipiente vibre). Adicionar água quente. Cozinhar no fogo ou no forno até obter o grau de cozimento desejado para o alimento.

# Cozimento a vapor

Nesta técnica de cozimento, os alimentos são cozidos num recipiente fechado (para cozimento a vapor) que contém um líquido em ebulição (pode ser água, caldo etc.). Os líquidos de cozimento se transformam em vapor e transmitem seu calor e seu aroma aos alimentos (que não estarão em contato direto com a água).

1 - Arrumar os alimentos que se deseja cozinhar dentro do recipiente para cozimento a vapor, com água ou caldo para dar sabor. Tampar e cozinhar até que os alimentos fiquem prontos.

2 - Retirar com uma escumadeira e servir.

# Assar no forno

Esse termo significa o processo de envolver alimentos (em geral peixes, verduras, pães ou sobremesas) com ar seco e quente, em um ambiente fechado. A superfície dos alimentos desidrata e permite que eles adquiram uma cor dourada intensa.

1 - Dispor o alimento desejado sobre uma assadeira. Regar com um pouco de óleo.

2 - Temperar. Levar ao forno para que cozinhe.

3 - Retirar do forno quando chegar ao ponto de cozimento desejado.

# Assar

Como no processo anterior, o assado também envolve os alimentos com ar seco e quente em um ambiente fechado, com a diferença de que o termo aqui se aplica em geral a carnes e aves.

1 - Selar a carne. Acrescentar algumas ervas aromáticas para dar sabor. Levar ao forno para cozinhar.

2 - Regar com os sucos de cozimento, várias vezes, enquanto o alimento cozinha no forno.

3 - A superfície deve ficar dourada e crocante.

# Estufado no forno (*poêler*)

É o nome dado ao cozimento de alimentos (aves, porco, carnes) dentro de um recipiente baixo, com tampa. Em geral são cozidas peças de carne acompanhadas de uma guarnição aromática, que servirá para dar umidade.

1 - Selar a carne com um pouco de óleo em uma panela baixa.

2 - Acrescentar a guarnição aromática.

3 - Tampar e cozinhar no forno a 180ºC.

4 - Regar a carne com seu próprio suco durante o cozimento.

5 - Uma vez cozida e macia, retirar a carne do recipiente.

# Molho ferrugem

1 - Deglaçar a panela com vinho branco, vinho do Porto ou vinho Madeira.

2 - Juntar caldo de carne escuro. Deixar reduzir até ficar espesso e os sabores, bem concentrados.

3 - Passar o molho por um *chinois*, pressionando bem para extrair todos os sucos.

# Glaçar uma peça de carne

1 - Colocar a carne sobre uma assadeira e regá-la com o caldo de molho ferrugem. Levar outra vez ao forno. Repetir a operação até a carne obter um brilho marrom-escuro em toda a superfície.

# Grelhar

O grelhado utiliza uma fonte de calor localizada por baixo da superfície de cozimento. As grelhas podem ser elétricas ou a gás, ou podem queimar lenha ou carvão, o que dará um sabor mais defumado aos alimentos. Os alimentos grelhados em geral são identificados por suas marcas entrecruzadas dadas pelas grades em que ficam apoiados.

## Grelhar carnes

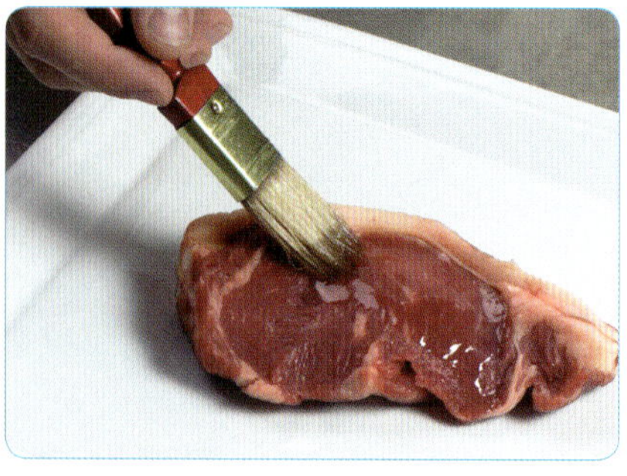

1 - Pincelar os dois lados da carne com óleo, ou passar por uma marinada instantânea à base de óleo e ervas secas.

2 - Colocar a carne sobre uma grelha bem quente e limpa, cozinhar durante alguns instantes. Girar 1/4 de volta, para marcar o desenho quadriculado. Repetir a operação com o outro lado da carne. Temperar.

3 - Uma vez a carne pronta, basta servir.

## Grelhar legumes

1 - Pincelar com óleo os legumes que se deseja cozinhar.

2 - Apoiar os legumes sobre a grelha quente e limpa.

3 - Girar 1/4 de volta para marcar a superfície. Temperar.

4 - Virar os legumes para cozinhar do outro lado.

5 - Pincelar com um pouco de manteiga derretida ou óleo. Temperar.

6 - Deverão ficar marcadas as linhas entrecruzadas na superfície.

## Grelhar peixes

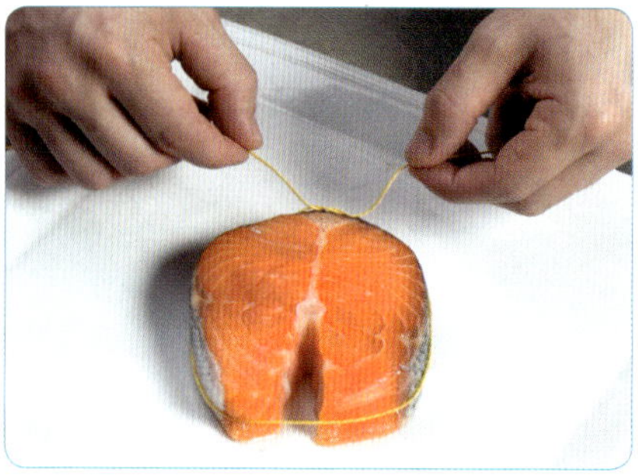

1 - Amarrar a posta de salmão para que fique com um formato atraente durante o cozimento.

2 - Pincelar os dois lados com óleo. Temperar.

3 - Pôr o peixe numa grelha quente. Girar 1/4 de volta para marcar linhas entrecruzadas. Virar o peixe para cozinhar do outro lado por igual.

4 - Uma vez o peixe pronto, basta servir.

# Cozinhar *en papillote*

É o método pelo qual os alimentos são envoltos em um papel-manteiga ou alumínio, junto com uma guarnição aromática, para em seguida serem cozidos no forno. Desse modo os alimentos adquirirão o sabor da guarnição aromática ao mesmo tempo em que mantêm sua umidade.

1 - Pincelar uma folha de papel-alumínio (ou papel-manteiga) com manteiga clarificada.

2 - Pôr sobre o alumínio uma juliana de verduras cruas ou cozidas.

3 - Temperar o ingrediente desejado (ave, peixe, carne, crustáceo etc.) dos dois lados e apoiar sobre as verduras.

4 - Acomodar mais verduras por cima da carne.

5 - Regar com o líquido escolhido (vinho, *fumet*, caldo, suco de limão etc).

6 - Fechar o papel-alumínio, dobrando-o ao meio. Juntar as extremidades e fazer uma dobra.

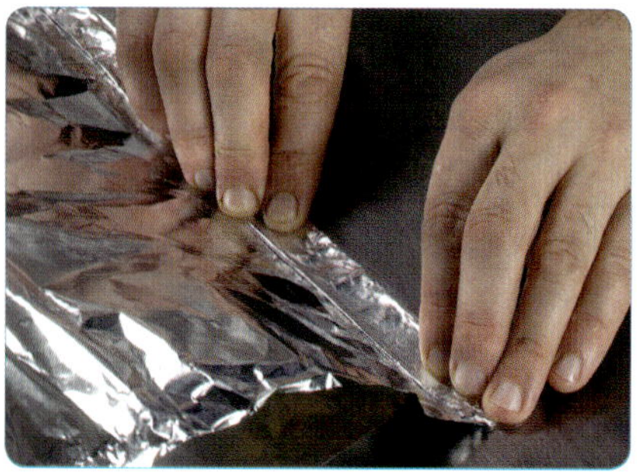

7 - Fazer duas ou três pregas em cada extremidade.

8 - O *papillote* deverá ficar bem fechado para evitar a saída dos sucos.

9 - Colocar o *papillote* sobre uma assadeira e levar ao forno a 200°C por aproximadamente 10 minutos.

10 - Ao ser retirado do forno, o *papillote* vai estar inflado com os vapores dos líquidos de cozimento internos. Fazer uma pequena incisão para deixá-los sair.

11 - Abrir o *papillote* e servir.

# Cozimento em caldo aromático

O cozimento em caldo aromático é feito por meio de um líquido ácido e aromatizado, que se entorna frio ou quente sobre o alimento escolhido e, em seguida, se cozinha em fogo brando. (Os ingredientes do caldo aromático variam de acordo com o tipo de alimento a ser cozido, ou das regiões em que ele seja preparado.)

1 - Colocar a guarnição aromática em água com sal, os grãos de pimenta e o *bouquet garni*.

2 - Cozinhar por 20 minutos. Acrescentar o vinho e o vinagre.

| Receita básica para 1 kg de crustáceos: | |
|---|---|
| Cebola | 0,500 kg |
| Cenoura | 0,500 kg |
| Vinagre | 0,10 litro |
| Sal | 0,010 kg |
| Vinho branco ou tinto | 0,10 litro |
| *Bouquet garni* | 1 |
| Pimenta em grãos | 0,005 kg |
| Água | 3 litros |

3 - Juntar 1 kg de camarões grandes ao caldo aromático quente e cozinhar muito devagar. As peças grandes de carne deverão ser postas em um recipiente e em seguida cobertas com caldo aromático frio ou quente e cozidas em fogo brando.

4 - A preparação, uma vez pronta, deve ser deixada para esfriar no caldo aromático ou é servida quente.

# Cozimento em leite

O cozimento em leite é usado para que os peixes mantenham sua cor bem branca. Em geral o cozimento é feito numa mistura de leite e água fria, que em seguida se leva à ebulição.

| **Receita básica para 1 kg de peixe:** | |
|---|---|
| Leite | 0,250 litro |
| Água | 1 litro |
| Limão (suco) | 1 |
| *Bouquet garni* | 1 |
| Tomilho | 0,002 kg |
| Louro | 0,002 kg |

1 - Colocar numa caçarola a água com o leite, as ervas e sal a gosto. Juntar o peixe.

2 - Cozinhar em fogo brando até que o líquido entre em ebulição. Juntar o suco de limão e o *bouquet garni*. Retirar continuamente as impurezas de superfície.

3 - Retirar o peixe com uma escumadeira, quando estiver pronto, e servir.

# Escalfado (*poché*) a frio

O cozimento é feito colocando-se o ingrediente (carne ou ave) dentro de um líquido (caldo, água) frio, junto com uma guarnição aromática. Nesse cozimento, o líquido não deve entrar em ebulição. O ideal é que a temperatura fique entre 75°C e 85°C. Isso produz um intercâmbio de sabores, dando como resultado um líquido que depois poderá ser utilizado para a elaboração de molhos ou outras preparações.

1 - Colocar 0,500 kg de carne em água fria e aferventá-la.

2 - Retirar as impurezas da superfície com uma escumadeira. Retirar a carne e passá-la para um recipiente limpo.

| Receita básica para 1 litro de caldo: | |
|---|---|
| Caldo claro ou água | 2 litros |
| Cebola | 0,250 kg |
| Cenoura | 0,250 kg |
| Alho-poró (parte verde) | 0,200 kg |
| Cravo-da-índia | 1 |
| *Bouquet garni* | 1 |
| Sal grosso | quanto baste |

3 - Cobrir a carne com água (ou caldo). Juntar a guarnição aromática, o *bouquet garni*, o cravo-da-índia e o sal grosso. Cozinhar destampado durante 45 a 60 minutos em fogo baixo. Retirar a carne e coar o líquido de cozimento (este poderá servir como base de molhos para outras preparações).

# Escalfado (*poché*) a quente

Os alimentos (carne ou ave) são mergulhados em água fervendo (cozimento à inglesa), vinho, leite ou caldo, junto com uma guarnição aromática. Com esse método de cozimento, eles conservam suas qualidades gustativas.

1 - Colocar a guarnição aromática em uma panela com água (ou outro líquido), junto com o *bouquet garni*, o sal e o cravo-da-índia. Levar à ebulição.

2 - Mergulhar a carne dentro da panela, bem amarrada para que não perca a forma.

3 - Amarrar a carne dos dois lados da panela, para evitar que fique em contato com as bordas e doure. Cozinhar até a carne ficar macia.

# Guisar

O guisado é associado a pequenas peças de alimentos, que em primeiro lugar são douradas em pouca gordura ou aferventadas em um líquido e depois terminam de cozinhar dentro de um líquido ou molho.

1 - Selar e temperar 1 kg da carne que se deseja guisar.

2 - Passar os pedaços de carne para uma panela limpa.

3 - Pôr a guarnição aromática dentro da frigideira em que se selou a carne. Fazer as verduras soltarem o líquido.

4 - Deglaçar a frigideira com vinho.

5 - Adicionar a guarnição aromática na panela, junto com a carne. (Nesse momento pode-se ligar com farinha de trigo tostada, se quiser.)

6 - Juntar o caldo ligado até cobrir todos os ingredientes.

| Receita básica para 10 pessoas: | |
|---|---|
| Caldo ligado de carne ou ave (claro ou escuro) | 1 litro |
| Vinho branco ou tinto | 0,150 litro |
| Cebola | 0,100 kg |
| Cenoura | 0,100 kg |
| Tomate | 0,100 kg |
| Folhas de aipo | 0,050 kg |
| Alho | 0,005 kg |
| *Bouquet garni* | 1 |
| Farinha torrada para ligar (opcional) | 0,020 kg |

**Dica**

*Deglaçar significa juntar um líquido (normalmente vinho) para soltar as crostas que se formam no fundo das panelas por causa das substâncias que se desprendem dos alimentos e agarram no fundo. Este procedimento libera as crostas para formar base para um molho.*

7 - Acrescentar o *bouquet garni*. Tampar e cozinhar em fogo médio durante 2 a 3 horas.

8 - O guisado estará pronto quando a carne estiver macia e o molho, grosso.

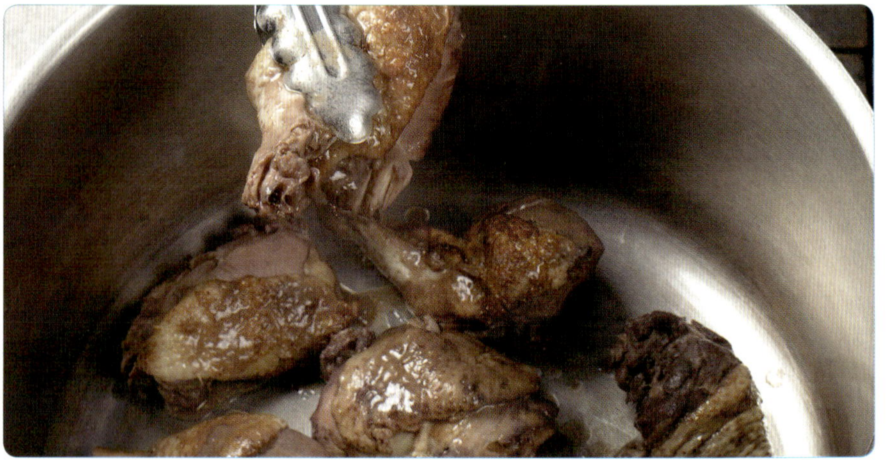

9 - Retirar os pedaços de carne com uma pinça e colocá-los numa panela limpa.

10 - Passar o molho com a guarnição aromática por um *chinois*, por cima da carne, pressionando para extrair o máximo de sucos possível. Servir quente.

# Guisado com leguminosas

Para o guisado com leguminosas secas, é importante colocá-las de molho com pelo menos 24 horas de antecedência dentro da geladeira, mudando a água com frequência (a cada 4 ou 6 horas). Isso evitará que as leguminosas fermentem. O cozimento das leguminosas deve ser apenas com água ou caldo de cozimento, sem sal, uma vez que este extrai a umidade contida nas mesmas e retarda o cozimento.

Apresentamos aqui um guisado com leguminosas tipicamente brasileiro: a feijoada. Para este caso em particular, também se utilizam carnes secas e salgadas.

As carnes secas, do mesmo modo que as salgadas, devem ser hidratadas em recipientes separados com água fresca, durante 24 a 48 horas, dependendo do nível de secagem ou de salgadura, dentro da geladeira para que não estraguem. Uma vez hidratadas, requerem um longo tempo de cozimento para que fiquem macias.

# Feijoada

Este é um prato típico brasileiro, que em geral é acompanhado de arroz, laranjas descascadas cruas e cortadas em rodelas, farofa, pimenta-malagueta, couve e molho apimentado.

**Receita básica:**

| | |
|---|---|
| Feijão preto | 1 kg |
| Chispe (pés do porco) | 2 |
| Carne de boi | 0,500 kg |
| Toucinho defumado | 0,150 kg |
| Toucinho salgado | 0,150 kg |
| Linguiça fresca (tipo churrasco) | 0,500 kg |
| Carne de porco ou costeletas de porco defumadas | 0,500 kg |
| Paio | 1 |
| Orelha de porco salgada | 1 |
| Focinho de porco salgado | 1 |
| Carne-seca | 0,500 kg |
| Sal e pimenta | quanto baste |

| **Refogado** | |
|---|---|
| Cebola | 0,500 kg |
| Óleo ou banha de porco | 0,100 kg |
| Alho | 3 dentes |
| Cebolinha verde | 0,200 kg |
| Pimentão vermelho | 0,300 kg |
| Tomate | 1 kg |
| Salsa picada | 0,100 kg |
| Louro | 1 folha |
| Sal e pimenta | quanto baste |

1 - Colocar o feijão preto de molho durante uma noite.

2 - É importante mantê-lo na geladeira e mudar a água com frequência.

3 - Uma vez hidratado, passar o feijão para uma panela.

4 - Cobrir com água e levar ao fogo durante uma hora.

5 - Passada uma hora de cozimento, acrescentar o chispe e todas as carnes secas e salgadas, que foram previamente deixadas de molho em água durante 12 horas.

6 - Juntar a carne bovina, cortada em pedaços grandes.

7 - Acrescentar o toucinho defumado, cortado em cubos grandes.

8 - Adicionar a linguiça fresca e o paio.

9 - Juntar a carne de porco defumada ou, se preferir, costeletas. Continuar cozinhando em fogo médio.

10 - Assim que o feijão estiver macio, retirar umas conchas da preparação e pôr dentro de uma tigela.

11 - Amassar bem o feijão até obter um purê.

12 - Voltar o purê feito com o feijão para dentro da panela. Isso vai servir para engrossar a preparação.

## Refogado

13 - Colocar a cebola bem picada em uma caçarola com o óleo ou a gordura de porco quente.

14 - Acrescentar o alho picado.

15 - Juntar a cebolinha verde picada.

16 - Cortar o pimentão em *brunoise* e adicioná-la à caçarola.

17 - Descascar e cortar o tomate em *concassé*. Juntá-lo ao refogado.

18 - Acrescentar a salsa picada.

19 - Por último, colocar a folha de louro.

20 - Levar ao fogo e deixar que tudo fique cozido por completo.

**Dica**

*Servir em tigelinhas de barro, acompanhada de molho apimentado, em uma molheira à parte.*

## Finalização

21 - Despejar o refogado dentro da panela com o feijão e as carnes.

22 - Mexer bem, no fogo, para que os ingredientes fiquem ligados. Temperar com sal e pimenta.

23 - Deixar cozinhar até que as carnes fiquem macias e a preparação tenha engrossado.

# Cozimento em *wok*

Em geral, os ingredientes preparados em *wok* têm muito pouco tempo de cozimento no fogo. São cozidos rapidamente com gordura, permanecendo crocantes ao paladar e conservando a maior parte de seus elementos nutritivos.

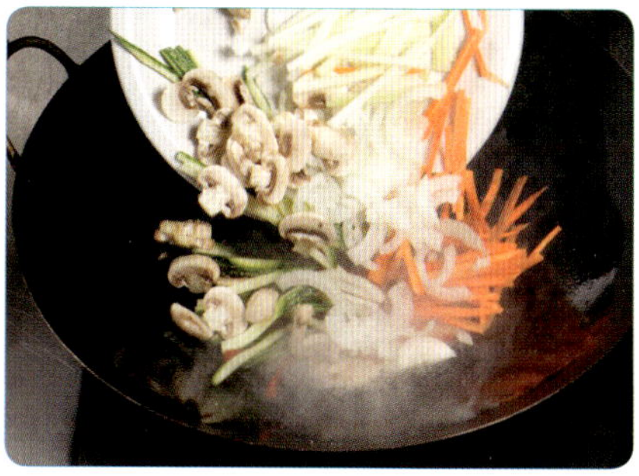

1 - Colocar gordura dentro de um *wok* e aquecê-lo no fogo. Juntar os ingredientes que se deseja cozinhar.

2 - Temperar e refogar rapidamente em fogo alto.

3 - Mexer os ingredientes, levando-os das paredes para o centro do *wok*.

4 - Os alimentos devem permanecer crocantes ao paladar e com cores brilhantes.

### O *wok*

O *wok* é um utensílio muito utilizado na cozinha asiática e, cada vez mais, no mundo todo.

Seu fundo curvo permite cozinhar os alimentos em pouca gordura, fazendo com que circulem até o fundo cada vez que são mexidos.

Em geral os ingredientes são cortados em porções pequenas, o que ajuda no cozimento rápido.

Ao se utilizar o *wok*, o fogo deve ser muito forte, garantindo desse modo que os ingredientes fiquem prontos com poucos minutos de cozimento.

# Defumado

A defumação dos produtos pode ser feita por diversos motivos: manutenção ou preservação, para dar sabor ou aroma, para desenvolver uma cor superficial ou para evitar a oxidação. Existem dois métodos de defumação: a defumação a frio e a defumação a quente.

No primeiro caso, os produtos não são cozidos, enquanto no segundo, sim. Para que adquiram o sabor de defumado, é importante que estejam bem secos antes de entrar para a câmara de defumação.

Os tipos de madeira mais utilizados são os de árvores frutíferas, ou então madeiras duras. Cada variedade de madeira conferirá um sabor único ao defumado. A madeira pode ser utilizada sob a forma de aparas, serragem, lascas ou pedaços um pouco maiores.

A defumação também pode ser feita com diversos tipos de ervas secas ou frescas, especiarias, chás e casca de frutas secas (como a do amendoim, muito utilizada na China). O tempo de defumação vai depender do item a ser defumado, da temperatura do defumador e do tipo de madeira utilizado.

Uma defumação excessiva dará um gosto amargo aos produtos terminados. Em seguida veremos um método de defumação a quente simples, que pode ser feito dentro das cozinhas.

1 - Umedecer as aparas de madeira com água antes de utilizá-las.

2 - Colocar as aparas dentro de uma travessa metálica.

3 - Cobrir com papel-alumínio.

4 - Fazer furinhos com uma faca para que a fumaça produzida pelas aparas possa escapar.

5 - Apoiar uma grade metálica em cima da travessa.

6 - Arrumar por cima da grade os produtos que se deseja defumar.

7 - Cobrir o recipiente com papel-alumínio.

8 - Certificar-se de fechar bem as beiradas da travessa. O alumínio que está cobrindo não deve ficar em contato direto com os produtos a serem defumados.

9 - Apoiar a travessa sobre o fogão em fogo médio e deixar que as aparas comecem a produzir fumaça. Deixar os produtos a serem defumados durante o tempo necessário, de acordo com o tipo de madeira usada.

# Princípios de cozimento: conservação e cozimento a vácuo

É preciso distinguir a conservação a vácuo do cozimento a vácuo.

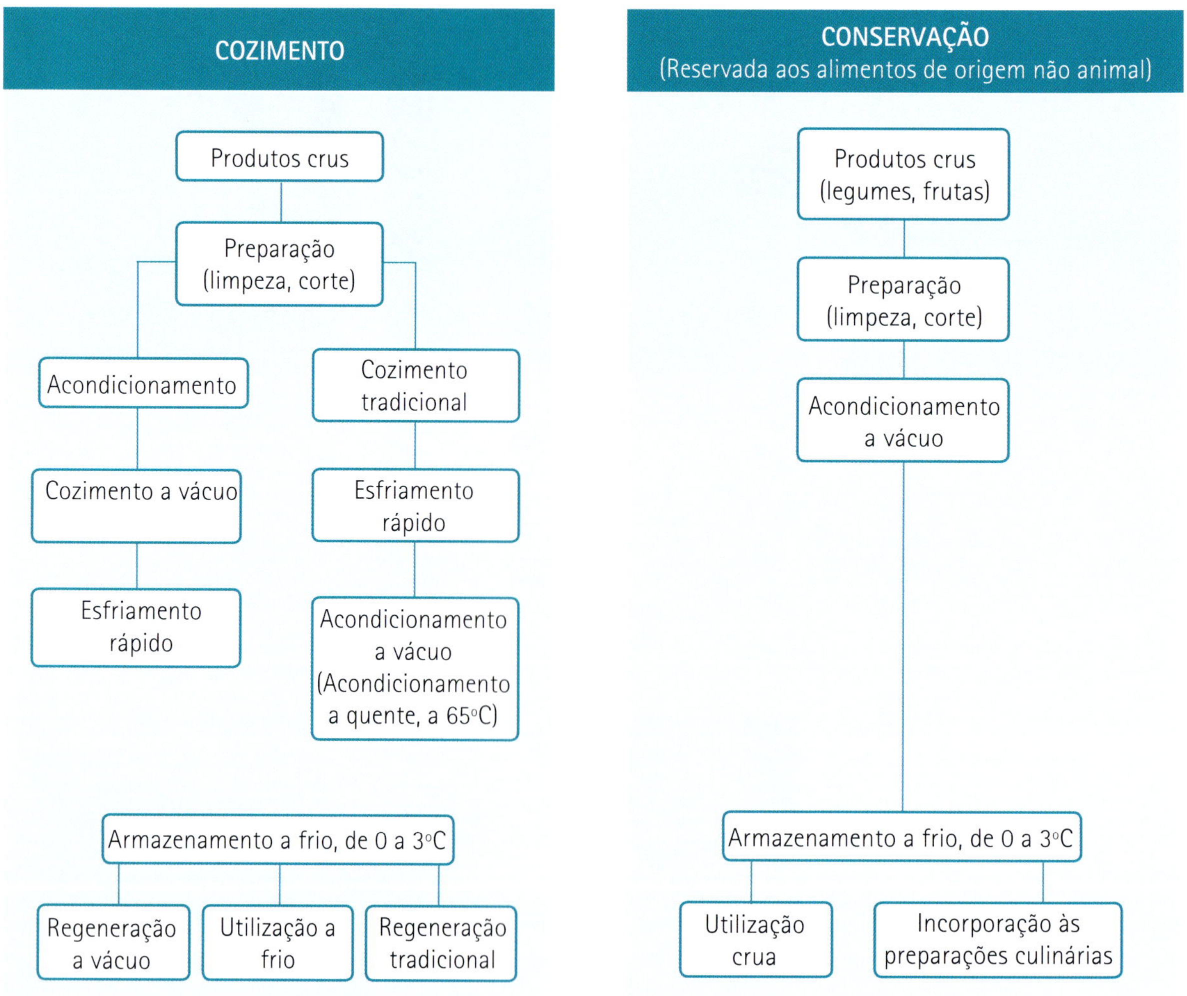

# Conservação a vácuo

O acondicionamento de um alimento em uma bolsa de vácuo não representa, em si, um processo de conservação. Esse acondicionamento deve estar associado à refrigeração ou ao congelamento dos alimentos. Por isso, ao eliminar o oxigênio, o crescimento de alguns germes é limitado e as reações de oxidação, retardadas (alteração da cor, do gosto, entre outras). Considerando-se que muitos germes não são destruídos com a conservação a vácuo, é preciso ter muito cuidado com a higiene durante a manipulação dos alimentos.

## Condições favoráveis e desfavoráveis

| CONDIÇÕES FAVORÁVEIS | CONDIÇÕES DESFAVORÁVEIS |
|---|---|
| Temperatura em torno de 65°C | Temperatura entre 2°C e 6°C |
| Higiene | Falta de higiene |
| Produtos limpos e de boa qualidade | Produtos sujos e de má qualidade |
| Ar limpo | Umidade no ar |
| Manipulação correta | Ar com poeira |
| Conservação a frio a 2°C | Manipulação inadequada |
| Congelamento a -18°C | |
| Acidez | |
| Irradiações | |

## Cuidados especiais

- Lavar as mãos antes de trabalhar.
- Escovar as unhas.
- Torneira de água "não manual".
- Uso de produtos bactericidas.
- Mudar o uniforme todos os dias (deve estar sempre limpo, para não contaminar os alimentos).
- Uso de touca, luvas e máscara.
- Tratamento dos produtos desde sua chegada ao estabelecimento.
- Esfriamento rápido dos produtos, imediatamente após o cozimento.

# Tabela de temperaturas

| | |
|---|---|
| 85°C | Limite inferior do cozimento de vegetais. |
| 71°C | Cozimento de terrinas de carne. |
| 71°C | Cozimento de sobrecoxa de aves. |
| 66°C | Cozimento de refogados, guisados. |
| 65°C | Cozimento de bezerro, coelho, peito de aves. |
| 62°C | Degradação das proteínas que afetam a cor. |
| 62°C | Cozimento: carnes bem cozidas. |
| 62°C | Cozimento de albuminas (aves, peixes). |
| 60°C | Cozimento rosado de cordeiro, pato, rins. |
| 60°C | Cozimento da carne ao ponto. |
| 58°C | Cozimento suculento (*saignant*) da carne. |
| 56°C | Cozimento malpassado (*bleu*) da carne. |
| 55°C | Cozimento de peixe. |
| 55°C | Temperatura de degustação dos pratos. |
| 53°C | Temperatura mínima de cozimento a vácuo. |
| 40°C | Crescimento de bactérias termofílicas. |
| -10°C | Retardamento da multiplicação de bactérias. |
| -18°C | Retardamento da multiplicação de micróbios. |

# Cozimento a vácuo

## Cebola glaçada

1 - Aferventar a cebola durante alguns minutos em água com sal.

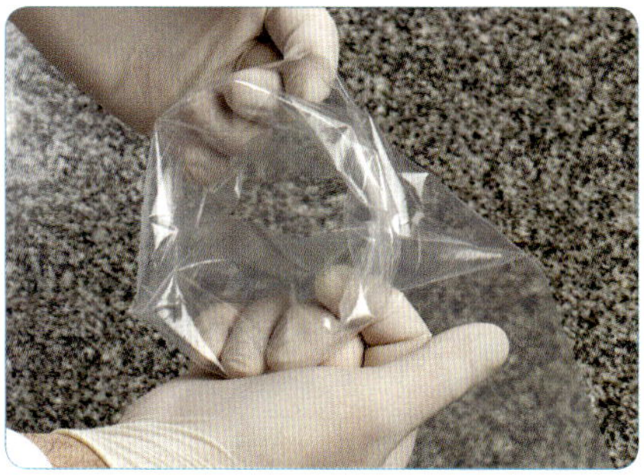

2 - Abrir uma bolsa, para cozimento a vácuo, dobrando as beiradas para fora para evitar que se sujem ao ser introduzido o alimento. (Isso impediria que a bolsa fosse hermeticamente fechada.)

3 - Introduzir as cebolas cuidadosamente.

4 - Juntar a manteiga.

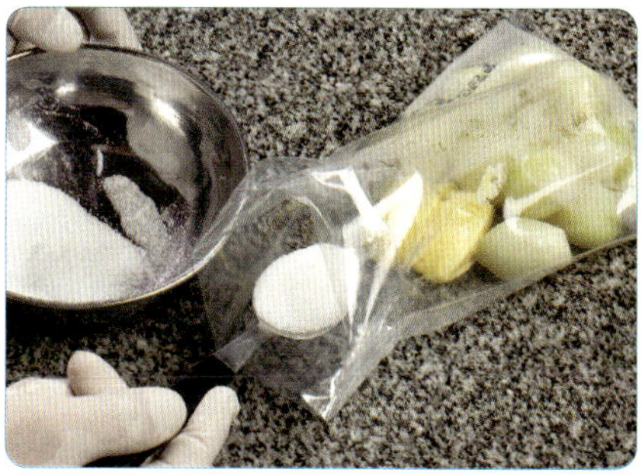

5 - Temperar com sal, pimenta branca e açúcar.

6 - Ajustar a bolsa na máquina de embalar a vácuo. Regular a pressão.

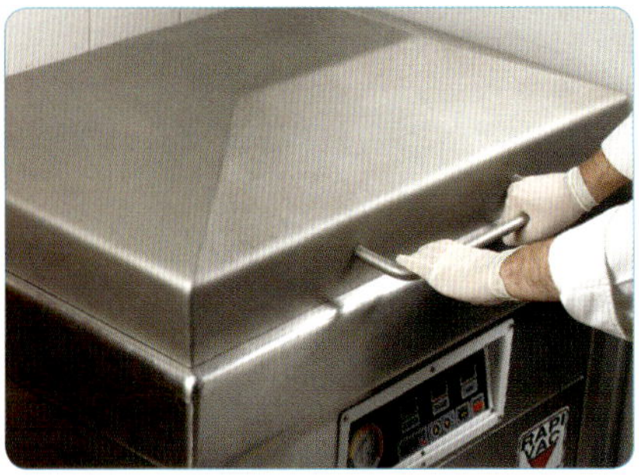

7 - Fechar a tampa da máquina de embalar, que sugará todo o oxigênio da bolsa.

8 - Levar a bolsa com as cebolas ao forno regulado entre 90°C e 95°C com injeção de vapor, ou mergulhá-la em água à mesma temperatura.

9 - Controlar o cozimento, pressionando as cebolas para verificar se estão macias.

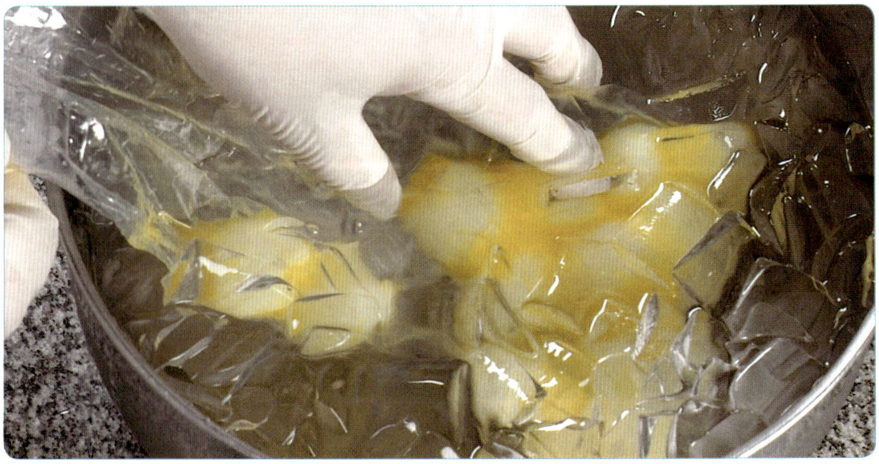

10 - Baixar a temperatura das cebolas, esfriando-as rapidamente em uma tigela com água e gelo ou colocando-as em um depressor.

# Filé-mignon

1 - Colocar medalhões de filé-mignon dentro de uma bolsa para cozimento a vácuo, com extremo cuidado, para que as beiradas da bolsa não se sujem.

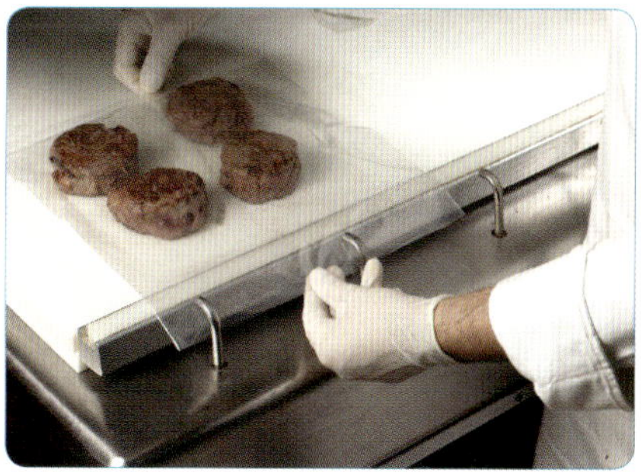

2 - Extrair o oxigênio do interior da bolsa com a máquina de embalar a vácuo. Regular a pressão.

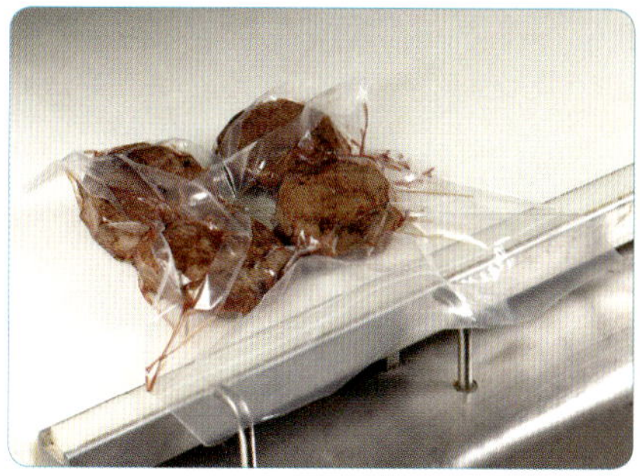

3 - Levar a bolsa com a carne para cozinhar no forno (80°C) a vapor.

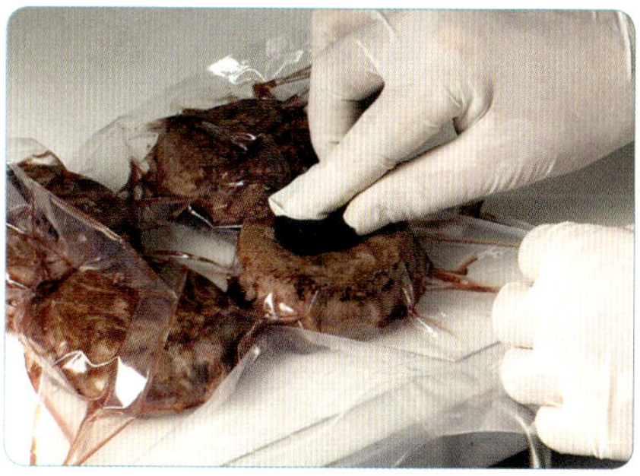

4 - Tomar a temperatura.

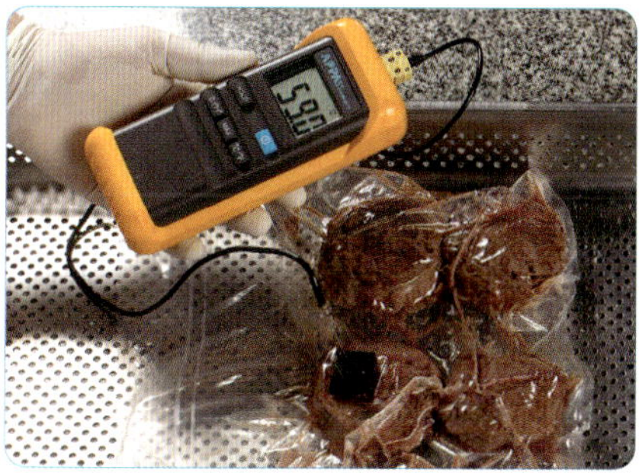

5 - Com um termômetro especial, verificar se a temperatura interna de cozimento é a desejada.

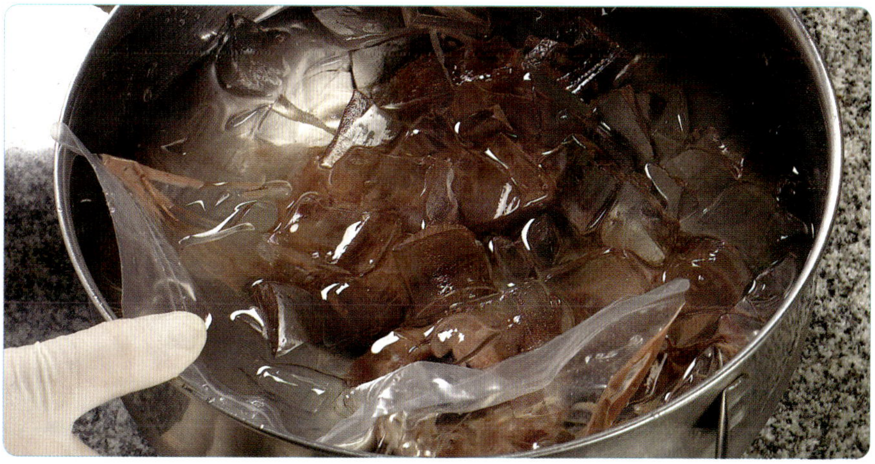

6 - Após a cocção da carne, resfriá-la em uma tigela com água e gelo ou pondo-a no depressor.

| Quadro comparativo de tempos de cozimento tradicional e a vácuo | | | |
|---|---|---|---|
| Produtos | Temperatura de cozimento | Pressão de vácuo | Tempo de cozimento |
| Legumes | 100°C | 5/6 | = |
| Frutas | 100°C | 5/6 | = |
| *Champignon* | 100°C | 5/6 | = |
| Peixes e crustáceos | 90°C | 3/4 | + 1/4 |
| Terrinas de peixe | 90°C | 10 | + 1/4 |
| Carne de porco | 80°C | 6/7 | + 1/2 |
| Carne de cordeiro | 80°C | 6/7 | + 1/2 |
| Aves | 80°C | 6/7 | + 1/2 |
| Terrinas | 80°C | 6/7 | + 1/2 |
| Carnes vermelhas | 70°C | 7/8 | x 2 |
| Carnes de caça (pato, pombo) | 70°C | 7/8 | x 2 |
| *Foie gras* | 70°C | 10 | 1 1/2 hora por kg |
| Presunto | 60°C | 10 | 14 a 16 horas |

Em geral, os tempos de cozimento a vácuo são mais longos.

# Vantagens do cozimento a vácuo

| Ganho de rendimento das matérias-primas: | |
|---|---|
| Produtos | Rendimento em % |
| Novilho | 7 a 8 |
| Porco | 12 a 13 |
| Bezerro | 12 a 15 |
| Cordeiro | 5 a 6 |
| Aves | 5 a 7 |
| *Foie gras* | 15 |
| Peixes | 8 a 10 |
| Peixe-diabo | 24 |

**Dica**

*A água contida na bolsa de vácuo não evapora e – ao contrário do que acontece no cozimento tradicional – impede que o alimento se desidrate, proporcionando assim um rendimento maior.*

# 14 Diversos

Clorofila | *Coulis* de ervas | Óleo/Azeite em infusão | Redução de aceto balsâmico | Manteiga clarificada | Recheio *mousseline* | Flã de abóbora | Empanados |Cortes de pão de fôrma | Tampa de papel | Croquetes | Farofa

# Obtenção de clorofila

1 - Colocar a salsa (podem ser folhas de outras ervas ou verduras, como espinafre, agrião, acelga, entre outros) dentro do liquidificador ou do processador.

2 - Adicionar um pouco de água gelada.

3 - Processar bem para liberar a clorofila das folhas.

4 - Colocar um pano muito fino sobre uma caçarola.

5 - Despejar a mistura por cima.

6 - Espremer todo o líquido que possa haver no pano. Levar a caçarola ao fogo muito baixo até que o líquido chegue a uma temperatura em torno de 70°C.

7 - Extrair a clorofila que flutua na superfície da água com uma escumadeira e passá-la para um pano, para que escorra bem. A clorofila pode ser utilizada para dar cor a pastas, molhos e diversas preparações.

# *Coulis* de ervas

1 - Colocar as folhas das ervas escolhidas em um recipiente. Juntar sal e pimenta.

2 - Acrescentar óleo.

3 - Adicionar um pouco de caldo de verduras (opcional).

4 - Processar bem.

5 - Utilizar para acompanhar comidas, saladas ou simplesmente para decorar pratos.

# Óleo/Azeite em infusão

1 - Colocar ervas escolhidas dentro de uma caçarola com óleo.

2 - Levar ao fogo a 80°C, até que comece a soltar o aroma. Apagar o fogo. Deixar esfriar. Passar por um *chinois* de malha fina e utilizar.

**Dica**

*Podem ser feitas diversas combinações de ingredientes para aromatizar óleos, desde especiarias até ervas ou pimentas com alho. É muito importante guardar o óleo em recipientes esterilizados e em lugar fresco, até no máximo dez dias.*

# Redução de aceto balsâmico

A redução de aceto balsâmico é usada para decorar pratos, realçar o sabor ou dar mais cor a um molho.

1 - Pôr o aceto balsâmico dentro de uma frigideira.

2 - Levar ao fogo brando para concentrá-lo, tendo o cuidado de não deixar queimar nas beiradas da frigideira (para que não fique com um sabor amargo).

3 - O resultado final deve ser um xarope espesso.

# Manteiga clarificada

1 - Pôr um pedaço de manteiga dentro de uma tigela em banho-maria.

2 - Retirar as impurezas da superfície com uma escumadeira.

3 - Retirar aos poucos a manteiga clarificada com uma concha. No fundo ficará apenas o que será descartado.

**Dica**

*A manteiga clarificada é usada em preparações que exigem uma alta temperatura de cozimento. Desse modo a manteiga não se queimará tão rapidamente.*

4 - Outra opção é congelar a manteiga clarificada, para separá-la mais facilmente do recipiente, ficando no fundo o soro que será descartado.

# Recheio *mousseline*

1 - Esfriar o recipiente do processador no congelador. Acrescentar a carne escolhida cortada, sem nervos, gorduras, peles ou espinhas (no caso de peixe). Processar até obter uma pasta.

2 - Adicionar a clara.

| Receita básica: | |
|---|---|
| Carne de peixe, ave, boi ou crustáceo | 0,10 kg |
| Clara | 1 |
| Creme de leite | 0,10 litro |
| Sal | quanto baste |
| Pimenta | quanto baste |

3 - Temperar com sal e pimenta e voltar a processar até que tudo fique ligado.

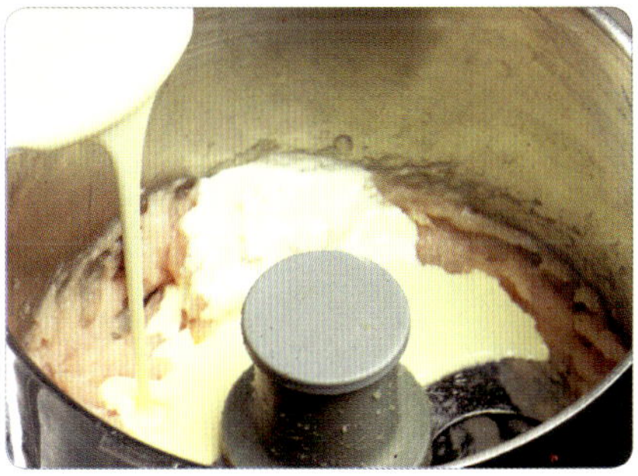

4 - Por último, acrescentar o creme de leite. Processar de modo intermitente, pulsando, para que os ingredientes se liguem sem talhar o creme.

5 - Passar a mistura por uma peneira. Conservar sobre gelo ou na geladeira até o momento da utilização.

# Crème prise

O *crème prise* pode ser utilizado como base em preparações tanto doces (flãs) como salgadas, acrescentando-se o sabor desejado.

| Receita básica: | |
|---|---|
| Leite ou creme de leite | 1 litro |
| Ovos | 6 |
| Sal e pimenta | a gosto |

1 - Bater os ovos numa tigela.

2 - Incorporar o leite e/ou o creme de leite fervendo.

3 - Temperar com sal e pimenta e misturar.

# Flã de abóbora (utilizando o *crème prise*)

1 - Processar a abóbora cozida para que fique sem grumos. (Pode-se usar qualquer tipo de aromatizante.)

2 - Untar uma fôrma de flã, com manteiga, usando um pincel.

3 - Misturar o purê de abóbora com o *crème prise* e processar bem, para que não fiquem grumos.

4 - Despejar a preparação nas fôrmas de flã untadas. Apoiá-las em uma assadeira funda, forrada com papel (isso evitará que a água entre em ebulição forte). Encher a assadeira com água fervendo. Cobrir as fôrmas com papel-alumínio. Levar ao forno baixo até que os flãs fiquem prontos.

**Dica**

*Diversos aromatizantes podem ser usados para fazer os flãs, como vagens, espinafre, milho, para citar alguns.*

5 - Desenformar e servir.

# Empanados

## À inglesa

1 - Passar o ingrediente desejado na farinha de trigo (neste caso, filé de peixe).

2 - Dar umas batidinhas leves para retirar o excesso de farinha.

3 - Em seguida passar na mistura "inglesa" (ovos, óleo, sal e pimenta a gosto).

4 - Por último, passar o ingrediente na farinha de rosca.

5 - Para um acabamento melhor, pode-se marcar um desenho sobre a superfície, com as costas da lâmina de uma faca.

## À romana

1 - Passar o ingrediente desejado na farinha de trigo.

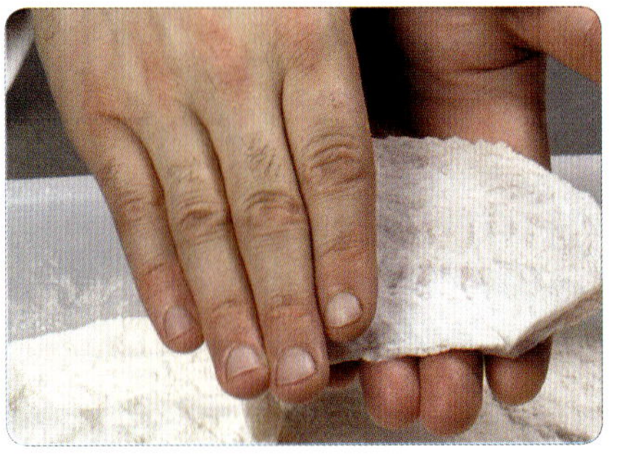

2 - Dar umas batidinhas leves para retirar o excesso de farinha.

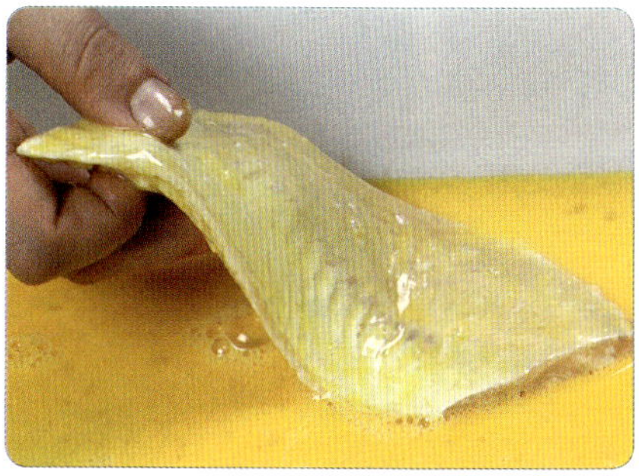

3 - Em seguida passar na mistura "inglesa" (ovos, óleo, sal e pimenta a gosto).

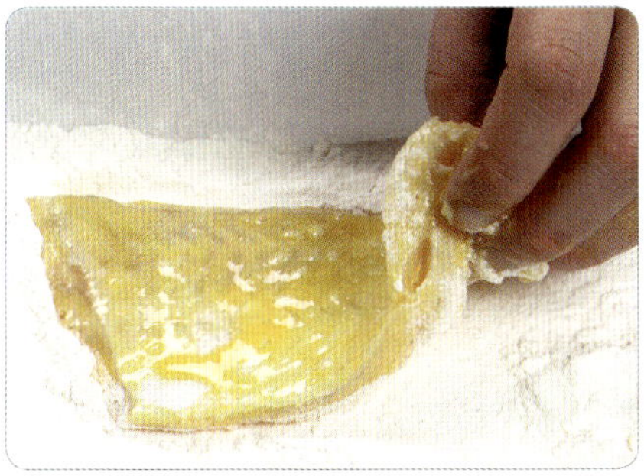

4 - Finalmente, voltar a enfarinhar. Desse modo estará pronto para fritar.

## Na manteiga

1 - Passar o ingrediente na farinha de trigo.

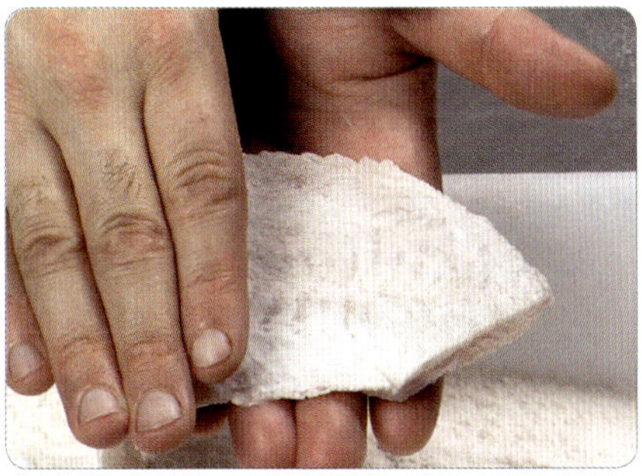

2 - Dar umas batidinhas leves para retirar o excesso de farinha.

3 - Passar o ingrediente na manteiga clarificada.

4 - Por fim, passar na farinha de rosca.

# Cortes de pão de fôrma

*Croutons*

1 - Retirar a casca do pão de fôrma com uma faca de serra.

2 - Cortar fatias de 1 a 1,5 cm de espessura.

3 - Em seguida cortar bastões de 1 a 1,5 cm de largura.

4 - Finalmente, cortar em cubos. Fritar em óleo e um pouco de manteiga, ou em manteiga clarificada, até que tomem uma cor dourada uniforme. Escorrer sobre papel absorvente.

# Corações

1 - Depois de retirar a casca, cortar na diagonal e ao longo do pão de fôrma.

2 - Apoiar uma metade sobre a mesa e arredondar um lado do triângulo.

3 - Fazer um corte em "V" sobre a parte arredondada do pão de forma.

4 - Cortar fatias de 1 a 1,5 cm de espessura. Fritar em manteiga clarificada ou em óleo e um pouco de manteiga até que tomem uma cor dourada uniforme. Escorrer sobre papel absorvente.

# Manteiga composta

Chama-se de manteiga composta a ligação de manteiga amolecida com algum tipo de aromatizante. Os aromatizantes tanto podem ser salgados (por exemplo, ervas finas, especiarias, alho, limão) como doces (purês de frutas, doces, especiarias), dependendo de que prato vá acompanhar.

1 - Mexer a manteiga com uma colher até obter uma consistência cremosa.

2 - Juntar os aromatizantes desejados (neste caso, suco de limão, alho e salsa).

3 - Ligar tudo muito bem. Dar a forma desejada e utilizar.

# Suflê salgado

O suflê salgado é feito a partir de um molho *béchamel* ao qual se acrescentam gemas, um aromatizante à escolha e, por último, claras batidas em neve. Deve ser cozinhado na hora em que for pedido e servido imediatamente.

1 - Bater as claras em neve.

2 - Juntar as gemas ao molho *béchamel* bem temperado.

| Receita básica para 10 pessoas: | |
|---|---|
| Molho *béchamel* | |
| Manteiga sem sal | 0,070 kg |
| Farinha | 0,070 kg |
| Leite | 0,50 litro |
| Adicionais | |
| Gemas | 4 |
| Claras | 10 |
| Aromatizante | à escolha |

3 - Acrescentar o aromatizante desejado (neste caso, queijo *gruyère* ralado).

4 - Juntar 1/3 das claras batidas em neve.

5 - Misturar, envolvendo, para tornar a preparação mais leve.

6 - Acrescentar o resto das claras em neve, envolvendo delicadamente. (Ter o cuidado de não mexer demais, senão as claras murcham e o suflê não cresce no forno.)

7 - Despejar a mistura dentro de uma fôrma para suflê untada com manteiga e polvilhada com farinha de trigo.

8 - Encher até 3/4 da fôrma. Levar ao forno forte durante 10 a 12 minutos.

9 - Retirar do forno e servir imediatamente.

# Compota de cebola

| Receita básica: | |
|---|---|
| Cebola | 1 kg |
| Manteiga | 0,100 kg |
| Vinagre (opcional) | 0,200 litro |
| Creme de leite (opcional) | 0,200 litro |
| Sal e pimenta | quanto baste |

1 - Derreter a manteiga numa frigideira e juntar a cebola cortada em anéis finos. Levar ao fogo brando e cozinhar até que as cebolas fiquem transparentes e macias.

2 - Acrescentar o vinagre para equilibrar o sabor adocicado das cebolas.

3 - Juntar o creme de leite, o sal e a pimenta.

4 - Mexer com uma colher para ligar bem os ingredientes.

5 - É ideal para acompanhar carnes grelhadas ou assadas no forno.

# Tulipa de queijo

1 - Colocar queijo parmesão ralado em uma frigideira antiaderente.

2 - Levar ao fogo para derreter o queijo.

3 - Assim que tiver adquirido uma cor ligeiramente dourada, virar e cozinhar do outro lado.

4 - Retirar da frigideira quando estiver pronto.

5 - Dar a forma desejada. Neste caso, pôr dentro de uma tigela metálica e pressionar para que adquira a forma de uma tulipa.

**Dica**

*Se quiser fazer uma grande quantidade de tulipas de uma só vez, pode-se pôr o queijo ralado sobre uma folha siliconada no forno e cozinhar em temperatura média. Retirar do forno assim que adquirir uma cor dourada pálida, e dar a forma desejada.*

# Croquete

Essa é uma preparação típica servida como lanche durante o dia, ou em aniversários, junto com uma grande variedade de salgadinhos. O tipo de recheio utilizado pode variar.

1 - Aquecer óleo em uma caçarola. Acrescentar a cebola picada e cozinhar até que fique translúcida.

2 - Adicionar o tomate cortado em *concassé*.

| Receita básica: | |
|---|---|
| Cebola ralada | 0,200 kg |
| Tomate | 1 kg |
| Frango, carne ou peixe | 2 kg |
| Cebolinha verde | 0,100 kg |
| Alho | 2 dentes |
| Salsa picada | 0,020 kg |
| Louro | 1 folha |
| Leite | 0,500 litro |
| Gemas | 4 |
| Farinha de rosca | quanto baste |
| Manteiga | 0,050 kg |
| Pão ralado | 0,050 kg |
| Ovos para empanar | 6 |
| Óleo para fritar | quanto baste |
| Sal e pimenta | quanto baste |
| Água | quanto baste |

3 - Colocar o frango sem pele dentro da caçarola.

4 - Juntar a cebolinha picada.

5 - Acrescentar os dentes de alho.

6 - Adicionar a salsa picada.

7 - Por último, juntar a folha de louro.

8 - Cobrir com água. Levar ao fogo e cozinhar até que o frango se desfaça e as verduras comecem a desmanchar.

9 - Colocar o caldo de cozimento.

10 - Acrescentar leite ao caldo.

11 - Juntar as gemas de ovo.

12 - Bater para ligar bem os ingredientes.

13 - Adicionar uma colher de sopa de farinha para cada xícara de caldo obtido.

14 - Adicionar a manteiga. Levar ao fogo e mexer para que a farinha cozinhe e a preparação engrosse.

15 - Polvilhar um recipiente com farinha de rosca.

16 - A mistura deverá engrossar até adquirir uma consistência compacta. Temperar com sal e pimenta.

17 - Passar a preparação para o recipiente com a farinha de rosca.

18 - Alisar a superfície com uma espátula e deixar esfriar na geladeira. A preparação deverá ficar fria e bem firme.

19 - Desfiar bem o frango.

20 - Cortar a massa fria em quadrados.

21 - Dispor um pouco da mistura de frango e verduras no centro de cada quadrado.

22 - Dobrar a massa ao meio, envolvendo o recheio.

23 - Com as mãos, dar uma forma ovalada.

24 - Passar o croquete pela farinha de rosca.

25 - Em seguida passá-lo pelo ovo batido e outra vez pela farinha de rosca.

26 - Levar à geladeira durante algumas horas para que a farinha de rosca fique bem grudada na preparação e não se desprenda durante o cozimento.

27 - Fritar em óleo quente.

28 - Uma vez adquirida uma cor dourada, retirar com uma escumadeira e escorrer sobre papel absorvente.

29 - Servir quente. Para que seja mais fácil comer os croquetes com a mão, usa-se espetar a extremidade mais fina com um palito de madeira recoberto com papel-alumínio.

# Farofa

Chama-se farofa a farinha de mandioca torrada. Em geral, a farofa acompanha a maioria dos pratos brasileiros. Sua textura é semelhante à de migalhas de pão finas. Dependendo da região do Brasil, a farofa pode ser torrada de diversas maneiras; no Sul, por exemplo, se torra com um pouco de manteiga derretida ou óleo; na Bahia, utiliza-se azeite de dendê, enquanto em outros estados do Noroeste ela é torrada simplesmente, sem adição de qualquer tipo de gordura.

## Farofa Peri-Peri

Esta é uma versão mais elaborada, feita com pimentão, ideal para acompanhar aves ou peixes.

1 - Aquecer o óleo em uma caçarola. Juntar a cebola bem picada junto com o alho picado. Cozinhar até ficar transparente.

2 - Acrescentar o pimentão e a farinha de mandioca.

3 - Mexer bem, sobre o fogo, para tostar a farinha.

4 - Deve ficar com uma textura arenosa e uma cor dourada clara.

| Receita básica: | |
|---|---|
| Cebola | 0,200 kg |
| Farinha de mandioca | 0,500 kg |
| Ovos duros picados | 0,030kg |
| Uva-passa | 0,100 kg |
| Azeitona sem caroço | 0,100 kg |
| Salsa picada | 0,020 kg |
| Pimentão vermelho *en brunoise* | 0,100 kg |
| Alho | 1 dente |
| Óleo | 0,050 litro |
| Sal e pimenta | quanto baste |

5 - Acrescentar o ovo duro picado.

6 - Colocar a uva-passa na caçarola.

7 - Juntar a azeitona sem caroço.

8 - Adicionar a salsa picada.

9 - Por último, juntar o pimentão vermelho cortado *en brunoise*.

10 - Misturar todos os ingredientes, mexendo com uma colher. Temperar com sal e pimenta.

11 - Servir como acompanhamento de carnes, aves ou peixes.

# Farofa com dendê

| Receita básica: | |
|---|---|
| Cebola (opcional) | 0,200 kg |
| Farinha de mandioca | 0,500 kg |
| Azeite de dendê | 0,100 litros |
| Sal e pimenta | quanto baste |

1 - Despejar o azeite de dendê dentro de uma caçarola e levar ao fogo para aquecer.

2 - Juntar a cebola finamente picada. Cozinhar até que fique translúcida.

3 - Adicionar a farinha de mandioca.

4 - Mexer bem enquanto a farinha tosta sobre o fogo. Adicionar sal e pimenta a gosto.

**Dica**

*O azeite de dendê, também chamado óleo de palma, vem do fruto de uma palmeira conhecida como dendezeiro (Elaeis guineensis). Este óleo é muito utilizado na cozinha brasileira e na culinária de diversos países africanos.*

5 - A farofa deverá ficar com uma textura de areia e uma cor alaranjada, por causa do azeite de dendê.

6 - Servir como acompanhamento de diversos tipos de comida.

# Tampa de papel

1 - Dobrar um quadrado de papel ao meio.

2 - Dobrar outra vez na metade.

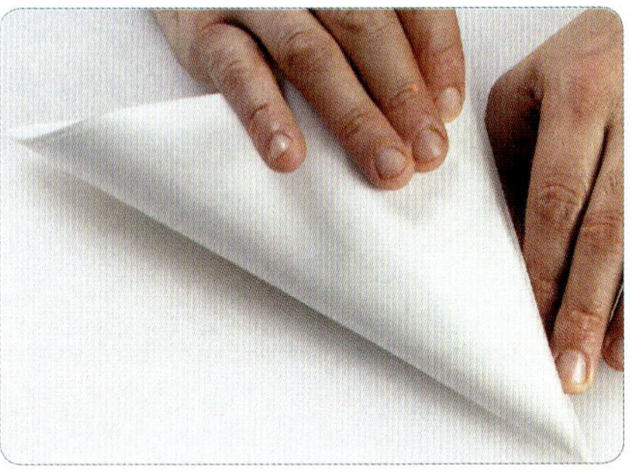

3 - Dobrar na direção de uma extremidade, para formar um triângulo.

4 - Fazer uma prega no meio do triângulo.

5 - Cortar a ponta do triângulo com uma tesoura

6 - Medir o raio da caçarola e cortar o papel.

7 - Abrir o papel e utilizar para tampar cozimentos.

# 15 Conservas

Acondicionamento e esterilização | Picles de cebolinhas | Picles de couve-flor | Limões em conserva | Azeitonas em salmoura | Azeitonas marinadas | *Relish* agridoce | *Relish* para cachorro-quente | *Mango chutney* com gengibre | *Ketchup* de tomate | *Chimichurri*

# Conservas

A conserva serve para preservar alimentos durante um período de tempo mais prolongado, utilizando diversos métodos, como os térmicos (esterilização, pasteurização, refrigeração e congelamento), os métodos de redução de água (salga, adição de açúcar para as conservas em caldas, desidratação, concentração por evaporação e por liofilização para preparação de sucos), os métodos de aumento da acidez (com adição de vinagres), os métodos de redução de oxigênio (embalagem a vácuo) e os que utilizam substâncias inibidoras (conservantes como o álcool para produção de licores e frutas em álcool). Dessa maneira podemos consumir produtos sazonais em todas as épocas do ano.

## Conselhos importantes a considerar no momento da preparação de conservas:

- Caso se deseje preparar conservas com vegetais, é aconselhável lavá-los muito bem para assegurar-se que estão bem limpos e depois fervê-los numa mistura de água e vinagre (calculam-se 120 ml de vinagre para cada 4 litros de água). Eles podem ser fervidos inteiros ou picados no tamanho desejado para a preparação. Depois disso, deverão ser colocados em frascos esterilizados e cobertos com salmoura até as bordas.
- No caso de se preferir fazer conservas com vinagre, é recomendável curti-los com sal, antes de serem embalados. Isso significa que devemos colocar os vegetais num escorredor, salpicá-los com sal grosso e deixá-los por algumas horas ou mesmo por uma noite inteira, dependendo do tamanho dos pedaços dos vegetais. Dessa maneira, o excesso de água contido nos vegetais será retirado. É muito importante lavar com bastante água os vegetais, para retirar o excesso de sal que pode ficar grudado neles. Uma vez realizado esse procedimento, os vegetais poderão ser colocados nos frascos e então cobertos com vinagre.
- Os frascos das conservas deverão ser lacrados, para que se produza um vácuo interno e as conservas possam ser guardadas pelo tempo necessário (com exceção das conservas com vinagre ou salmoura, já que o calor destruiria a vitamina E encontrada neles, sendo ela um conservante natural).

## Existem vários métodos para fechar a vácuo:

O primeiro método consiste em colocar os frascos cheios e tampados dentro de uma panela de pressão com água e cozinhá-los por uns 20 minutos a partir do momento em que a válvula começa a girar com a saída de vapor.
O segundo método é o do banho-maria; neste caso, colocam-se os frascos dentro de uma panela com água que deverá ser mantida no fogo por uma ou duas horas aproximadamente (dependendo principalmente dos tamanhos dos frascos e de seus conteúdos).
Para ambos os casos é recomendável colocar panos no fundo das panelas ou caçarolas para evitar que os frascos se choquem e quebrem durante o processo.
Como as geleias estarão muito quentes (85°C) no momento de serem embaladas, é conveniente que os frascos estejam aquecidos para evitar choques térmicos e a possível quebra. Caso algum frasco se rompa, é melhor descartá-lo juntamente com o produto, pois minúsculos cristais de vidro poderão contaminá-lo.

- O tempo de conservação desses produtos é de aproximadamente 1 ano, desde que guardados em local fresco e seco, com temperaturas abaixo de 30°C. Após abertos, aconselha-se guardar os frascos na geladeira e consumi-los dentro de 7 dias.

- É muito importante etiquetar os frascos informando o conteúdo e a data da produção, para assim poder identificar o tempo de validade.

- Certificar-se de que as tampas das conservas estejam levemente afundadas. Se no momento de consumir a conserva, notar que a tampa se encontra levemente inchada, o frasco rachado ou quebrado, rapidamente descartar a conserva, pois, quase certamente, ela vai estar contaminada e inapropriada para o consumo.

## Esterilização de frascos para conservas

1 - Os frascos devem estar perfeitamente limpos. Eles podem ser lavados em máquinas de lavar pratos com a água na temperatura máxima, mas se a quantidade de frascos for muito grande é melhor fervê-los por cerca de 10 minutos em panelas ou caçarolas com panos colocados nos fundos para evitar que os frascos se choquem e quebrem durante a fervura. Depois disso, deixá-los secar virados com a boca para baixo e colocados sobre panos limpos ou sobre papel-toalha. É importante lembrar que os frascos só poderão ser utilizados depois que estiverem totalmente secos.

2 - Limpar as tampas de metal com um pano embebido em álcool. É aconselhável não ferver as tampas, uma vez que os plásticos contidos no seu interior podem derreter, o que prejudicaria a eficiência do fechamento dos frascos.

**Dica**

*É importante prestar atenção na integridade do revestimento de plástico do interior das tampas e descartar aquelas em que este revestimento estiver danificado, pois conservas que contenham ácidos reagirão com o metal da tampa, podendo produzir compostos tóxicos.*

# Picles

O curtimento é um método de conservação utilizado para carnes, peixes, frutas, verduras e ovos, no qual os ingredientes escolhidos são submersos em uma solução feita à base de vinagre e sal.
Essa solução evita o crescimento de microrganismos e também a ação de algumas enzimas, prologando a conservação dos alimentos.
Ainda que a maioria dos produtos curtidos use essa solução, existem alguns outros cujos ingredientes são submersos apenas em uma salmoura (mistura de água e sal), sendo fermentados por bactérias presentes de maneira natural que produzem ácido láctico.
Finalmente, encontramos também, na categoria dos curtidos, algumas carnes que são curadas com sal.
Certas preparações, como os *relishes* e os *chutneys*, levam açúcar, vinagre e sal, para melhorar sua conservação.

# Picles de cebolinhas

1 - Colocar as cebolinhas numa tigela com água e 0,200 kg de sal grosso. Deixar demolhar por 2 dias. Escorrer e descascá-las.

2 - Colocar as cebolinhas numa caçarola com água e levar ao fogo até ferver. Escorrer e repetir esse processo de fervura por mais duas vezes.

| Receita básica: | |
|---|---|
| Cebolinhas baby | 0,500 kg |
| Sal grosso | 0,200 kg |
| Vinagre de álcool | 0,300 litros |
| Sal grosso | 0,005 kg |
| Açúcar | 0,005 kg |
| Cravos-da-índia | 0,002 kg |
| Pimenta-do-reino em grãos | 0,005 kg |
| Pimenta-da-jamaica em grãos | 0,005 kg |
| Água | o quanto baste |

3 - Numa panela pequena, misturar o vinagre, as especiarias e o restante do sal, e levá-la ao fogo para ferver.

4 - Dispor as cebolinhas dentro de um frasco esterilizado e despejar a calda quente de vinagre com especiarias por cima. Tampar imediatamente. Guardar em local seco e escuro. O produto já está pronto para ser consumido.

# Picles de couve-flor

1 - Colocar as flores de couve-flor separadas numa tigela. Polvilhar com sal grosso e deixar na geladeira por uma noite.

2 - Escorrer e lavar bem a couve-flor. Colocar em uma caçarola junto com o vinagre.

| Receita básica: | |
|---|---|
| Couve-flor | 0,350 kg |
| Cebolas picadas | 0,150 kg |
| Sal grosso | 0,005 kg |
| Vinagre de álcool | 0,120 litro |
| Açúcar | 0,050 kg |
| Pimenta-da-jamaica | 0,003 kg |
| Louro | 1 folha |
| Curry em pó | 0,005 kg |
| Cúrcuma | 0,003 kg |
| Cravo-da-índia | 1 unid. |
| Sal grosso para polvilhar | 0,050 kg |

3 - Juntar a cebola picada.

4 - Acrescentar o curry, a cúrcuma e o açúcar.

5 - Adicionar a pimenta-da-jamaica, o cravo e a folha de louro.

7 - Passar a conserva ainda quente para os frascos.

8 - Tampar e guardar em lugar seco e escuro.

# Limões em conserva

1 - Lavar bem os limões com água quente para retirar a cera que os recobre. Cortar os limões em quartos no sentido do comprimento, mas sem chegar ao final, pois eles devem permanecer inteiros.

2 - Abrir os limões com cuidado para não rompê-los, colocar sal grosso na parte interna.

| **Receita básica:** | |
|---|---|
| Limões sicilianos | 2 kg |
| Suco de limão* | 0,125 litros |
| Sal grosso | 0,800 kg |

** A acidez do vinagre é substituída pela acidez do suco de limão.*

3 - Pressionar bem os limões.

4 - Colocar sal grosso no fundo de um frasco esterilizado e acomodar os limões no seu interior.

5 - Cobrir novamente com sal grosso.

6 - Despejar um pouco do suco de limão.

7 - Repetir a operação até atingir a borda do frasco.

8 - Pressionar bem os últimos limões com a mão.

9 - Colocar o restante do suco de limão e tampar. Refrigerar ou guardar num lugar escuro e fresco por um mínimo de 6 semanas.

**Dica**

*Os limões podem ser conservados por até um ano. Para consumi-los, retirá-los do frasco e lavá-los bem. Separar os quartos dos limões e descartar a polpa. A casca é que é utilizada na preparação de pratos típicos marroquinos ou como acompanhamento de frangos ou perus.*

# Azeitonas em salmoura

1 - Colocar numa caçarola o sal e a água. Levar ao fogo até levantar fervura para dissolver o sal.

2 - Despejar a salmoura quente sobre as azeitonas que já se encontram dentro de um frasco esterilizado. Deixar esfriar.

| Receita básica: | |
|---|---|
| Azeitonas verdes e pretas | 0,700 kg |
| Sal | 0,030 kg |
| Água | 0,500 kg |
| Azeite de oliva | 0,060 kg |

3 - Cobrir com o azeite de oliva até a borda.

4 - Tampar e reservar por 6 dias antes de consumir. O ideal é deixar as azeitonas verdes por 6 dias e as azeitonas pretas por 4 dias, caso sejam preparadas em separado.

# Azeitonas marinadas

| Receita básica: | |
|---|---|
| Azeitonas verdes e pretas escorridas | 0,700 kg |
| Azeite de oliva | 0,500 litro |
| Temperos opcionais | |
| Alho | 0,005 kg |
| Limões picados | 2 unidades |
| Ramos de aneto | 4 unidades |

1 - Colocar um pouco das azeitonas em salmoura bem escorridas no fundo de um frasco esterilizado.

2 - Colocar, de maneira intercalada, os pedaços de limão bem lavados e os dentes de alho.

3 - Também dispor de maneira intercalada os ramos de aneto ou outra erva com que se deseje dar gosto às azeitonas.

4 - Preencher o frasco com azeite de oliva de boa qualidade. Tampar e manter em um lugar fresco e seco. Elas ficarão prontas para comer em 5 dias.

# Condimentos

Os condimentos são produtos ou preparações que realçam os sabores dos pratos. A quantidade vai depender da combinação dos ingredientes utilizados na sua elaboração.

# *Relish* agridoce

Os *relishes* são preparações que utilizam frutas ou verduras, ou ambas, finamente picadas e cozidas por um curto período de tempo, para que não percam sua forma. Geralmente agridoces, são servidos em generosas quantidades para acompanhar salsichas, carnes assadas e sanduíches.

| Receita básica: | |
|---|---|
| Abacaxi picado à *brunoise* | 0,600 kg |
| Sal grosso | 0,002 kg |
| Vinagre de maçã | 0,500 litro |
| Gengibre fresco ralado | 0,005 kg |
| Dente de alho amassado | 0,002 kg |
| Cebolas finamente picadas | 0,100 kg |
| Pimentão vermelho picado à *brunoise* | 0,080 kg |
| Água | 0,250 litro |
| Açúcar | 0,160 kg |

1 - Colocar o abacaxi em uma tigela, juntar o sal e deixar repousar uma noite na geladeira.

2 - Passado o tempo de repouso, escorrer o abacaxi e lavar bem, para retirar o excesso de sal. Escorrer novamente e colocar numa caçarola.

3 - Adicionar a água e o vinagre de maçã.

4 - Incorporar as cebolas picadas e o pimentão vermelho picado.

5 - Juntar o gengibre ralado e os dentes de alho amassados. Cozinhar em fogo baixo, mexendo sempre por aproximadamente 30 minutos.

6 - Por último, colocar o açúcar e cozinhar por mais uns 30 minutos, mexendo bem, para assegurar que a preparação não grude no fundo da caçarola.

7 - Despejar em frascos esterilizados ainda quentes.

8 - Tampar. Reservar em um lugar fresco e seco até o momento de ser consumido.

**Dica**

*Esse relish é ideal para acompanhar carnes de porco e aves assadas.*

# *Relish* para cachorros-quentes

| Receita básica: | |
|---|---|
| Açúcar | 0,200 kg |
| Vinagre | 0,200 litro |
| Cúrcuma | 0,002 kg |
| Sementes de mostarda | 0,002 kg |
| Pepinos | 0,500 kg |
| Cebolas | 0,200 kg |
| Pimentão vermelho | 0,005 kg |
| Sal grosso | 0,007 kg |
| Água | 0,150 litro |

1 - Cortar os pepinos com casca à *brunoise* e colocar numa tigela.

2 - Agregar a cebola e o pimentão vermelho picados à *brunoise*.

3 - Salpicar com sal grosso, cobrir e deixar por toda uma noite na geladeira.

4 - Escorrer a preparação no dia seguinte.

5 - Despejar os ingredientes dentro de uma caçarola junto com a cúrcuma e as sementes de mostarda.

6 - Adicionar a água, o vinagre e o açúcar. Cozinhar por 15 a 20 minutos.

7 - Guardar em frascos esterilizados com um pouco do líquido de cocção.

**Dica**

*Este é um típico relish americano, para servir sobre salsichas ou hambúrgueres.*

8 - Tampar ainda quente. Deixar esfriar antes de guardar.

# *Mango chutney* com gengibre

O *chutney* é um produto originário do norte da Índia, onde é conhecido como "chatni". Seu nome é proveniente do ruído que se faz com os lábios ao comer algo que está delicioso. Originalmente, era feito com uma mistura de frutas frescas, pimentas-verdes, ervas, especiarias, vinagre ou suco de tamarindo (utilizados como elementos ácidos para ajudar na conservação do produto) e açúcar. Todos esses ingredientes eram socados em pilões até formar uma pasta.

No século XVII, a receita básica foi levada para a Inglaterra pelos ingleses e passou a servir como forma de aproveitar e conservar excedentes das colheitas.

Assim, as frutas e verduras eram primeiro cozidas com açúcar e vinagre, depois eram condimentadas com as especiarias antes de serem embaladas. Hoje em dia, o *chutney* é conhecido e consumido no mundo todo.

| Receita básica: | |
|---|---|
| Mangas picadas | 1 kg |
| Uvas-passas sultanas | 0,100 kg |
| Gengibre ralado | 0,005 kg |
| Sal grosso | 0,002 kg |
| Alho amassado | 0,002 kg |
| Pimenta vermelha picadinha | 0,001 kg |
| Vinagre de maçã | 0,100 litro |
| Açúcar | 0,300 kg |

1 - Colocar as mangas cortadas à macedônia numa frigideira grande. Agregar as uvas-passas e o açúcar.

2 - Incorporar o restante dos ingredientes (exceto o vinagre).

3 - Tampar e cozinhar em fogo médio, sacudindo a frigideira seguidamente, para evitar que a preparação grude no fundo. Alguns minutos antes de terminar o cozimento, adicionar o vinagre de maçã. Estará pronto no momento em que o *chutney* atingir a consistência desejada, o que dependerá do gosto pessoal de cada um, podendo ser mais ralo ou consistente conforme o tempo de cozimento.

4 - Encher os frascos esterilizados com o *chutney* quente. Tampar. Deixar esfriar e guardar em lugar fresco e seco.

**Dica**

*Podem ser utilizados todos os tipos de frutas e verduras para a preparação de chutneys. As combinações irão depender da disponibilidade das matérias-primas e da criatividade de quem os prepara.*

# *Ketchup* de tomate

| Receita básica: | |
|---|---|
| Pimenta-do-reino em grãos | 0,002 kg |
| Cravos-da-índia | 6 unidades |
| Louro | 1 folha |
| Tomates | 2 kg |
| Cebolas picadinhas | 0,300 kg |
| Vinagre de vinho | 0,125 litro |
| Açúcar | 0,250 kg |
| Sal | 0,004 kg |
| Extrato de tomate | 0,010 kg |

1 - Colocar em uma frigideira os tomates junto com a cebola.

2 - Juntar o açúcar e o vinagre.

3 - Agregar os demais ingredientes: a pimenta-do-reino, o cravo, o louro (colocados dentro de um saquinho de gaze atado com um fio para facilitar sua retirada, uma vez que deles se quer apenas o sabor e não a presença no produto acabado) e levar para ferver em fogo baixo.

4 - Cozinhar até que os tomates se desmanchem bem e os demais ingredientes estejam bem cozidos. Retirar o saquinho com os temperos.

5 - Triturar com um mixer ou liquidificador para deixar o *ketchup* com uma textura lisa e homogênea.

6 - Ferver mais um pouco até atingir uma consistência mais espessa.

7 - Colocar o *ketchup* ainda quente em frascos esterilizados até quase a borda e fechar hermeticamente. Deixar esfriar por completo e guardar em lugar fresco.

# Chimichurri

O *chimichurri* é um condimento tradicional utilizado em vários países, principalmente na Argentina, servido como acompanhamento de carnes assadas na grelha, churrascos e outras preparações.

| Receita básica: | |
|---|---|
| Orégano seco | 0,030 kg |
| Salsinha seca | 0,030 kg |
| Pimenta calabresa moída | 0,030 kg |
| Alho em pó | 0,010 kg |
| Páprica doce | 0,005 kg |
| Sal grosso | 0,100 kg |
| Água | 0,100 kg |
| Óleo vegetal neutro | 0,210 litro |
| Vinagre | 0,070 litro |

1 - Fazer uma salmoura com a água e o sal grosso numa panela ao fogo. Basta dissolver o sal para a preparação ficar pronta.

2 - Incorporar todos os ingredientes secos à salmoura quente, para que se hidratem mais rápido.

3 - Colocar a preparação dentro de um frasco esterilizado.

4 - Tampar e guardar na geladeira até o momento de utilizar.

5 - No momento de ser utilizado, retirar a quantidade desejada do frasco e misturar com o óleo e o vinagre.

6 - O molho pronto, já com o óleo e o vinagre, poderá ser guardado em frascos na geladeira por no máximo 10 dias.

# Glossário de termos gastronômicos

## A

**Abater a temperatura:** Fazer a temperatura de um alimento diminuir ou reduzir rapidamente, em um pequeno freezer.

**Acanelar:** Fazer ou formar pequenos sulcos ao longo da casca de um alimento para dar-lhe um acabamento melhor e uma aparência mais requintada.

**Aferventar:** 1) Para verduras: cozinhar em água fervendo durante alguns minutos e imediatamente esfriar em água com gelo. 2) Para batatas e leguminosas secas: começar a cozinhar em água fria, até entrar em ebulição e imediatamente esfriar em água com gelo. 3) Para carnes: mergulhar em água fria. Levar à ebulição para eliminar impurezas, excesso de sal ou para firmar a carne.

**Amanteigar:** 1) Untar com manteiga um recipiente ou papel, para evitar que os alimentos grudem. 2) Incorporar pequenos pedaços de manteiga fria a um molho ou a uma sopa para proteger, dar brilho ou cremosidade.

**Amarrar:** Atar uma ave com fio e agulha, para que mantenha a sua forma, cozinhe de maneira uniforme e tenha uma boa apresentação.

**Aspic:** Entrada fria feita em molde, consistente, enformada e coberta com gelatina.

**Assar:** Cozinhar uma carne no forno ou no espeto.

## B

**Banho-maria:** Método de aquecer um alimento sem levá-lo diretamente ao fogo. Coloca-se o recipiente que contém o alimento dentro de outro com água fervente. Diz-se também de recipientes de forma cilíndrica, utilizados na cozinha para manter quentes molhos ou sopas.

**Bolear:** Dar forma de bola a massas com a palma da mão, fazendo um movimento circular.

*Bouquet garni:* Talos de salsa, tomilho, louro, ramos de aipo e alho-poró (parte verde) utilizados para aromatizar preparações.

**Branco:** Mistura de farinha com água fria a que se junta água fervendo com limão, utilizada para o cozimento de determinados legumes ou miúdos brancos. Os recipientes de cocção devem ser cobertos com uma película de azeite ou de papel-manteiga durante o cozimento.

**Branquear:** Em confeitaria, bater energicamente gemas com açúcar.

**Brasear:** Cozinhar uma peça de carne ou uma verdura em fogo baixo, no forno, com pouca quantidade de líquido.

*Brunoise:* Corte em pequenos cubos, utilizados como guarnição para determinadas sopas ou molhos.

## C

**Caldo de cozimento:** Preparação à base de ossos, guarnição aromática e água que se cozinha durante várias horas e se coa imediatamente. Utiliza-se como base para a preparação de sopas ou molhos ou para o cozimento de determinados alimentos.

**Caramelizar:** Forrar uma fôrma ou cobrir uma preparação com açúcar cozido.

**Carapaça:** Corpo rígido que reveste os crustáceos.

**Carcaça:** Esqueleto de um animal.

*Chiffonade*: Cortar folhas em tiras finas.

*Ciseler:* 1) Cortar cebolas ou échalotes em cubos pequenos. 2) Fazer incisões na superfície de peixes para facilitar o cozimento.

**Clarificar:** 1) Tornar mais claro um consomê ou uma gelatina por meio de claras de ovos ou de sangue. 2) Derreter manteiga em fogo brando para separá-la dos elementos não graxos. 3) Derreter gordura de porco ou de ave para separar o que não for gordura.

*Concasser* : Picar grosseiramente salsa, tomates, ossos, espinhas etc.

**Condimentar:** Temperar com sal, ervas frescas ou secas, especiarias ou outros ingredientes para incrementar o sabor.

**Cortar em escalopes:** Cortar em sentido transversal lâminas de carne, champignon etc.

**Cortar em filés:** Retirar os filés de um peixe.

**Cozimento em banho-maria:** Técnica em que um alimento é cozido em um recipiente que, por sua vez, está apoiado sobre água no limite inferior da ebulição. Esse método é destinado a preparações delicadas, que não suportem o contato direto com o calor.

**Cozinhar em compota:** Cozinhar em fogo brando e durante muito tempo cebolas, alhos etc.

**Cristalizar:** 1) Cozinhar frutas em uma calda cada vez mais concentrada (para obter frutas cristalizadas, marrom-glacê). 2) Conservar frutas ou legumes em álcool, azeite ou vinagre. 3) Cozinhar em forno brando, por um longo tempo, carnes de pato, ganso ou porco dentro de sua própria gordura clarificada.

## D

**Decantar:** 1) Para uma carne: mudar a preparação de recipiente para eliminar a guarnição aromática. 2) Para a manteiga clarificada: escumar as impurezas da superfície; separar imediatamente a manteiga clarificada do soro.

**Deglaçar:** Incorporar um líquido ao fundo de um recipiente de cozimento, para dissolver os sucos de cozimentos que tenham ficado aderidos.

**Descaroçar:** Retirar o caroço de algumas frutas.**Descascar:** Retirar a casca de ovos.

**Desengordurar:** 1) Eliminar a gordura que se forma na superfície de um molho, caldo ou sopa, com a ajuda de uma concha. 2) Eliminar a gordura excedente de um pedaço de carne.

**Desfolhar:** Separar as folhas dos talos.

**Desossar:** Eliminar os ossos das carnes animais.

**Despelar:** Retirar a pele, a película ou a casca de uma fruta, legume, ave etc.

**Dessecar:** Extrair a umidade dos alimentos.

**Dourar:** Deixar fritar até dar uma coloração alourada clara aos alimentos.

*Duxelles:* Preparação à base de champignons de Paris, cebolas e échalotes picados, cozidos com manteiga.

## E

**Embutir:** Encher tripas com uma preparação de carnes e outros ingredientes, como, por exemplo, salsichas, morcelas, chouriços, salames.

*Émincer:* Cortar em lâminas finas cebolas, alho-poró etc.

**Empanar:** Cobrir um alimento com migalha de pão ou farinha de rosca.

**Escalfar:** Cozinhar um alimento mergulhado em um líquido à temperatura constante de 80°C.

**Escamar:** Retirar as escamas dos peixes.

**Escorrer:** Eliminar a água impregnada em um alimento, passando-o por um escorredor.

**Escumar:** Eliminar espuma com impurezas que aparece na superfície de um molho, sopa, guisado ou caldo.

**Espremer:** Retirar o suco, a água ou as sementes de um alimento, pressionando-o.

## F

**Flambar:** Regar uma preparação com uma bebida de alto teor alcoólico e imediatamente acendê-la.

*Frapper:* Baixar rapidamente a temperatura de uma preparação, pondo-a sobre um recipiente apoiado em gelo com sal.

**Fritar:** Mergulhar um alimento dentro de uma gordura quente para que cozinhe. A temperatura de cozimento vai depender do tipo de alimento em questão.

*Fumet:* Caldo de cozimento de peixes.

## G

**Glacear:** 1) Gratinar molhos montados com manteiga, zabaiones ou molho holandês (e seus derivados) sob uma salamandra. 2) Cobrir sobremesas ou preparações folhadas com calda ou açúcar de confeiteiro e imediatamente colocá-las sob uma salamandra ou dentro do forno para dar brilho. 3) Regar uma carne com seus sucos de cozimento, no forno, ou sob uma salamandra, e cozinhar até que se forme uma película brilhante na superfície. 4) Cozinhar cenouras, cebolas pequenas, alhos-porós, nabos em água com manteiga e açúcar até que todo o líquido evapore e o açúcar se dissolva na manteiga. Isso dará uma tonalidade brilhante ao exterior desses alimentos.

**Gratinar:** Polvilhar uma preparação com queijo, ou migalhas de pão, e imediatamente dourá-la sob uma salamandra ou no forno.

**Grelhar:** Expor um alimento ao calor direto de uma salamandra, grill a gás, grill elétrico, ou grill a carvão.

**Guisar (*étuver*):** Cozinhar ou aquecer um alimento em fogo baixo e tampado, em sua própria água, com um pouco de manteiga.

## H

*Historier:* Realizar cortes em zigue-zague sobre uma fruta, um ovo ou um alimento para decorar.

## I

**Inglesa:** Mistura de ovos batidos, azeite, sal e pimenta-do-reino, utilizada para empanar alimentos.

## J

**Juliana:** Corte de legumes em tiras finas.

## L

**Lardear:** Atravessar com gordura pedaços grandes de carne para dar-lhes uma textura mais macia e mais suculenta.

**Levedar:** Fermentar a massa com levedura para aumentar seu volume.

**Ligar:** Espessar molhos ou sopas, adicionando algum tipo de ligação.

**Lustrar:** Pincelar um alimento com gelatina, nappage (molho líquido) ou manteiga clarificada, para dar-lhe brilho.

## M

**Macerar:** Colocar frutas em álcool para que tomem sabor.

*Manchonner:* Retirar a carne que recobre o final de certos ossos, para dar-lhes uma terminação melhor (por exemplo, costelas, asas de aves) ou para pôr um enfeite de papel neles.

**Manteiga amolecida:** Manteiga fria, trabalhada com uma espátula, colher ou batedor até ficar com a consistência de um creme.

**Manteiga *manié* (*beurre manié*):** Mistura de farinha com manteiga em proporções iguais, utilizada para espessar molhos.

**Marcar:** Dar pré-cozimento a um alimento.

**Marinar:** Colocar a carne dentro de um líquido para amaciá-la e dar-lhe sabor.

**Marmorizadas:** É comum dizer de carnes cujos músculos estão separados por uma grande quantidade de veios de gordura.

*Matignon:* Guarnição aromática, composta de cebolas, aipo, cenouras e presunto cru, cortados em paysanne, refogados com manteiga e imediatamente deglaçados com vinho branco, vinho do Porto ou vinho Madeira, à qual se acrescenta um bouquet garni.

*Mignonnette:* 1) Cortes pequenos do filé-mignon.

2) Pimenta achatada.

*Mirepoix:* Guarnição aromática composta de cebolas, aipo, cenoura, cortados em cubos, e bouquet garni.

**Mistura *agridulce*:** Mistura de açúcar com vinagre, que se cozinha até tomar uma coloração dourada. Utilizada como base para molhos agridoces.

**Miúdos:** Qualquer intestino ou miúdo de animais bovinos, ovinos ou caprinos ou outro pedaço de carne considerado de pouco valor.

**Montar:** Bater uma preparação com um batedor de arame para incorporar ar e aumentar o volume.

## N

**Nacarar:** Dar uma coloração ligeira aos grãos de arroz, refogando-os com manteiga em uma caçarola, para fazer arroz pilaf (solto). O amido do arroz se transforma em dextrinas, dando a ele uma tonalidade nacarada.

**Napar:** Cobrir de modo uniforme uma preparação com molho ou creme.

## P

**Peneirar:** Separar com uma peneira a farinha do farelo, ou outro material ou substâncias indesejadas, de modo que as partículas maiores fiquem sobre a peneira e as mais finas caiam no recipiente correspondente.

**Picar:** Cortar um alimento em pedaços pequenos.

**Postas:** Rodelas grandes (de 2 a 3 cm de espessura) de peixes redondos.

**Provençal:** Mistura de salsa e alho.

## R

**Recheio (*farse*):** Preparação à base de alimentos finamente picados, combinados a outros ingredientes para dar sabor, e que servirão para a elaboração de terrinas, patês, ou como recheio de carnes ou legumes.

**Reduzir:** Concentrar um líquido por meio da evaporação da água que ele contém.

**Refogar:** Cozinhar pedaços pequenos de alimentos em uma frigideira com um pouco de gordura.

**Regar:** Banhar uma carne que esteja cozinhando em sua própria gordura ou em manteiga derretida, para evitar que resseque.

*Roux:* Mistura em partes iguais de farinha e manteiga, utilizada para o espessamento de sopas ou molhos.

## S

**Selar:** Dourar o exterior de uma carne em fogo forte, unicamente para dar cor.

**Sovar:** Achatar uma massa contra a mesa com a palma da mão para que fique mais homogênea e lisa.

**Suar:** Eliminar o líquido próprio de legumes e verduras, aquecendo em fogo baixo, com um pouco de sal.

## U

**Untar:** Untar fôrmas ou papel com manteiga ou outra matéria graxa para evitar que os alimentos grudem.

# Vocabulário dos ingredientes mais utilizados na cozinha

## A

**Abacate:** abacado, pera-de-advogado.

**Abóbora:** abobra, bobra, jerimu, jerimum.

**Acompanhamento:** guarnição, contorno.

**Açúcar de confeiteiro:** açúcar em pó, açúcar pulverizado, açúcar para glaçar.

**Açúcar mascavo:** açúcar preto, açúcar não refinado.

**Adornar:** enfeitar, aformosear, condimentar, temperar, aprontar.

**Alcachofra:** erva de até 1 m (Cynara scolymus), de caules estriados, folhas penatífidas e grandes capítulos florais, com folhas de bases carnosas e receptáculo (coração de alcachofra) comestíveis e ricos em minerais.

**Alcaçuz:** regalice, regaliz, regoliz, rigoliz.

**Alcaparra:** botão floral da alcaparreira, verde, aromático e de sabor peculiar usado como condimento, principalmente acompanhando peixes. É conhecida por suas propriedades digestivas.

**Alfavaca:** muito cultivada como condimento, para vários usos medicinais e para o preparo de licores. Também conhecida como basilicão, manjericão, manjericão-cheiroso, manjericão-de-ceilão, manjerico, segurelha, alfabaca, alfava, alfávega.

**Amêijoa:** lambreta, sarnambi, sernambi, berbigão.

**Ameixa:** o fruto da ameixeira, abrunho.

**Amendoim:** semente comestível, muito apreciada pelo seu paladar e rica em óleo de boa qualidade para a indústria e a alimentação. Amendoí, aráquide, caranga (MOÇ), carango (MOÇ), jiguba (ANG), jinguba (ANG), mancarra (CAB G-BS), mandobi, mandubi, mendubi, mendubim, menduí, mepinda (ANG).

**Ananás:** abacaxi.

**Anis-estrelado:** badiana.

**Azeite de dendê:** óleo de palma.

**Azeitona:** oliva, fruto da oliveira.

## B

**Banana:** figo-de-banana (AÇR), pacoba, pacova, pacová.

**Batata:** tubérculo comestível, batata-inglesa, batatinha.

**Batata-doce:** tubérculo, quidingo.

**Berinjela:** fruta-de-lobo, jurubeba-do-pará.

**Beterraba:** erva cultivada, da família das quenopodiáceas (Beta vulgaris rapa), de origem europeia, cujas raízes, tuberosas, são ricas em açúcar e apreciadas como alimento.

**Biscoito:** massa de farinha cozida e/ou assada no forno até ficar bem seca. Também conhecido como bolacha.

**Brócolis:** brócolos, brocos, couve-brócolos.

## C

**Caçarola:** panela, caldeirão, panela de barro.

**Cacau:** chocolate.

**Caju:** cajuaçu.

**Camarão:** poti.

**Capim-limão:** belgate, chá-do-gabão, capim-catinga, capim-cheiroso, capim-cidreira, capim-cidrilho, capim-de-cheiro, citronela, erva-cidreira, esquenanto, palha-de-camelo, patchuli, chá-de estrada.

**Caqui:** caque, cáqui, dióspiro, figo-cáqui.

**Caranguejo:** auçá, guaiá, uaçá, siri.

**Cardamomo:** cana-do-brejo.

**Caroço:** semente.

**Castanha-de-caju:** castanha do fruto do cajueiro.

**Cebolinha verde:** cebolinha, cebola-de-cheiro, cebola-de-todo-o-ano, cebolinha-comum, ceboleta-da-frança, cebolinha-galega, cebolinha-miúda, cebolinho.

**Cenoura:** raiz comestível.

**Cereja:** fruto da cerejeira.

**Champignon:** cogumelo, fungo.

**Coelho:** pequeno mamífero cuja carne é preparada como iguaria.

**Coentro:** erva aromática, coendro.

**Cominho:** alcarávia, cariz, cominho, cominho-armênio, cominho-dos-prados, cominho-romano, cúmel.

**Condimentar:** temperar, acondimentar, adoçar, adubar, apimentar, condir, salgar, temperar.

**Cordeiro:** anho, borrego, borro, cúcio, farroupo. Animal cuja carne é muito usada na culinária.

**Costela:** costeleta, chuleta.

**Cravo-da-índia:** cravoária, cravo-aromático, cravo-da-índia, cravo-da-terra-de-minas, cravo-da-terra-de-são-paulo, cravo-giroflê, giroflê, girofleiro.

**Creme de leite**: nata.

***Crouton***: pão cortado em pequenos cubos e torrado ligeiramente no forno, que serve para acompanhar saladas e outras preparações culinárias frias.

**Cúrcuma**: açafrão-da-terra, açafrão-da-índia, açafroeira-da-índia, açafroeiro-da-índia, batatinha-amarela, gengibre-de-dourar, gengibre-dourado, mangarataia, açafrão-goiano.

## D

**Damasco**: abricó, abricô, abricoque, abricote, alberge, albricoque, alpece, alperce, alperche.

**Doce de leite**: preparação culinária à base de leite e açúcar.

**Dourar**: deixar (algo) fritar em panela ou assar no forno até que tome cor acobreada.

## E

***Échalote***: chalota, escalônia, ascalônia, cebola ascalônica, cebolinha-branca, chalota-das-cozinhas, echalota, sevas.

**Empanar**: cobrir um alimento com farinha, abiscoitar.

**Endro**: aneto.

**Erva-doce**: funcho, anis.

**Estragão**: condimento de sabor forte e picante.

## F

**Farinha de trigo sarraceno**: trigo-negro, trigo-mouro.

**Fatia**: rodela, talhada.

**Favas**: vagens intumescidas, verdes, comestíveis, muito nutritivas.

**Ferver**: aferventar, escaldar.

**Figo**: fruta-de-manteiga.

**Fruta cristalizada**: fruta confeitada.

## G

**Ganso**: ave criada para consumo de sua carne e de seu fígado.

**Gárgulas**: calha.

**Gelatina**: dissolvida em água quente, toma consistência e forma uma espécie de geléia.

**Gengibre**: erva com rizomas aromáticos, muito utilizada na alimentação e também com fins medicinais e na perfumaria.

**Gergelim**: semente comestível, pequena, achatada, muito usada em pães, bolos, doces, salgados e para o preparo do tahine. Sésamo, gerzeli, gerzelim, gingelim, gingerlim, sirgilim, zirzelim.

**Grão-de-bico**: cultivado mundialmente por suas sementes alimentícias, apresenta propriedades medicinais. Chícharo, chícharo-miúdo, ervanço, grão-de-cavalo, gravanceira, gravanço.

***Grapefruit***: toranja.

## I

**Iogurte**: leite coalhado.

## J

**Javali**: queixada, porco-do-mato, porco-montês porco-bravo, pecari, tacuité, taguicati, taiaçu, tajaçu, tanhaçu.

## K

**Kumquat**: kinoto, laranjinha japonesa.

## L

**Laranja**: fruto da laranjeira.

**Leite em pó**: leite desidratado.

**Louro**: a folha do loureiro, muito usada como condimento. Entre os antigos gregos e romanos, a folha de louro era utilizada na confecção das coroas dos vencedores de competições.

**Lula**: calamar, sépia, siba.

## M

**Maionese**: molho frio feito de gema de ovo batida com óleo vegetal e temperado a gosto.

**Mamão**: bepaia, mamoa, papaia.

**Mandioca**: aipi, aipim, aimpim, candinga, castelinha, macamba, macaxeira, macaxera, mandioca-brava, mandioca-doce, mandioca-mansa, maniva, maniveira, moogo, mucamba, pão-da-américa, pão-de-pobre, pau-de-farinha, pau-farinha, tapioca, uaipi, xagala.

Manteiga: substância alimentícia que se extrai do leite de vaca; emulsão sólida que se obtém batendo a nata do leite.

Maracujá: fruto que é uma baga amarela polposa, suculenta, ligeiramente ácida e perfumada; é comestível, porém mais empregado para refrescos.

Margarina: manteiga vegetal.

Melancia: fruto de trepadeira, grande, de casca verde-clara ou verde-escura, o interior vermelho ou esbranquiçado; refrescante e de sabor agradável.

Menta: hortelã-japonesa, alevante, hortelã-silvestre, levante.

Mexilhão: marisco, mexilhão-marinho, ostra-de-pobre, marisco-das-pedras, mexilhão-das-pedras, sururu.

Migalha de pão: farinha de rosca.

Milho: abati, auati, avati, jangão (*TIM*, *CHN*), maça (*ANG*), masasi (*ANG*), midje (*CAB*), milheiro, nacua (*MOÇ*), nambete (*MOÇ*), pé-de-lugar (*CAB*), quivala (*ANG*), trigo-da-turquia.

Miúdos: vísceras de animal (como fígado, rins, estômago, moela etc.) empregadas como alimento; vísceras, entranhas.

Mocotó: prato que se prepara com as cartilagens e os tendões das pernas de bois ou porcos.

Moleja: timo.

Molho de soja: shoyu.

Molho de tomate: molho feito com a polpa do tomate.

Morango: frutilha.

Morcela: chouriço, morcilha.

Mostarda: cultivada por suas folhas e sementes. Condimento feito com as sementes da mostardeira.

## N

Nabo: planta cuja raiz carnuda se emprega como alimento.

## O

Ossobuco: jarrete.

## P

*Panceta:* bacon, toicinho, toucinho, lardo de toicinho, lardo, barriga.

Papoula: malvaísco ou malvavisco.

Páprica: condimento em pó, vermelho, feito de pimentões maduros e secos.

Pato: ave servida como iguaria.

Peneira: crivo, joeira, urupema, sururuca.

Peru: ave galinácea cuja carne é das mais apreciadas.

Pêssego: fruto do pessegueiro.

Pêssego seco: fruto do pessegueiro em versão desidratada, como uva-passa.

Petisco: aperitivo, salgadinho, canapé, tira-gosto.

Pimentão: pimenta-doce, pimentão-doce, pimenta-sino, pimenta-verde.

Pimentas: de tipos variados, muito cultivadas pelos frutos (bagas com numerosas sementes, de coloração verde, amarela ou vermelha), são usadas como condimento picante.

Pistache: noz-de-alexandria, pistáchis, alfóstica, alfóstico, alfóstigo.

*Poché*: escalfar.

Polenta: angu, mistura de fubá de milho com água e sal.

Porco: leitão, barrão, cerdo, cevado, chacim, chico, cochino, farroupo, frimão, gruim, grulha, suíno, tô, varrão, varrasco.

Presunto: pernil.

Presunto cozido: pernil de porco inteiro e em conserva, pode ser cozido com sal, cru e salgado. Presunto de York.

## R

Raiz-forte: rábano-bastardo, rábano-de-cavalo, rábano-picante, rábano-rústico, rábano-silvestre, rábano-silvestre-maior, rábão-silvestre, rabiça-brava, rabo-de-cavalo, saramago-maior.

Rapadura: açúcar mascavo solidificado em forma de um pequeno tijolo.

Ricota: queijo de consistência macia, úmida ou seca, de cor branca, sabor suave levemente adocicado, feito com soro de leite desnatado e sem maturação alguma.

Rúcula: erva da família da mostarda, levemente ardida, cultivada para uso em salada.

Rum: aguardente obtida por fermentação alcoólica e destilação do caldo ou melaço da cana-de-açúcar.

## S

Semente: caroço.

Sépia: siba.

Suco: sumo.

## T

Tangerina: bergamota, laranja-cravo, laranja-mimosa, mandarina, mexerica, mimosa, tangerina-cravo, tangerina-do-rio, vergamota.

Tapioca: goma de tapioca, polvilho.

Tomate: fruto do tomateiro.

Tomilho: serpão.

Tutano: medula.

## V

Vagem: feijão verde, feijão fradinho, feijão-manteiga.

Vagens: ervilhas, favas, leguminosas.

Vieiras: concha-de-são-tiago, cocquille-saint-jacques, leque.

Vinha d'alhos: mistura de condimentos usada para marinar.

Vísceras: miúdos, dobradinha, bucho.

Representantes comerciais

**Editora Senac Rio**
Rua Marquês de Abrantes, 99 - 2º andar - Flamengo
CEP 22230-060 - Rio de Janeiro - RJ
Tel: (21) 3138-1385
e-mail: comercial.editora@rj.senac.br

**Editora Senac São Paulo**
Rua Rui Barbosa, 377 - 1º andar - Bela Vista
CEP 01326-010 São Paulo - SP
Tel: (11) 2187-4450
Fax: (11) 2187-4486
e-mail: editora@sp.senac.br

Este livro foi impresso em papel couche brilho 115g/m2 (miolo) e cartão supremo 250g/m2 (capa) pela Gráfica Rettec.